陽宅內煞一點就通

彩色圖解版

張清淵◎著

序

易曰：「一陰一陽之謂道。繼之者，善也。成之者，性也。百姓日用而不知。」風水堪輿之學由來已久，是人類在生存與發展的過程中，人類為了爭取更好的生活與發展的空間所應運而生的一門學問，在這過程當中，人類從最初與大自然的爭鬥，經過不斷的進化演進，進而學會瞭解自然而順應自然，所產生的利用自然及改造自然的一門環境進化學。

風水地理的學術，也可能像其他的學識知識，一樣成為智慧上的無窮財富，也可能是一知半解的成為求知的負擔，風水地理可分為我們居家與工作場所的陽宅，墳墓造葬的陰宅，家族祠堂，神佛廟宇宮殿文化等，而這一陰一陽有一定之法則。

雖然歷來風水堪輿流派很多，各派見解亦不相同，不過任何學術都有這種現象，哪怕同一個人對於相同派別的學術，亦會產生不同的觀點，各派的立論點也有不同，而中國的風水堪輿學大致上可歸類為「形勢」和「理氣」兩大原則。在形勢而言乃指陰陽宅周圍的大環境、峰巒、河流、通道、地形、地勢、地氣等等，根據不同的環境及水流動向組織安排佈局，所以古人又稱「巒頭」為「形勢」，與現今之長眼法所注重的形家之法，略有吻合相似之處。

至於「理氣」是指房子的坐向、方位、氣口的五行八卦之相生相剋的原則，再配合以七政天星以及奇門遁甲九天玄女一二〇甲子擇日秘法及玄空大卦六十四卦之卦氣卦運來做為選吉之應用而論。例如陽宅風水，首先強調的是本宅位置以及周圍環境的來路與方向，再加上氣候等天然因素去建構有利於人們所居住的室內外景觀生態，當然室內的良好佈置及生剋的配合，也會給居住者心裡有一種舒適安全及居住者對美的藝術要求和休閒養生之感受。所以理氣派的基本宗旨，簡單說來，就是根據河圖洛書、八卦九宮和陰陽五行的排佈規律，將天（日、月、星宿、氣候）、地（地理、地質、宅、舍宅內部、舍宅外圍景觀）人（命、運、名、相、心理感受想法、對於環境美化的藝術要求）三才以為吉凶之依據，將時間與空間的關係串聯起來，分析其間相生相剋之理，運用羅盤的分針定位，具體而細微地做出方向、佈局乃至動工、入宅、安神、安床、安灶的日課的選擇，按照現代科學觀點，就是探尋天、地、人三個磁場的統一，故論宅卦不論命卦，論命卦不論宅卦，皆為美中不足，應是兩者兼俱，方不失偏頗。

筆者曾著述過《天下第一風水地理書》、《天下第一風水理氣大全》、《陽宅外煞，一點就通》及《風水龍穴》（風水龍穴由大陸中央編譯局出版）四本風水堪輿專書，《天下第一風水地理書》與《風水龍穴》、《陽宅外煞，一點就通》主要論述風水之「形勢」，而《天下第一風水理氣大全》則是以風水「理氣」為主要內容，這四本書是筆者累積三十餘年之心得所創研出並行之有效而又能夠將各門各派之精華特色，彼此合而為一的串連起來，以為相互呼應而達到助人趨吉避凶之功效，所以對形勢及理氣有興趣的讀者，可以參看筆者所著述的相關書籍，此外陽宅方面亦曾著述《第一次學陽宅風水就上手》、《學陽宅風水這本最好用》、《一瞬間學會風水》、《馬上學會風水》、《實用陽宅風水》、《化煞》、《化煞一本通》等風水專書，歡迎讀者參閱及不吝賜教。

本書是以陽宅內格局實例為主題，因為陽宅風水中除了考慮住宅的外部因素外，宅屋室內之裝潢佈置格局，則須登堂入室才得見其堂奧，於建築造作而言，屋宅外局和形狀是為定局，不易更改，而室內之裝潢造作，大多遷就建築結構之定局而施為，所以買房造屋及其裝飾自然而然的會摻雜講究並融入個人情性之風格，並參酌風水地理吉凶之講究，形局為陽而可見知，理氣為陰而不可見知，只能察知感受，不僅於空氣之流通，採光之充足和流水之通順、水電俱備，更追求以有限之空間而為有效的無限利用。

天有天運、地有地運、人有人運、宅有宅運。用八卦分位，以陰陽學說結合人出生的年命，用五行生克的原理，定吉凶、禍福。陽宅中的三要（門、房、灶）及六事（門、路、灶、井、坑、廁）便是住宅內部佈局的重點，其宅內的佈局是否合理是判斷其吉凶的主要依據，其吉凶決定住宅能否適合主事者居住。

住宅會直接或間接的影響到人的身心健康，精神狀態、事業的興衰、和工作的成敗。房屋佈局的原則是根據古籍裡納氣的理論，尋求最佳氣場，特別是大城市住宅，大氣場受條件限制，只能在室內小氣場作文章，運用八卦、九星、飛星，再以居住者的出生年與方位五行生克的原理及主事者的生活習性做了合理的佈局，在這種追求美好與實際處理中，其所對應採取及所謂的迎氣、接氣、納氣、聚氣、藏氣、用氣等方法，適當接受並調理宅外環境對宅內佈局所產生的影響，相互結合為佈局裝飾之依據準則，使住宅具有能夠滿足人們生活的活動空間需要，而塑造出一種舒適、美化、安全、悠閒、便捷、自然、養生的宜居環境。

筆者將個人數十年堪察陽宅的經驗，參考古書經典，採擷坊間各大師前輩的著作精髓，以及師門所授之精華而編著成本書，期盼能將本書做為初學風水者或專業考證者的便捷參考用書，藉此達到拋磚引玉之效，同時消弭外界認為風水命理的神秘性，引領大家探索出規律性、實用性、客觀性及價值性的實用學問，進而轉化出科學性的內涵，並發揚傳播到世界各地來惠及世人，使讀者能實際將風水應用於生活之中，就如同現今的雲端科技一般，風水一樣能打造出雲端的宅基生活，讓「城市鄉村化，鄉村城市化」，讓城鄉融合為一體，達到人宅合一，進而能達天人相應，讓天地人三才相生的能量容為一體，也就是善用風水之學可使人類的生活達到天人合一，讓人類的生活環境達到宅人融合的新境界，打造出健康的環境，創造出健康的生活，培養出健康的身體，營造出健康的觀念，使社會和諧，讓人類未來能盡情享受健康、環保、便捷、舒適又休閒、安全的全新宅居生活方式。

今逢本書之付梓，特此感謝至交好友白漢忠老師熱心提供部分相關照片和整理資料，還有徒兒郭德言的整理，徒兒李隆裕參與部分圖稿繪製，謹此致謝，並感謝紅螞蟻圖書公司及創辦人李錫東先生的鼎力支持，齊心戮力促成本書之出版問世。

謹序

目錄

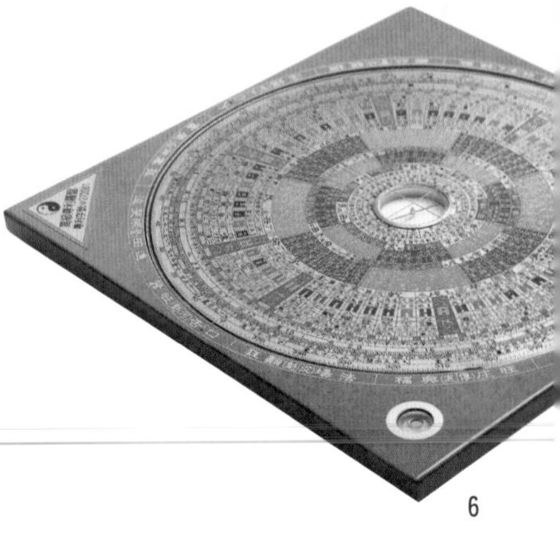

陽宅精典案例及風水小故事 352

跋 414

前言

前言

風水堪輿之學依中國人的哲學觀念而言，在這些變幻莫測的因緣裡，風水堪輿的理論最能指出世間百態的立體性和繁複性，中國文化講究的是和諧與順應自然的哲學觀，從而反映在時間和空間的風水觀念則是通俗、隱約、曲折、變化，又合於中道的思想，有如洞見生命紋路的神秘之網及迎戰取勝的謀略和諧的智慧結晶。

天有天理，人有人理，地有地理，風水堪輿學是結合天、地、人三才，研究天文、地理與人事之間的相關變化，相互為表裡的因果關係，並依風水堪輿之巒頭及理氣之學，理解世事遞演變化的奧秘。

《易經．繫辭下》：「有天道焉，有人道焉，

中國的村莊和城市設計與自然融為一體。

有地道焉，兼三才而兩之。」《說卦》：「立天之道曰陰與陽，立地之道曰柔與剛，立人之道曰仁與義，兼三才而兩之。」三才之語即由此而來。天地人為三才，才與材通，《禮記學記》云：「教人不盡其材。」鄭註：「材，道也。」三才，即天道、人道、地道。

三才之道，總稱曰天理，人為天地所生，當然不能違理而自豪曰「人定勝天」，這是違反自然之道。老子《道德經》第廿五章：「人法地，地法天，天法道，道法自然。」此即說明三才一貫之義。天理即自然之理，天地萬物皆不能違乎自然之理，而人豈能勝乎天理哉？

「風水」一詞來源於郭璞《葬經》云：「葬者乘生氣也。氣乘風則散，界水則止。古人聚之使不散，行之使之有止，故謂之風水。」而地脈、地形有關的生氣與風和水的關係最大，其要訣為「忌風喜水」，故風要藏，水要聚，只有藏風得水，生氣才能旺盛，所以風水家稱良好的建築環境用地爲「風水寶地」，認爲這樣的地方必定生氣旺盛，居住者必能平安健康，事業發達。

有堪輿學派認為，若以地球整體的角度來看山脈時，則崑崙山是地球所有龍脈的太祖山。崑崙山分南北二大幹，而脈出八方，坎乾二龍出蘇俄，其水流北。兌坤二龍入西洋，其水流西。離龍入印度，其水流南。巽震艮三龍入中國，分為南龍、中龍、北龍，其水流東。

誠如先賢所云：「萬山自崑崙發脈，有一支萬派之象，但終必萬派歸於一支而地方成。水自尾閭歸源，有萬派一支之象，而終必一支化為萬派，其地乃結。」所以筆者認為，陰宅與陽宅的風水造作當中，不管在形勢與理氣方面，兩者皆應該是合而為一的互為表裡之因果關係，因此有巒頭而無理氣則不靈，有理氣而無巒頭則不驗。巒頭能取吉於山川峰巒，鍾地靈之氣，理氣能擇佳期以奪日月之光，是為天光下臨，地德上載，藏神合朔，神迎鬼避。故造福人群，即在將此二者合而為一，追本溯源，風水之學既然是同源，又何需有派別之分。

筆者認為，風水地理之學不必要定於一尊，如能建立一套基礎綱領，並可串連起各門各派之理論精華，並濃縮合而為一的相互應用，使得學習者能夠簡單易懂而操作又方便且有固定的準則脈絡可循，方不至於迷失方向，又能直指風水堪輿術的研習大道，使大眾能正本清源，使我們的優秀文化能夠永續的薪火相傳下去，而摒除以往人云亦云或眾說紛紜的相互攻訐指責的陋習，則筆者創作編著本書之心願即可告慰了。

學習風水先要瞭解氣為何物

自古以來，人們皆認為「人活氣行，人死氣絕」，人的活動是由氣所帶動，自然界植物的生長

作者與國際來訪易學學者合影。

也受到地氣流動影響，所以世上萬物都是氣的生化結果，天上的星辰分佈、大地的五穀動植物，地上的山川形勢及人的福壽病禍均與氣有緊密的關連。由此可見氣場無疑是研究陽宅風水的首要關鍵，因此陽宅風水的研究就有納氣之說，就是「藏風聚氣」，也就是納吉氣。

存在於宇宙萬物的能量不僅是地理風水，所有發源於中國古代的學問都非常重視「氣」的概念。氣是什麼？可能有許多人似懂非懂。「氣」，以現代的用詞來說，最接近「能量」（energy）一詞，這與物理學所用的「能量」或許定義上稍有差別。所謂「氣」是充滿於宇宙之間，是存在於大地和人類，甚至於宇宙萬物之能量也是它的流動現象。

若將「氣」當成整體意義來思考，把「某一種現象」分為多種意義；此「某一種現象」左右一個人的力量、性格、心情以及大氣所發生的現象，甚至於是生成萬物的根源力量，也是影響孕育宇宙萬物質量的巨大力量。

藏風聚氣之地需藏風得水納得吉氣，生氣自然得以旺盛。

「氣」也意味天時與地利與人和配合的應用之道。地球的運行形成四時八節都各有其氣，時則氣也，時間代表了天地萬物的變化，春為暖氣，枯木逢之發芽，夏為熱氣，草木逢之茂盛，秋為涼氣，草木逢之落葉，冬為寒氣，草木逢之枯萎衰死。一年四季天氣之運行，萬物之變化，天地循環，皆順乎自然，納氣之道亦是如此，運用天地運行之法則而不可違背天道，是為順天應人合地之理也。

古云：天不得時，日月無光。

地不得時，萬物不生。

水不得時，風浪不靜。

人不得時，利路不通。

鬼不得時，地獄不超。

神不得時，求之不靈。

氣除了適用於動植物之外，也適用於建築物，房

地球一年四時八節都各有其氣，天地循環皆順乎自然。

屋內外的氣包括宅氣、路氣、水氣、形氣、瑞氣、橋氣、門氣、悶氣、濕氣、暖氣、熱氣、涼氣、寒氣、雜氣、穢氣、煞氣、陰氣、空氣、迴氣、滯氣、電氣、蒸氣……等等，對住在其中的人有緊密的影響，因此陽宅風水理論即建立於古代中國哲學對「氣」的概念。

探索發源於中國古代的學問，無不重視「氣」的概念，氣的意義在《大漢和辭典》中有下列解釋：

1、氣：雲氣，空氣、大氣，天地間之自然現象。陰陽、風雨。
2、氣息。
3、身體根源的原動力。
4、元氣，萬物生成的根源力量。
5、力量，氣勢。
6、性格、脾氣。
7、情緒、心情、喜氣、怒氣。
8、天性、秉性。
9、生成宇宙萬物之質能。
10、人緣、人氣之聚集。

舉例來說，「天氣」並不是單指天空的情況，還意味天之氣充滿於天空，由天而下降之氣即能

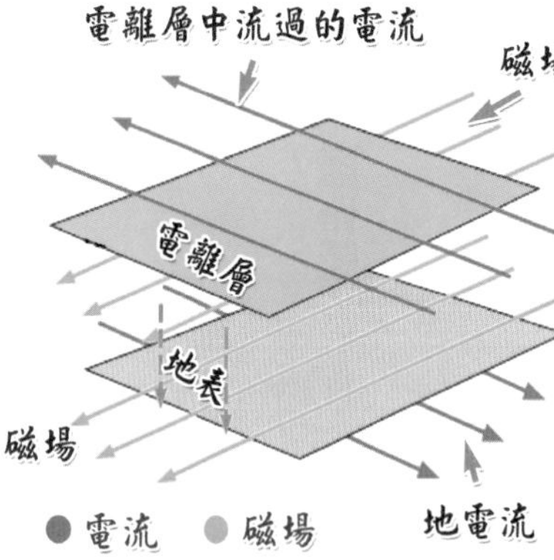

地電流和地磁場有非常密切的聯繫，地電流是地磁場產生的主要原因。

觀察地理形勢就可知「地之氣」的變化循環。

量；它是使天空之情況改變的能源。「人氣」是各人散發出之氣；發出氣強的人，自然受到世間的注視，受人歡迎。大地也有氣，「地氣」即為地之氣，大地之精氣。

如何瞭解地形，如何瞭解地之氣，地理風水最重視地之氣。現代可以使用科學儀器作物理測量的能量有地磁氣和地電流。地球是一個大磁鐵，從地磁南極有很大的磁力線連到地磁北極，但地磁氣有局部性的大偏差，同一地點之磁場也不一定相同，始終在變化。如果使用精密的電流計，可以測得地電流和電壓；風水所謂風水龍穴寶地經堪測結果，已知其地電流比周圍之地要高出數倍之多。

電流及磁場對於動植物的生長及健康影響非常巨大，人體也是帶電體，人體血液含有許多鐵質，由於血液循環受地球地面磁力線感應，產生磁性感應，人體內能量在白天工作活動消耗，應在晚上睡覺時，源源不斷的充電以恢復流失消耗的體力。故一棟房子磁場與居住者之磁性是否合適影響極大，適合居住之屋宅，通常會使居住著血液循環正常，身心調和精神舒暢，工作效率提升，頭腦清晰，財源廣進，家庭和樂。反之如宅房與居住者，磁性不合者，會讓人感到心煩意亂，反應遲鈍，運勢逐漸趨於逆境，終至百般不順，人口不安，體弱多疾，夫妻成仇，子女忤逆，所以懂得陽宅風水的常識，對於生活的助益是非常大的，甚至是改運造命的有效途徑。

選擇陰陽宅必選生氣旺盛之地

中國古賢千百年來在觀察大自然環境的過程中，逐漸形成和發展出一系列的研究方法，歷代的風水家就掌握了這些法則理論，然而天地間的磁場或能量，時時刻刻都存在著，只有掌握其運行的程式和軌跡才能趨吉避凶，尋找出順應自然的方法，使人們能夠更加正確的加深對大自然的認識和掌握，也就形成了諸如「屋後有靠，前有照，左肩右膀有水來繞，青龍白虎兩邊抱。」的理論。

以三面環山的地勢舉例而言，其標準地形，玄武方（後方）通常為青蔥翠綠的山陵；前方則面向大海或河流，大多數是在兩水的交會，或者是兩水以上的交會，整體視野廣闊、環境優美。自古以來風水家都認為，三面環山，有藏風之效；古人不斷經由住宅的建造經驗與技術研發的進步，並遵循周易哲學思想和道家的清淨自然無為的精神，尊重自然，瞭解自然，符合自然，順應自然，改造自然，留下自然。

它所講究的是天人合一，天地為一大宇宙，人體為一小宇宙。每個人都是一個獨特的氣場，而每一住宅也亦是一個獨立的氣場。

人與宅相匹配則得其吉氣，則順利通達，反之則必然導致運勢受其影響。《水龍經》：「之元屈曲應門前，富貴兩兼全。」古人研究山脈與水脈的結果，形成了一種傳統空間的審美意識，印證出藏於山脈中的生氣遇水則止，於是造成生氣凝聚，有藏風聚氣的功能。

陽宅有各種不同的用途與需求，例如居家風水的要求平安進出吉利；門市店面風水首重能否生意興隆、大發利市；辦公室風水則要求如何使員工和諧、有朝氣，對老闆有向心力，使公司業務與財源蒸蒸日上、大展

風水學中凡龍結穴前之明堂，臨深潭、池沼或湖泊者謂之聚水局。

鴻圖，從這些陽宅風水的吉凶要求之分別，不難發現命與宅之間的微妙關係。

如果將陽宅看做是活生生的生物時，那麼建築物就和山川大地一樣是有呼吸的生物，所以陽宅風水學可以將建築物比做山巒，把道路比做河川來看待，舉例來說，當屋宅是一個生物之時，牠的對面有一個形如刀劍的牆壁迎面切來，這個屋宅一定會產生被利刃砍傷的感覺，因此在此居住之人同樣也會產生壓迫感，所以只要住宅或大樓的前後四周有牆壁直接沖射家宅時，稱為「壁刀煞」。壁刀煞會造成屋內成員易有車禍及血光之災傷，或開刀手術之災病纏身。

牆面直接沖射家宅。

陽宅納氣影響屋運的吉凶好壞

居住環境是提高生活品質的重要因素，是經濟、文化和生活等社會活動的重要支撐。每一處的居住環境和外在的大環境都能各自形成一個氣場，這個氣場具有能量、動量和質量，而各自對能量皆有傳遞及轉化的相互作用。

住宅外部環境的來水、出水、山峰、高樓之方位為吉，住宅的內部再根據陽宅理氣加以佈局得宜，也都呈現出吉象來，則住在宅內之人就能吉上加吉、旺上加旺，這就是非常適宜居住的住宅。如果住宅的外部環境凶惡，住宅的內部佈局也不合理氣法則，這樣宅內居住之人就容易凶上加凶，不能安穩居住。

若住宅的外部環境為吉，而住宅的內部佈局凶，那麼居住之人會先凶後吉，因為內部格局的好壞會先產生剋應，外部環境的剋應時間會稍微延後。若住宅的外部環境為凶，而住宅的內部佈局為吉，則居住之人會先吉後凶，並且住的時間越長，對居住者則越不利。

從上述關係可以看出，陽宅風水中除了要考

陽宅內部佈局十分重要，需在各方面均能調和舒適。

慮住宅的外部因素外，其內部佈局也是特別重要，陽宅與人生幸福、吉凶禍福都有密切的關係，陽宅首先要考慮到防災性、安全性、環境衛生、採光優質、通風良好、人的動線順暢、住家周遭的環境是否清靜等問題，吉利的住宅是指在各方面的條件均能調和的房子，住起來舒適，這就是健康的好房子。

陽宅納氣可分屋外和屋內兩種情況，屋外納氣對吉凶的影響力要比屋內來得大，有時僅觀察屋外的納氣狀況就足以判斷此宅的吉凶。

屋外納氣需要根據建築物的型態，週邊道路，水路的曲直寬窄、起伏、往來走向，鄰房的大小、遠近、高低、空與實的分佈狀況來作為判斷依據，但是屋外的一切環境是他人的或是公共建築，個人不能隨意更動，而屋內除了主體結構不可以更動之外，其餘的地方是可以根據自己的需求去改造，因此建議讀者購屋時要從整體形勢來觀察，看此建築物對外收到何種氣，據以判斷吉凶並適當的接受及調理宅外環境對宅內的影響。

其次需再配合主事者的出生年、月、日、時之命盤結構及生活起居的習性，作為屋內裝璜擺設的基準。

陽宅風水設計講求與自然的和諧關係

風水之學在中國流傳已久，民間社會早已將此當作一種改善生活環境，甚至求財、求子、添福、增壽、圓滿和諧、平安健康的重要學術。若以較科學的方式來輔助解說一些陽宅上的問題，更能使大家瞭解陽宅學這一門高深的學術。

自明代以來，風水就是中國的建築原則，例如建築的方位與坐向、開門、安灶、安床位與安神明，皆要與四周環境景觀相互配置，這些都是經由專業的風水先生負責規劃安排。

古代陽宅要求山明水秀，氣勢雄壯的山川，更要考慮到它的選穴位置與周邊的配合，即以青龍、白虎、朱雀、玄武、明堂的結構和水的來去論述環境。若是從都市形象和自然景觀的觀點來看，風水所講究的就是建築物與自然的和諧關係，要順其自然的保持原有的景觀，否則就是搶鏡頭煞風景了。

現今都市景觀空氣汙濁綠地消失，皆因現代建築與自然環境脫節，失去了調和以致破壞了風水，破壞了自然。現代理

風水所貴者活龍活蛇屈曲有情。

想的住宅與環境科學有著密不可分的關係，尤其大部分的風水作法與環境科學是完全一致，例如路沖、樑壓床、樑壓灶等觀念，均可用現代環境心理學來作解釋。

風水的力量被認為可以決定人們的健康、幸福和好運，但是風水所具有的準確性，乃是由於人們為了趨吉避凶而對環境長期觀察的結果，著重工作場所，家庭佈置，方位來和居住人的調和，以為天、人、宅合一的相互感應依存。

以科學角度來看住宅面對車輛頻繁的馬路時，較容易發生車禍，造成心理壓力加大。

此外，根據中國人長期經驗累積，知道在何種環境之下，人們可以生活得更為幸福和美滿，而現今的科學也再再證明，只要有顏色、有聲音、有光、有熱、有電、有水、有氣、就有磁場，這個磁場對人的好壞具有影響，因此每個山丘、每道牆、每個窗戶，乃至每個屋角，甚至於宅居內牆壁的顏色、一幅圖畫、一台飲水機、一個泡茶桌、一棵盆景的擺設都有風水剋應。因此面對不同的風水佈局必會有不同的好壞影響。

每個建築、每個窗戶、每個屋角、一幅圖畫、一棵盆景的擺設都有風水之剋應。

古今中外的命相與堪輿術，其原理都是探討宇宙間的磁場作用，比如西洋占星術，利用天體中各行星對地球所產生的影響而論之，中國的風水堪輿則較為細密的在地球上劃出方位，定出方向再與主事者的出生年月日時配合來論斷吉凶，當然在命理方面重視的是時間的磁場，這種磁場在人們的身上也可以發覺出來。比如有時一大早起床，就覺得今天心情開朗，做起事來順心如意，但有時會莫名其妙的一張眼就感到心氣煩悶，處理事物就是不順心，這都是受磁場影響而在心理產生了作用，這種磁場反應在人們身上，就是所謂的心氣，它會影響人們的心情及判斷力，所以陰陽宅在空間的方位、方向與設計佈置，是要在宅相中把氣的順逆與純雜加以調整，使之通暢協調美化。

如果本人不常住在家裡，經常出差長時間

住在飯店、旅社，當然飯店、旅社影響本人的氣會較大。所以風水是您自己的氣場與生活環境的氣場之間的好壞、舒適、協調、美化關係，講究的是環境能使您的氣場變得很和順、自然、平衡，不會造成一種偏頗極端，不會讓您一下子突然意氣激發，或是心理不順，或是健康不好，這是小環境的影響力。

總括地說陽宅開運設計的原則，必須講求和諧、平衡、開暢、豁通、舒適、安穩，使您內外調順，營造出健康的宅居環境，因而產生人際之間的和諧，自我覺得安逸，從大環境的設計、小環境的設計、庭園的設計、室內格局佈置的設計做起，也就是讓環境的氣場與人身的氣場和諧與平衡，以求人類生活的提升，達到人生最高的幸福境界，使下一代蔭生善良的優良品種，並且根除凶頑惡性，如此則對社會人類均有莫大的助益。

陽宅開運設計的原則是講求和諧、平衡、開暢、豁通。

陽宅風水與環境美學渾然一體

人類為了頻繁的農事耕作和舒適的宜居環境以及往來的貿易活動，使得古代很多適合開墾營謀的選址都遷往水邊定居、謀生，從河南安陽小屯村的殷墟舊址以及鄭州、益都、新鄭、輝縣等殷墟出土的文物，就發現大量的海蚌、海貝以及鯨魚骨，更可以體驗出中國古代陽宅風水與環境美學相輔相成，密不可分的和諧關係。

現存商代遺址除了殷墟之外，羑里城也是蘊含龍山至商周時期文化之著名遺址。

羑里城遺址位於中國河南省安陽市湯陰縣城北四公里處的羑河村東，相傳這裏是商紂王囚禁西伯侯姬昌之地，羑里城遺址也就是「文王拘而演周易」、「劃地為牢」的聖地，可說是世界遺存最早的國家監獄，也是風靡全球的周易文化發祥聖地，羑里城聖地以博大精深的文化內涵而名揚海內外。

殷墟古稱北蒙、大邑商，規模巨大，範圍廣闊，橫跨洹河南北兩岸，是一座開放形制的古代都城。

現存的羑里城遺址，為一片高出地面約丈餘之土台，面積達萬餘平方米。臺上有文王廟，為坐北向南，古意盎然。現存建築尚有演易坊、山門、周文王演易台、古殿基址，還有《周文王羑里城》、《禹碑》、《文王易》等碑刻十餘通，對於研究《周易》和歷史、書法，都具有重要的史料價值。羑里城遺址（含文王廟是周文王演易後天八卦之處）對於研究中國歷史文化有重要之價值，廣受中外學者專家關注，一九九六年被頒為全中國第四批重點文物保護單位。

殷墟出土的禮器、樂器、兵器、工具、生活用具、裝飾品、藝術品等，形制豐富多樣，達到中國青銅時代發展的巔峰。

2012 年 11 月 4 日張清淵大師帶領考察團在羑里城座談現場。

古代風水觀念普遍存在於當時的各類建築之中，住宅房舍、宮殿、園林、陵墓，可以說風水是建築文化的一部份。設計動工之前要先規劃，所以必先「觀風之藏，看水之得，相陰之屬，測陽之歸。」確定建築物的理想位置。

世界文化遺產北京紫禁城

北京故宮為明成祖朱棣於西元一四〇六年開始建設，西元一四二〇年正式落成，明成祖為厭棄元代氣運，並沒有在元朝大都皇宮的基礎上建構，而向東移了一五〇公尺，重新起造皇宮，包括所有宮殿宮牆均重新建造，規模超過大都皇宮，略小於南京紫禁城，從一四二〇年落成到一九一一年清帝遜位的約五〇〇年間，紫禁城是

2012 年筆者帶領考察團在羑里城參觀，此圖為蓍草園。

文王廟。

明、清兩代的皇宮，共有二十四位皇帝在故宮生活過。紫禁城以園林景觀和九千個房間的龐大建築群以及珍貴的眾多工藝品，成為中國文明無價的歷史見證，紫禁城是當今世界上現存規模最大、建築最雄偉、保存最完整的皇家建築群，堪稱國寶級文物，北京故宮被譽為世界五大宮之一（北京故宮、法國凡爾賽宮、英國白金漢宮、美國白宮、俄羅斯克里姆林宮），並被聯合國科教文組織（UNESCO）列為「世界文化遺產」。

紫禁城建築其內外部空間的佈局處理皆受傳統風水「形勢」、「理氣」說的深刻影響，鮮明地顯現了中國傳統建築的風水觀與藝術觀的結合，展現出突出的特色和卓越的成就。紫禁城更是集歷代風水大師之大成，是風水模式的鮮活範例，更是不可不瞭解的典範之作。

紫禁城建築群嚴格按照中軸對稱的原則進行建築佈局。

風水打造未來的雲端宅基生活

身處在二十一世紀的我們，應當致力於繼續探索出風水地理的規律性、實用性、客觀性及價值性，進而營造出休閒舒適、便捷、健康、安逸、安全、宜居的一門環境實用學問，進而轉化出科學性的內涵，使讀者能實際將風水應用於生活之中，就如同現今的雲端科技一般，風水一樣能打造出雲端的宅基生活，讓「城市鄉村化，鄉村城市化」，讓城鄉融合為一體，達到人宅合一，進而能達天人相應，讓天地人三才相生的能量融為一體，也就是善用風水之學可使人類的生活達到天人合一，讓人類的生活環境達到宅人融合的新境界，而打造出宜居環境的健康環境。

所謂「城市鄉村化」就是宅外設計，而「鄉村城市化」則是宅內設計。宅內外設計必須內觀

台中都會中心的秋紅穀生態公園，猶如城市中的綠洲，舒緩了都市的城囂，讓大台中更顯得浪漫而藝術。

外照順暢讓城鄉融合，讓都市回復自然的風貌，讓住在鄉村也能感受到城市的便捷舒適，先決條件必需把握住陽光、水、空氣、土壤這四項元素，並和四週的環境產生和諧、平衡、順暢、對稱及美化舒適，使人與自然進入天人合一的境界，例如風水學一再強調的向陽背陽的問題，也就是陽宅採光的問題，陽光也是光合作用的關鍵因素，對於地球上所有的生命至關重要，陽宅受日照影響，可達到有效的殺菌，可使人的身體健康，但是過度的曝曬又會導致皮膚癌的病變。現代風水概念讓城市鄉村化，是讓您家的外面就是一幅景觀怡人的風景美圖。鄉村城市化是讓家內的宅居佈置裝飾配合現代尖端科技的便捷舒適設備達到人宅合一。

風水學是「活」的，是活學活用的，是與時並進、且要隨著實際環境而推陳出新的，隨著時間空間的轉換以及生活環境變遷而改變、改進、改善、改良，未來是要將風水與高科技緊密結合，創造出「雲端生活」，打造出健康的環境，創造出健康的生活，培養出健康的身體，營造出健康的觀念使社會健康和諧，讓人類未來能盡情享受健康、環保、便捷、舒適、休閒、養生、安全、自然、和諧為典範的全新生活方式。

陽宅內局化煞

八卦源於中國古代對基本的宇宙生成、相應日月的地球自轉形成的陰陽關係，結合農業社會的應用和人生哲學互相的觀念。最原始來源為西周的易經，內容有六十四卦。《易傳》記錄：「易有太極，是生兩儀。兩儀生四象，四象生八卦。」

先天八卦

後天八卦

故近代考證認為所謂太極即宇宙，兩儀指天地，四象就是四季天象；如長日照的夏季稱太陽，短日照的冬季稱太陰，春是少陽，秋是少陰，而八卦再分三爻，自然是指廿四節氣。「太極八卦圖」明顯是指地球自轉一周年而復始。

通常指南針來劃分地平方位，能用北、東北、東、東南、南、西南、西、西北八個大方位來描述方向和方位。風水學上還會用八卦來表示方位，例如：

八卦	方位
坎卦	北方
艮卦	東北方
震卦	東方
巽卦	東南方
離卦	南方
坤卦	西南方
兌卦	西方
乾卦	西北方

八卦方位表

八卦先天為體後天為用

八卦有先天、後天之分。先天為體，後天為用，陽宅最重後天八卦的應用，坎卦：北方，艮卦：東北方，震卦：東方，巽卦：東南方，離卦：南方，坤卦：西南方，兌卦：西方，乾卦：西北方。

先天八卦或者是後天八卦，都來自於易經中的河圖洛書。上圖即是洛書數，九宮即洛書所指的九個方位，將後天八卦按方位裝入洛書，中間空開，即形成所謂的「九宮八卦」。其對應關係為：一宮坎（北），二宮坤（西南），三宮震（東），四宮巽（東南），五宮（中），六宮乾（西北），七宮兌（西），八宮艮（東北），九宮離（南）。

四	九	二
三	五	七
八	一	六

洛書九宮

第一圈為中宮五黃土，第二圈為後天八卦，以及八卦的符號。第三圈為洛書數。最外圈為第四圈，為先天八卦。

十二地支配上洛書、八卦、周天度數

日圭定位則將地平面均分為十二個等份，用十二地支：子、丑、寅、卯、辰、巳、午、未、申、酉、戌、亥來表示方位。再配上周天360度、洛書、八卦。

二十四山	後天八卦	先天八卦
北方三山壬、子、癸	坎卦	坤卦
東北三山丑、艮、寅	艮卦	震卦
東方三山甲、卯、乙	震卦	離卦
東南三山辰、巽、巳	巽卦	兌卦
南方三山丙、午、丁	離卦	乾卦
西南三山未、坤、申	坤卦	巽卦
西方三山庚、酉、辛	兌卦	坎卦
西北三山戌、乾、亥	乾卦	艮卦

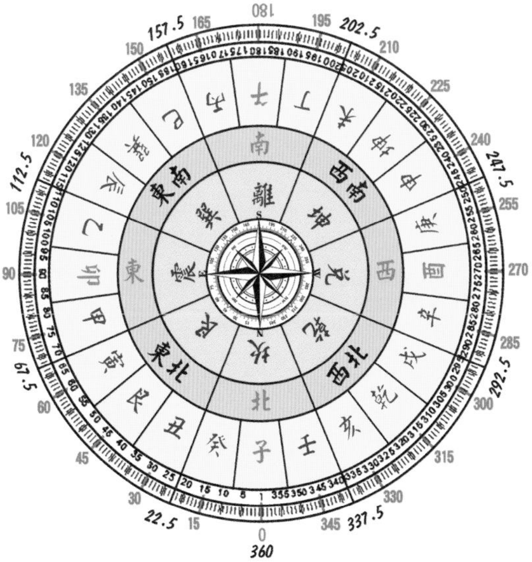

讀者如果沒有羅盤，也可以用指南針的周天度數定位。

八卦	方位	二十四山	周天度數
坎卦	北方	壬	337.5° ~352.5°
		子	352.5° ~7.5°
		癸	7.5° ~22.5°
艮卦	東北方	丑	22.5° ~37.5°
		艮	37.5° ~52.5°
		寅	52.5° ~67.5°
震卦	東方	甲	67.5° ~82.5°
		卯	82.5° ~97.5°
		乙	97.5° ~112.5°
巽卦	東南方	辰	112.5° ~127.5°
		巽	127.5° ~142.5°
		巳	142.5° ~157.5°
離卦	南方	丙	157.5° ~172.5°
		午	172.5° ~187.5°
		丁	187.5° ~202.5°
坤卦	西南方	未	202.5° ~217.5°
		坤	217.5° ~232.5°
		申	232.5° ~247.5°
兌卦	西方	庚	247.5° ~262.5°
		酉	262.5° ~277.5°
		辛	277.5° ~292.5°
乾卦	西北方	戌	292.5° ~307.5°
		乾	307.5° ~322.5°
		亥	322.5° ~337.5°

羅盤中的八卦、二十四山、周天度數簡表。

陽宅在擺設吉祥物一定要確認方位角，所有角度以正北方設為000°，順時針轉一圈後的角度為360°。因此由指針的度數：

正北方：000° 或 360°

正東方：090°

正南方：180°

正西方：270°

以乾卦為例來作說明：

乾卦，西北方乾卦的周天度數範圍在292.5°~307.5°，進一步將角度細化，一卦管三山。

乾卦管轄的三山是：

戌 292. 5°~307. 5°

乾 307. 5°~322. 5°

亥 322. 5°~337. 5°

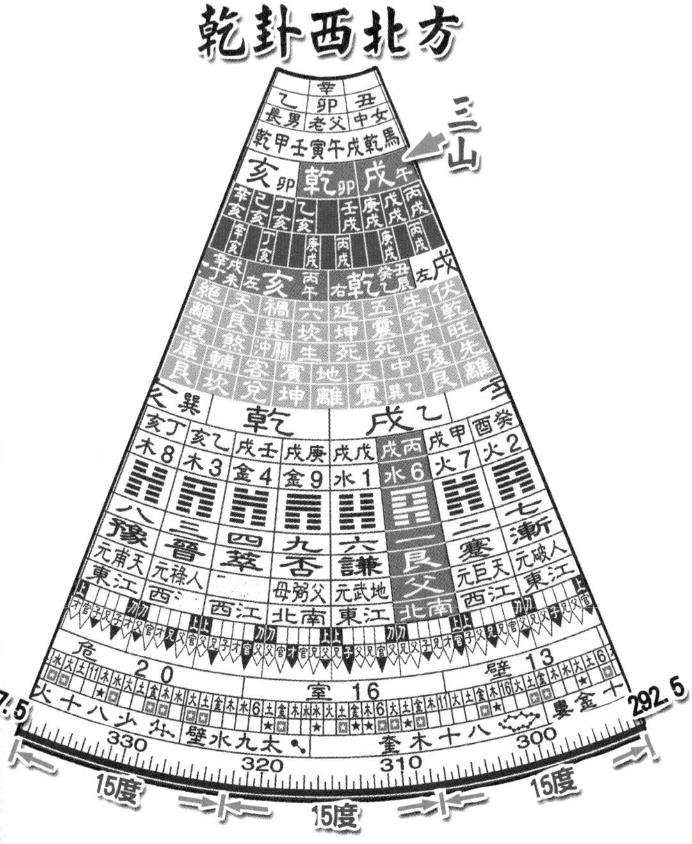

羅盤中的卦管戌、乾、亥三山。

以上的戌乾亥三個方位，每一個方位左十五度，於是，地平面周天三百六十度均分為二十四等份，叫二十四山，每山占十五度，三山為一卦，每卦占四十五度。

把每一個十五度又分成五份，每份為三度。有很多時候，角度有三度或一度之差，風水就會有一些吉凶相差異。所以這是非常精細、非常嚴謹的學問。而本書屬於置吉祥物與化煞用，基本上以四十五度為分界，精細一些則是用到十五度範圍。

根據玄空風水學所說：「山管人丁，水管財。」陽宅的外局論斷，山即是山峰、高樓，水即是江海、河流、水溝。而在陽宅內局，山即是坐，坐山的意思。水即是向，意思即是陽宅面向馬路的一方，或面向空曠的一方。一般的住宅，向，也就是大門的方向。山，所掌管是人丁，代表、添丁、家中成員的健康、人員的多寡。向，所掌管是財富，代表權勢、財勢和人脈關係。

例如：

住宅是坐北朝南，風水學稱為坎宅，坎屬北方，坎卦一卦管三山，只要是在壬、子、癸這三個方位都稱為坐北朝南。用羅盤或指南針再詳細看，坐北朝南的住宅坐山是在壬、子、癸的那一山。

壬山丙向。（丙即是南方，壬即是北方）。

子山午向。（午即是南方，子即是北方）。最靠近正南北向。

癸山丁向。（丁即是南方，癸即是北方）。

其餘方位就依此推之。有了方位的概念，就可以再研究以下的章節。

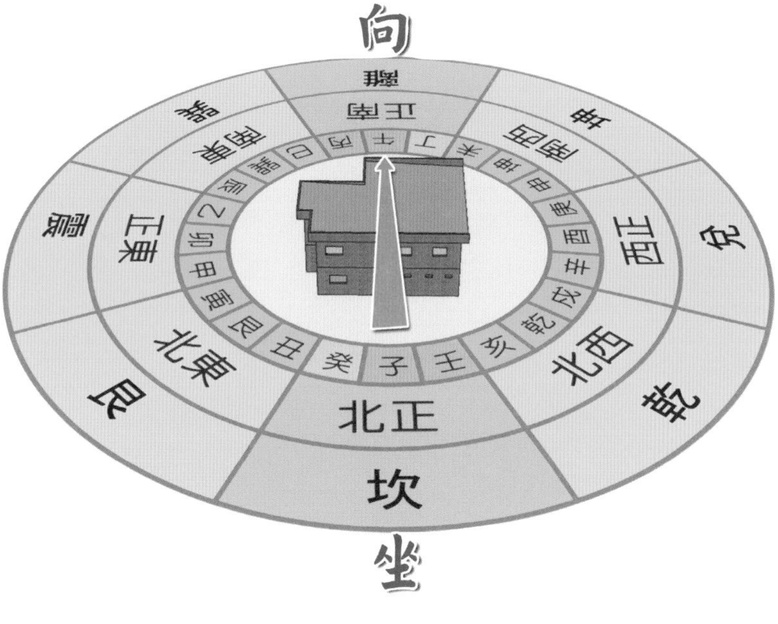

坎宅的壬、子、癸三個方位，都是坐北向南。

《何知經》來自《通玄鬼靈經》，原名《入門斷、入墳斷》之書，是宋朝陵薩子所作，此書之妙，專論堪輿之道，不究來龍去脈，砂水羅盤，只要入門即可見景生情，觸機應變，一動一靜，一草一木，皆可參詳，知往察來，百無一失，未登山先知家道之盛衰，才進門便可決算斷定丁財之旺弱，觀新墳覆舊墓，視宅基審氣色，絲毫不爽，「妙法不多三五句，千金不與世人傳。」正是本書寫照。

《何知經》

何知人家富了貧，山腳歪斜水翻身。
何知人家貧了貧，下砂空曠不朝墳。
何知人家富了富，下砂重重來相顧。
何知人家貴了貴，文筆尖峰當面起。
何知人家久富豪，一重高了一重高。
何知人家退敗時，一重低了一重低。
何知人家吊頸死，龍虎頭上一條路。
何知人家出孤寡，朝山反背孤峰也。
何知人家出少亡，前也塘兮後也塘。

何知人家少子孫，前後左右高過身。
何知人家兩姓居，一邊山緊一邊無。
何知人家不久年，有一邊來沒一邊。
何知人家常換姓，龍完不真砂水順。
何知人家被火燒，四邊山腳似芭蕉。
何知人家女淫亂，塘坳路硬水溝反。
何知人家多啼哭，前面有個鬼神屋。
何知人家不旺財，只是源頭無水來。
何知人家主離鄉，一山走竄到明堂。
何知人家受孤棲，水走明堂似簸箕。
何知人家修善緣，分明有個香爐山。
何知人家會行師，桃符山現有香爐。
何知人家出猥褻，面前必窄不寬舒。
何知人家出瘸跛，前面金星齊帶火。
何知人家眼不明，明堂內面一土墩。
何知人家致死來，停屍山在面前排。

何知墳中少骨殖，後來龍脈無生氣。
何知墳中骨顛倒，只因凹缺風來掃。
何知見禍在何年，太歲加臨凶斷然。
何知白蟻吃棺材，只為廉貞入水來。
何知牲僕俱不旺，前山走了不歸向。
何知泥水滿棺中，文曲迢迢向穴沖。
何知人家是非頻，朱雀開口路對門。
何知人家多病怪，三陽不照陰暗成。
何知人圓物不圓，白虎庚辛響器添。
何知旗牌不宜豎，水族魚鱉小器地。
何知人家夭傷人，戌土惡石正對門。
何知人家有官事，白虎圓峰高聳起。
何知逆溝病疽淫，艮宅坎上添一墳。
何知人家多暗疾，左邊一隅上萬類。

由《何知經》簡短的文辭中，不難看出風水學的奧妙精深之處，更可體驗出人與家居住宅互為感應、互為因果表裏的關係，從一個人的言語衣著舉止，可以推測其家庭、家教的大致概況，從其家宅的整潔與否，亦可以聯想判斷其人心地善惡、財官吉凶好壞之情形，這個道理就是本於「相由心生」的原理，家宅有宅氣，宅氣與人互為感應消息，所以常見一棟公寓或一條街，如果有人生病、車禍，就接連發生；有人升官發財，亦接連發生。

這是非常有趣而且非常值得玩味探討的問題，明代時出現了專論陽宅吉凶的《陽宅十書》更進一步的細論宅氣及宅相的問題，此外，《相宅洞玄歌訣》也強調住宅的吉凶禍福，此歌多為占宅氣而發，昔牛思晦，常入人家，知其吉凶先兆，表示屋宅一定有外在的訊息反映出來，而這些外在訊息時時刻刻地出現在住宅的周圍，若能辨別解讀出這些訊息所蘊含的意義，就能夠趨吉避凶，朝向有利的方向發展。有關《相宅洞玄歌訣》更詳細的討論內容可以參看筆者所著之《陽宅外煞，一點就通》（知青頻道出版）和《實用陽宅風水》（三藝文化出版），筆者在此二書中有更深入詳盡的探討。

人們為改善客觀世界中的生存環境，於是進行大量的建築活動，並不間斷地在改進居住生活空間環境，可以說一方的建設環境培育和陶冶一方人，一代的生活環境培育一代人。從風水學判斷住

古者穿地取水，以瓶引汲，謂之為井。

古代的磨房常用驢、馬、牛等家畜來磨麥子。

宅的好壞，首先可以先看看外在環境形勢，對於本居所構成的影響，是好或是壞的影響。

古人所謂的內六事，包括了門、灶、房、井、廁、碓磨；此六事包括了人們的生活起居、活動範圍。門是指大門，進出住宅必經之氣口；灶是煮食之地；井是打水的地方；廁是方便的地方；碓磨是五穀雜糧之所，現代都會區或郊區的住宅多數是洋房，碓磨就比較少見。屋內之路是納氣之用，也是房間與另一房間必經之通道，今筆者針對比較符合現代宅居的陽宅內六事做概念說明。

1、門戶

居家風水首重開門納氣，會直接或間接的影響到人的身心健康，精神狀態、事業的興衰、和工作的成敗。房屋佈局的原則是根據納氣的理論，尋求最佳氣場；特別是大城市住宅，大氣場受條件限制，只能在室內小氣場作文章，運用八卦、九星、飛星，再以居住者的出生年庚與方位五行生剋的原理進行了合理佈局。

傳統的內六事對於門戶的一些主張如下：

◎住宅前謂之「門」．屬陽；宅後為「戶」，屬陰，取天門、地戶之義，陰陽交媾也。門常開而戶常閉，陽闢陰翕也。

◎大門為宅之氣口，如人之有口，以便呼吸吐納，所取闢方開大門者，正用先天陰陽正配之位，彼此交媾，以之出煞，亦用之以收生氣。

◎前後門戶宜稱，後戶不得高過於前門，寓含天尊地卑之意。

◎宅內門不宜多，門不宜高過於壁，尤忌雜亂開門，門多則氣不專，而且門過多也會使氣散而不聚。

居家風水首重開門納氣。

現代都市大樓住宅之大門。

2、臥房

臥房是休息的地方，在佈置上須考慮其隱密性，並宜處於比較清靜之處，方能達到養精蓄銳之目的。臥房的門很重要，是生旺氣的引入之處，臥房宜選擇於住宅生旺方，並合於屋主生年納音五行或卦氣卦運。現代的住宅大多是客廳在靠近大門前端的位置，或是靠近陽台落地窗之處，陽光較為充足，臥室在客廳的後方，或是中段近後之處，陽光稍弱，此為合乎風水的臥室設計。

房內喜明忌暗。

臥房宜選擇住宅生旺方。

傳統的內六事對於臥房的一些主張如下：

◎臥房內喜明忌暗。

◎窗前不宜有直屋簷滴水，名為流淚煞。

◎忌披屋（正屋旁所搭的小屋）作臥房低於正屋。

◎忌上手有屋脊，或高墻牌坊欺壓者。

◎忌房之前後近灶，常見青煙起不宜。

◎忌房後有井，房內開天窗。

◎忌房前種芭蕉。

◎忌樓上為房樓下是倉庫或作灶等。

3、床位

人生有四分之一以上至三分之一的時間是在床上度過的，而睡覺的方位及方向，都固定於某向或某位，在長時間承受其宅內磁場之感應，無論在身體或心理上，都佔有相當重要地位。

臥房的佈置當以安床為優先，安床固以坐吉、向吉為第一，若使床位坐吉向煞，則主失眠，先吉後凶，歲殺沖床則主災病損財，所以安床不宜坐吉向煞，寧可坐煞向吉，頭枕（床頭）煞方，初主失眠、夜夢，但一醒來坐起，即向吉而得吉氣，積日累月而諸事由難入易、順遂吉宜。

傳統的內六事對於床位的一些主張如下：

◎安床宜擇屋宅之吉方吉間。

◎安床忌宮星所飛之洩氣方，主不利人丁。

◎安床忌在正樑之下或是騎樑、擔樑之處。

◎安床忌在屋頭盡處，樓頭盡處。

◎忌床後空虛，床後堆雜物。

◎忌床前沖柱，床兩頭不著壁，或在床頭邊開門。

◎忌樓梯壓床或床底下有暗溝或排水塑膠管。

◎忌床邊有灶，床後有井，凡此種種皆當迴避之。

4、爐灶

爐灶為飲食之源，民以食為天，若能配置合宜，有助家人健康與運勢，八宅法論爐灶方位，避免置於生旺方，灶座以壓本命凶方為吉，因灶以火門為重，又不喜開門即見爐灶。

傳統的內六事對於爐灶的一些主張如下：

◎爐灶不宜臨於二黑及五黃位，因二黑為病符，五黃主瘟疫，是為不吉。

安床宜擇宅之吉方吉間。

安床忌在正樑之下。

◎八宅法以灶座壓於本命凶方為吉，若壓於絕命方，主健康高壽、生男易養、進人口、發財。

◎八宅法灶座若壓於六煞方，主有財、無水火之災、不損人口。

◎八宅法灶座若壓於禍害方，主無病進財。

◎八宅法灶座若壓於五鬼方，主無災難、大旺丁財。

◎三元玄空挨星法之灶法，乃以造屋時向上飛星所到之方來配置，不論宅之生旺衰死方均可以作灶。

早期傳統的爐灶，至今農村仍有人使用。

現代瓦斯爐火勢往上但沒有灶口。

傳統的風水學對廁所浴室的吉凶宜忌，除了壓在凶方之外，並無太多著墨，到底廁所浴室有哪些需要注意的地方呢？浴廁隨時保持整齊、乾淨、空氣流通、馬桶暢空，沒有穢氣、濁氣與濕氣，且有良好的隔音設備，或置一假式衣櫃放入浴室之門外，如此有隱密性又可減少吵雜的沖水聲，浴廁內可放置綠色盆栽，保持空氣的新鮮對流及減少溼氣。

傳統的內六事對於浴廁的一些主張如下：

◎八宅法浴廁宜置於凶方，即退煞之方，浴廁皆為出穢之物，位居本命之凶方，鎮住凶神反而為吉。

◎八宅法浴廁不宜置於生氣卦位，主家人口舌是非不斷，凶多吉少。

◎八宅法浴廁不可壓於文昌位，易造成小孩不讀書，家人升等考試不利。

◎八宅法浴廁不可壓於本命卦宮位，主災禍連連，身體不適。

◎八宅法浴廁若壓於天醫位，主身體常不適，吃藥無效。

古代廁所大多建於宅外。

現代的房屋大多把浴廁相聯一起。

6、神位

依民間的信仰，神明廳是人與神溝通的媒介。

神明廳可說是陰陽交界處，自然也就成為人類與天仙神佛或祖先心靈交互感應的地方，亦即訊息相接觸之所在。神明廳莊嚴清淨往往是積善之家，福德具足。

此外，更可利用神位來測知宅主的窮凶福禍。神位如安置精確妥當，合於風水佈局，有助於整個家族的氣運提升。

傳統的內六事對於爐灶的一些主張如下：

◎神位宜設立在藏風聚氣之處。

◎神位後面，不宜設衛浴。

◎神位旺氣俱足方能對全家產主加官納福的效用。

◎神位如果架空、無靠，或安在走道上，容易帶來家中人丁不安，財運起伏不定。

神明廳莊嚴清淨往往是積善之家。

舊社會三合院的公媽廳是建築組群之核心。

開門迎賓接財喜

《八宅明鏡》曰：「宅無吉凶，以門路為吉凶。」其意義是衡量住宅的風水好壞，主要是受大門的影響最大。為何大門有如此的力量呢？《辯論三十篇》曰：「陽宅首重大門者，以大門為氣口也！」張宗道云：「大門者，氣口也。氣口如人之口，氣之口正，便於順納堂氣，利人物出人。」

大門風水的基本概念

在風水學上，以門之前方為明堂，如果前方有平地、水池、停車場等等，以開中門至吉。而左方為青龍，右方屬白虎，門開何方，應該配合

大門者氣口也。

「路的形勢」為要。

一般的房屋開門，為四類：

一、開南門（朱雀門）。

二、開左門（青龍門）。

三、開右門（白虎門）。

四、開北門（玄武門）。

《沈氏玄空學》云：「陽宅以納氣力不，所以問路即走水路也！」其義亦是指出，路即是水。現在進一步講解，門宜開哪方？門忌開哪方？《八宅明鏡》曰：「安宅大門，宜迎來水之吉地以立門。」

1、開朱雀門：

前方有一水池或平地，即是有「明堂」。這樣，門便適宜開在前方中間。

2、開青龍門：

前方有街或走廊，右方路長（來水），右方路短（去水），住房宜開左方門來收地氣。此法稱為「青龍門收氣」。

3、開白虎門：

前方有街道或走廊，左方路長（來水），右方路短（去水），住房宜開右方門來收截地氣。此法稱為「白虎門收氣」。

4、開玄武門：

前為朱雀，後為玄武，陽宅一般不宜開後玄武之門，為正中開門必洩其氣，可以在兩角擇納氣吉祥之位，開一便門，或稱小門，俾使前後之氣能相互對流暢通而互感吉祥之應。

看陽宅之法未入門先觀外形、基址，橫看、豎看，全宅總相，逐間分房，儘可能注意建築格局大約以面寬一至二倍深度為吉宜，並且注意可利用空間的平衡性，一入門勿見廚、廁、臥室者為佳，避免棟樑下安床、造灶，擺放辦公桌、書桌，儘可能避免一般常識性的俗忌，才不致於引起俗忌的心理負擔，住起來才會心安理得。

一入門勿見廚、廁、臥室者為佳。

宅內納氣不專以地氣為主須兼收門氣。地氣與門氣二者，相輔相成，俱旺為佳吉，大半以九宮八卦五行生剋論氣。凡論氣，氣本流通橫行，從門而入，其影響力與地氣相當，凡氣從剋宅方來，則宅受剋，宅內之人亦染凶氣受剋，氣從生宅方來，則宅受生，宅內之人亦沾喜氣受生，所以宅門前外之道路，亦有關陽宅之吉凶，不能不察。

門以通宅外大路之大門為重，氣生路上，一開門，氣即縱門而入，故不論正門、便門、旁窗、側戶，均須納本元生旺之氣為全美，不宜背旺迎煞，庶免諸凶畢集而招凶。

大凡門窗於前於側，皆作納氣、迎氣之論；而宅後之門窗，則作洩氣之論。因此宅後之正中不開後門，亦不開窗，後門大多開於右後側，不開左後側。書云：「東北開門、多招怪異。」；「人門（巽方）要序，鬼門（艮方）要封。」；「凡宅屋後，

開錯側門會導致屋宅洩氣。

莫開車門，要被盜、退財。」之類。

《陽宅撮要》云：「宅無定氣，由人為以變之。」、「宅無吉凶，則門路為吉凶。」門不宜多開，多開則氣散；路不宜多歧，多歧則宅氣弱矣。

宅之後牆，不宜正中開門洩氣，故便門（後門）必在兩角上擇三吉方開之。凡造屋，切忌先築牆圍並外門，影響工事，主事難成。

造屋切忌先築牆圍，凡大門門扇及兩畔牆壁須要大小一般，左大主換妻，右大主孤寡。（按：大門拾柱，小門六柱，皆要著地則吉。）門扇高於牆壁，多主哭泣。

宅氣吉者，忌開後門、後窗，恐泄吉氣，宅後不忌後院、天井，如有後天井，天井之後須作圍牆，牆壁亦忌開後窗、後門。宅氣凶者，反宜開後窗、後門，以泄凶氣，泄氣則減凶不凶。

如何看出陽宅的氣色？

《陽宅十書》中論及宅氣方面，主張宅相具形，宅氣流佈於家居屋宅之內外，亦自因宅氣而可推算理氣、宅神，能夠當作研判宅相吉凶之參考。

在這之後陽宅的理論觀念逐漸形成「開門納氣」的觀念，不再專以地理之地氣來論吉凶，必須兼看開門納氣方能定吉凶好壞，所以書云：「宅內納氣，不專以地氣為主，兼收門氣。因為，氣本橫行，從門而入，其力與地氣相敵，所以須門地二氣相生方稱是吉。」

爾後《陽宅透解》一書中論〈陽宅氣色〉談到：

◎陽宅之禍福，先見乎氣色。凡屋宇雖舊，氣色光明精彩，其家必定興發。

◎凡屋宇雖新，氣色暗淡灰頹，其家必定敗落。又步入廳內無人，而鬧烘氣象，似有多人在內喧哄，其家必主大發旺。

◎若步入廳內有人，而陰森特甚，宛若無人聚立其間，其家必漸敗絕。

◎入其門，似覺有紅光閃爍，其家必成鉅富，聚橫財，得高官，生貴子。

◎倘紅光若火焰，帶煙氣，則主火災。

◎入室中，似覺黑氣瀰漫，如霧如煙，其家必有橫禍生。

◎似見白氣滿室，若淡煙薄霧，其家必有死亡。

◎喜氣中帶黑氣，旺運將衰，禍將至；若帶白氣，必有孝服。

◎黑氣中微露彩色，禍將褪盡；白氣中帶彩色，孝服中將有喜樂事。

◎夜靜天朗，望見其家屋上，有紫氣紅光，必生貴子，發富發貴。

◎夜分子時，月明星稀，望見其家屋上五彩之氣，上升空中，落下如帳蓋者，其下必有大貴。

◎陽基宅氣，其氣下大上尖，或橫或散，乃是偽氣，不可以宅氣論斷。

宅外色澤晦暗或長出青苔，就要注意是否陽宅退氣的徵象之一。

總而言之，陽宅有氣、神、形三者，神無形無質，難以察辨，氣雖無形而有質，可以感知察覺，形有相而可見，藉之以相形、察氣、辨神，將使我們對於陽宅風水學，有一種嶄新的認識。

此外，《相宅洞玄歌訣》也強調住宅的吉凶禍福，此歌多為占宅氣而發，昔牛思晦，常入人家，知其吉凶先兆，能夠從外在的訊息辨別解讀出來。

有關《相宅洞玄歌訣》更詳細的討論內容可以參看筆者所著之《陽宅外煞，一點就通》（知青頻道出版）和《實用陽宅風水》（三藝文化出版），筆者在此二書中有更深入詳盡的探討。

住宅大門是四兩屋千金門

宇宙是一個大磁場，房屋是隨著宇宙轉行的一個小個體，如果房屋設計妥當，就能充分引進及利

大門的方向定位應該在規劃起造之時決定。

四兩屋千金門。

用宇宙的能源，讓住在屋內的人獲得健康、智慧，進而在事業上有傑出成就。大門是房屋與宇宙之間運轉關係的一個口，通過這個口，才能把好的「氣」引進屋內，由此可知大門的重要性。

屋宅大門正是掌握來路的樞紐，大門逢生氣或衰氣，大門的方位定下來，就已經決定住宅吉凶的大半了。古人有云：「四兩屋千金門。」就是這個道理。大門如同人的印堂，也不應太小氣。

家中成員居住以後，個人氣勢、人脈、財運的興旺與否，除了本人的八字命格以外，如果再有富貴吉祥的住宅且佈局合宜，逢到元運、流年吉星到臨的時候，自然就會出秀，出貴。此外，來路是住宅的重點項目之一，居家風水大門的方向如何定位，應該是在房子規劃起造之時就要決定了。

在平陽地區建造房子，要先選定大門方位，取其方向與四周的環境、來水、去水、路、橋、山峰、大樓等達成和諧的對應，如此即可事半功倍。

凡開門，皆宜開在地支字上，不宜開在天干字上，以免招黃泉八煞之氣，以門之中心為定，如有誤開天干字上，最好改門，但應配合抽爻換象法及龍門八局和三元奇門卦象之法，更和三元飛星相互應用而不可拘泥於單一法則，以免有失偏頗。

大門方向的基本原則

居家風水有很多方面都需要配合宅主的命局而定，屋宅要先符合風水條件而後再考慮客廳的佈局和大門的方位。除了風水條件以外也要配合宅主的命局，至於住宅中屬於宅主家人的書房或個人房間，則是配合個人的命局來搭配。

太陽出沒的時間及方位的變化，使一年四季的季節也跟著變化，這就使生氣的方位發生了變化。不同的月

在平陽地區建造房子，要先選定大門方位。

份，生氣和死氣的方向就有所不同。

中國的地勢決定了其氣候爲季風型。冬天有西伯利亞的寒流，夏天有太平洋的涼風，風向隨著四季變換不定。中國處於地球北半球，歐亞大陸東部，大部分陸地位於北回歸線，北緯23度27以北，一年四季的陽光都由南方射入，所以坐北朝南的住宅較能採取到陽光，陽光對人的好處很多，它可以取暖、殺菌，冬季時，南方比北方的溫度也相較為高。

氣是萬物的本源。太極即氣，一氣積而生兩儀，一生三而五行具，土得之於氣，水得之於氣，人得之於氣，氣感而應，萬物莫不得於氣。幸運之神是否能進入家中，就是靠大門玄關這一條納吉氣的通路。

大門爲氣口，有路有水曲而至，即爲得氣，這樣便於交流，可以得到資訊，又可以反饋資訊。如果把大門設在閑塞的一方，謂之不得氣。得氣有利於空氣流通，對人的身體有好處。宅內光明透亮爲吉，陰暗灰禿爲凶。

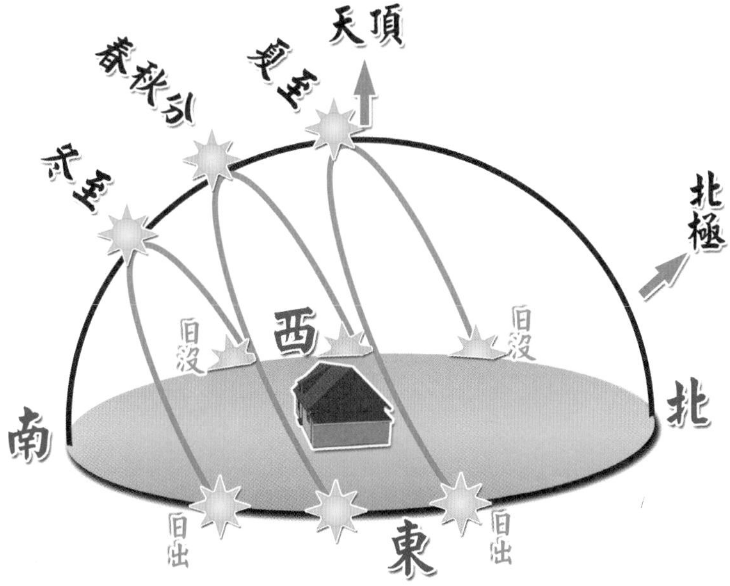

台灣四季太陽仰角與方位圖。

只有順乘生氣，才能稱得上貴格。

大門設計得當，則能充分引進自然界的能源，獲得健康、智慧，以及在錢財、事業上得到順利發展的助力。大門的定位，尤其是要利用到方位磁場方面，更不可一概而論。

大門必須開在龍邊並無風水依據

坊間有一種說法，大門一定要開在龍邊，有部份地理師以為「龍怕臭、虎怕鬧」。堅持門要開在龍邊，廁所要設在虎邊，這是沒有風水理論依據的一種說法，其實應說是以房宅的坐向為開大門的依據，當然也須考慮到屋宅的前後左右之建築物和水流的方向，來決定哪裡適合開大門，方才不失偏頗。

龍怕臭、虎怕鬧的流傳，是因為中國過去有許

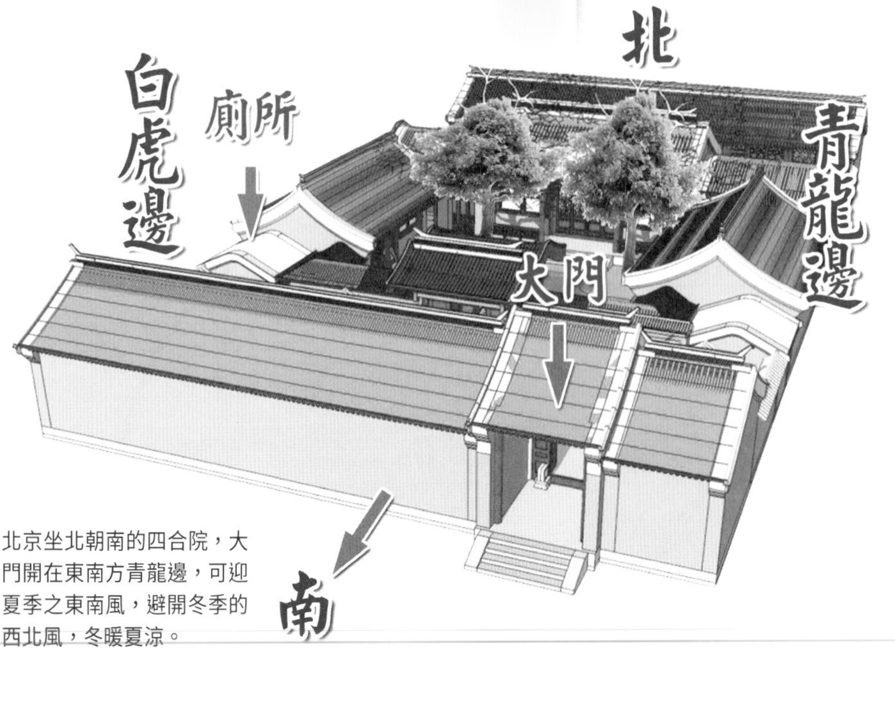

北京坐北朝南的四合院，大門開在東南方青龍邊，可迎夏季之東南風，避開冬季的西北風，冬暖夏涼。

多的房子都是坐北朝南，尤其是社會上具有聲望地位的士大夫階級，對於屋宅坐北朝南極為偏好，其左方龍邊的東南方處，若門開在此方，正可迎接夏季之東南風，在冬季又可避開強烈的西北風，稱得上冬暖夏涼，這是合乎自然環境的法則。

坐北朝南住宅，如大門和廁所對調，廁所在龍邊，夏天吹起東南風，整間屋內就容易吸收了廁所的臭味，這是古人不喜歡將廁所開在龍邊的原因。但是現代經濟發展，有很多新的道路規劃，如深圳、珠海、廣州、汕頭、上海、北京等許多開放城市，都進行了許多的移山填海，建橋鋪路，房子改建，住宅各種坐向都有，不能再拘泥於龍怕臭、虎怕鬧的習俗，須善知變通，何況現在的浴廁皆設在屋內，而不似古代的廁所多數建於宅外。

山坡地屋宅的大門取捨較難

山坡地形要建造陽宅（如下圖），大門的位置就很難取捨，大門向河流的這一邊，成為順水局，財不聚，大門向山的這一方，則是形成前高後低的現象。大門向左，或向右，形成明堂傾斜，如下圖這種地理條件應當如何佈局，是比較難度高的基址。

佈局難度較高的基址。

住宅第一要事首重選址，選定適合的基址後，才是考慮大門的位置，大門方向、卦位，卦氣、卦運，再其次是住宅的其他佈局，客廳、臥室、書房、廚房、浴廁……次序不可顛倒。

圓形土樓的大門主導整棟樓的氣運

福建土樓是世界獨一無二的山區大型夯土民居形式，創始於宋、元，福建土樓依山就勢，就地取材，吸收中國傳統建築的風水理念，適應聚族而居的生活和共禦外敵的防禦要求，被稱為中國傳統民居的瑰寶。

圓形土樓，裡面的住戶三六〇度的方向都有，追根究底仍然是以大門為重，大門主導了整棟土樓的氣運，大門的方位對了，逢元運之吉，則人丁興旺。圓形土樓裡面有些逢元運衰退的住戶是吉中帶有小缺失。

若是大門的方位不合造成土樓衰敗，住在裡面的

圓形土樓的大門主導了整棟土樓的氣運。

住戶，在三六〇度的方向當中，一定有一些是當運的住戶，但是主建築大門的方位不合，即使個體戶的小門得到理氣旺運，也是吉不抵凶，敵不過主建築大門衰敗的氣勢。所以論斷陽宅應以整體建築的運勢為主軸，其次再論及個體戶的吉凶悔吝。

屋宅大門需看河流流向

風水上河流與道路都可稱之為水，所謂水為財，水流方向會影響大門的開門方向，大門是聚財納福的重要納氣口，然而河流通常有固定的流向，所以風水上大門有分青龍門、白虎門、朱雀門的說法，在此將其分述如下：

◎如果河流（道路）在門前由左向右流，稱氣從左來，則正門宜開在建築的偏右處，稱白虎門。

◎如果河流（道路）在門前由右向左流，稱氣從右來，則正門宜開在建築的偏左處，稱青龍門。

◎如果河流（道路）在門前匯成小池或水景，稱氣從中來，則正門宜開在建築的正中處，稱朱雀門。

氣從右來宜開青龍門。

圖示中箭頭所指的房子，道路在門前由右向左漸次低下去，水流也是由右向左，氣隨水走，是故此為氣從右來，則正門宜開在建築的偏左處，稱之青龍門。

住宅大門的風水宜忌

大門外面不可有單一電桿、樹木、獨棟樓房—主易傷眼睛及犯高血壓。

大門外面不可順水直流出去—主破財、不平安。

大門忌對著溪流水直沖—健康堪虞或有忤逆子孫。

大門外面不可有沖震動機器—易犯心臟衰弱、敗血症。

大門外面右方不可高於正前方—女掌權，男易懼內。

大門外面右方不可增建車庫或寮房—主官符是非，牢獄之災，女主身體欠安。

大門外面右方不可有單獨大樹—風濕、咳嗽、筋骨酸痛、家人不合。

門前忌切大樹—阻礙陽氣納入，有損家人之健康與財富。

大門外面不可有路沖—若逢凶沖大破敗。

大門外面不可正對廁所化糞池—主車禍殘疾、是非不斷、皮膚病、過敏症。

大門外面不可正對排油煙機風口—腦中風、頭暈、呼吸道疾病。

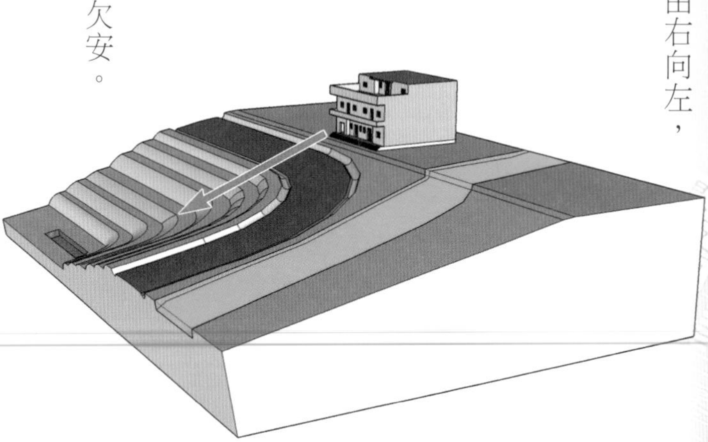

大門外有順水直流出去。

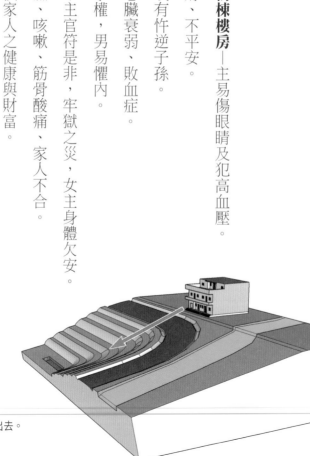

大門外面有單一電桿正對。

大門外面不可正沖他人屋柱—外傷、頭目疾。

大門外面不可有斜沖巷道或防火巷—主大敗無人緣，為人閉塞或患自閉憂鬱症。

大門忌對祠堂—祠堂對屬陰煞之氣，理當避之。

大門忌對山巒—生氣為大山所阻，會令居住者了無生氣，或偏頭痛，凡事半途而廢。

大門最忌穿孔—主子息不利，錢財無形的漏出，小病連連，病痛連連。

大門不可高過廳—主對人口不利。

大門門扉之長寬尺寸—宜合門公尺之吉利寸尺為佳。

大門之門窗要一樣大—左窗大，主換妻；右窗大、主孤寡。

大門被他人屋牆頭沖射—主被人論長短且多是非，蜚言流常。

大門前不可做尖形鐵欄杆—主有明槍暗箭難防之喻。

大門忌對死巷—濁氣會淤積在屋內，有礙居住者之健康，欠缺生氣，凡事固執而不知變通。

大門忌對三角形街道—親屬分歧意見不合，大門臨之主不吉。

大門忌對兩屋間之狹巷—主家運不濟，家道中落，不聚財，氣不順。

大門前有高碩牌樓—會導致經神壓力大，是非多，事業發展受阻。

大門面對水溝—主前程受阻，資財不聚。

前有大門而後無門—主不吉。

大門前有高碩牌樓。

大門面對水溝。

大門前方有橋直下而去—主子女出外不想回家，在家鄉的投資失敗，財務出現問題。

開大門即見樓梯階梯往下直下—主漏財，事業經營一波三折，須防腸胃、心臟的疾病。

門前有川字形路—主凶，多見血光之災。

一家不可開二大門—主親屬不和，兄弟姊妹意見紛歧。

內門不可大於外門—主有傲氣淩人之勢，欠人和。

大門前方有橋正沖—主損人丁。

大門前方有大石擋路。

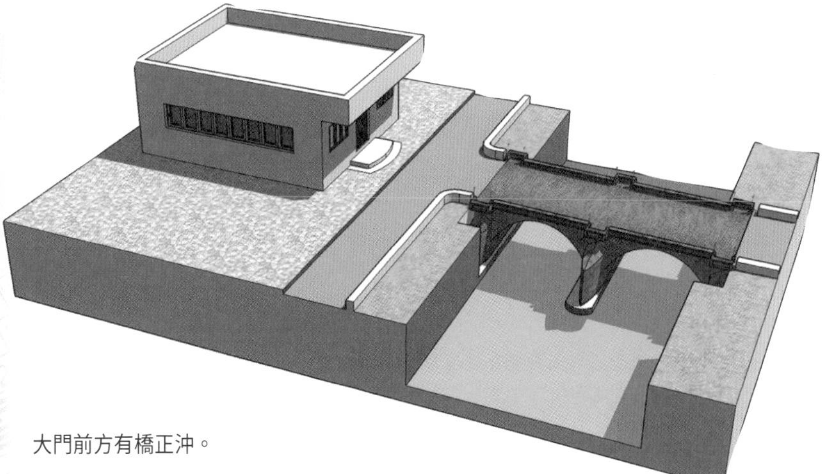

大門前方有橋正沖。

大門出口處左右高壓之建築物相夾——主沒有貴人相助，耗盡錢財。

大門前方有斜路或斜水——主子女出外發展不思歸、不聚財，為過路財神。

大門前方有小石堆——主家人易得呼吸道毛病。

大門前方有大石擋路——家人易有心臟或胃的疾病。

屋宅大門遇反弓水——會產生投資套牢，口角是非，諸事不順而不明原因。

陽台的落地窗不宜陰暗閉塞——陰氣過重很容易招致疾病叢生。

住宅大門忌兩門對面

現代落成的大廈，有一種情形幾乎是無可避免，便是每層樓，都有些住宅是門對著人家的門。《八宅明鏡》有云：「兩門對面謂相罵門，主兩家不和。」風水稱兩門相對為「門沖煞」。大門對大門容易與人爭執，這屬輕微之事，不會鬧大，在工作方面，易招惹是非，與人相處不太融洽。假如大廈與大廈之間隔著一條很闊的馬路，就算兩門相對，不屬於犯「門沖煞」。但是，兩座大廈門口相對，沒有大而闊的馬路相隔，便是兩座大廈互犯沖煞。代表大廈內的住客，會招惹是非、爭執，除非宅內格局良好則作別論。

大門對大門。

大門前堆放垃圾與雜物。

大門前不宜堆放垃圾與雜物

大門出口不宜黑暗、窄小，堆積雜亂物品，要注意流產，心胸狹小，處事狹僻，會使宅內的人易生疾病和做事不利。如八一頁圖，此屋宅圍牆高低不平均，有如斷垣殘壁，男人孤僻不思上進，女人氣焰比較高，流年逢到凶星，家人容易手腳受傷。

大門前方有湖泊當令時家財福蔭

大門前方有湖泊或河流，當令時家財福蔭，生意興隆，失令時則病災齊來，財來財去。大門要開在那一方位？屬於何卦位？大門為納氣之氣口，卦位所屬不同，所有的理氣、飛星、元運旺衰全然改觀。該怎樣佈局，就需仰賴堪輿師的素養及功夫了。

大門前方有湖泊。

居家前庭院的風水宜忌

庭院是住宅的周遭外圍的部分，庭院的風水與宅內六事的風水同樣是非常重要。中國古代建築有一大組織規律的特色，就是建築體都是由若干單座建築和一些圍廊、圍牆環繞成一個個庭院而組成。也就是說多數庭院都是前後串連起來，通過前院到達後院，這還隱含了中國的傳統倫理思想「長幼有序，內外有別」之寓意。

庭院中的花草樹木、假山流水、庭石點綴等⋯，都與宅運息息相關，直接關係到住家及居者的健康與運勢，應當謹慎重視，千萬別疏忽了庭院的重要性。

庭院中的花草樹木及假山流水都與宅運息息相關。

門前放置過多廢棄雜穢之物。

院子白虎方種高大樹木。

白虎方（右方）不可種高大樹—筋骨痠疼、官非不斷。

白虎方（右方）不要有花架—主藥碗不斷。

少放廢棄雜穢物—鼻子過敏。

少放亂石或沙石—流產、血厄。

少放木頭屑之物—易得皮膚病。

不可引河水到庭院中—易得皮膚病、腎病，財來財去。

應有適量之花木—美化環境。

花木不可太多太雜，陰氣濕重—風濕病。

庭院的排水應暢通—才不會有穢氣、蚊蟲。

地面不應有青苔、濕氣—易滑倒。

居家後庭院的風水宜忌

後院外不可有防火巷直沖—腰背痠痛。

後院外不可有他人屋牆壁直沖—腰背痠痛。

家後院應時時保持清潔—子女有智慧、聰明。

後院花果不要種太多，陰濕氣重—婦女子宮開刀。

後院不要放著石器、石臼、石磨等—腰骨痠疼。

後院正中央不要做水塔或水櫃蓄水池—龍骨折傷。

後院正中央不可安燒熱水爐—易洗腎。

後院正中央不可安馬達—腰骨痠疼。

後院正中央不可放化糞池—肚痛、瀉腹。

後院正中央不要放水池—損少年郎。（應合宅運才可）

後院白虎方（右方）不可做水塔—易得偏頭痛。

後院白虎方（右方）不可安馬達—易偏頭痛或眼昏。

後院白虎方（右方）不可安熱水爐鍋—頭暈腦脹。

後院白虎方（右方）最好放化糞池—主吉。

庭院的排水應暢通。

後院大樹遮屋。

後院圍牆不可太高。

後院飼養六畜時，應隨時保持乾淨。

後院白虎（右方）、正中央不可安機器等震動之物—易得智障兒。

後院白虎方（右方）不要做假山水池—斷龍脈絕人丁。

後院青龍方（左方）不可放化糞池—龍脈氣斷損人丁。

後院不可種大樹遮屋—光線陰暗、主不平安。

後院不可種有刺的花草木—背部皮膚過敏。

後院圍牆不可太高—如監獄，主官非。

後院不可低於屋內一尺以上—為仰瓦損人丁，錢財不聚。

後院應空氣能對流—家內較溫暖和諧。

後院不可低於路面—沖宅易車禍。

後院出水口不可正中央出去—財源流失。

後院花架、石板等，不可迫沖屋內—沖宅易車禍。

後院養六畜時應隨時保持乾淨—居家不安、易外出。

後院白虎方（右方）不可做假山水池。

至玄至妙的玄關風水

玄關如同古代建築中的門廳，門廳為進門的大廳，這是一般在進門的地方所設置的緩衝區，作為公共活動區域發揮過渡的作用。此外所謂的過廳或斗室都是專指住宅室內與室外之間的過渡空間，也就是進入室內換鞋、更衣或從室內去室外的緩衝空間。玄關在現在的住宅建築中泛指居室入口的一個緩衝區域，專指住宅室內與室外之間的一個過渡空間，在住宅中玄關雖然面積不大，但使用頻率很高，是進出住宅的必經之處。

玄關具有藏風納氣的作用

風水注重藏風聚氣，應聚氣於屋內並使屋內

台北市知名的林安泰古厝的門廳，具有管制出入及接待賓客之功能。

的氣場不受到干擾，讓屋內氣場結集，風水學有喜迴旋忌直沖的說法，認為大門外和大門內的氣流因為性質不同，若室外之氣直接對沖室內時會對居住之人有損害，唯有讓屋宅內外的氣流相互融合並將好的氣引進屋內才是最佳的方式，在屋宅設置玄關的用意正是氣流從大門引進宅內之後作為緩沖區的空間運用，所以玄關的設置在風水上是非常科學的空間設置。

居家玄關空間運用的功能及用途

1、作為內外緩衝區隔的空間

現代住宅有時為了更有效的運用居住空間，通常會捨棄設置玄關來增加空間利用，這種情形可以利用櫃子、屏風、燈光、色彩、擺設、藝術品、吉祥物等裝潢設計來製造一個看似玄關的小

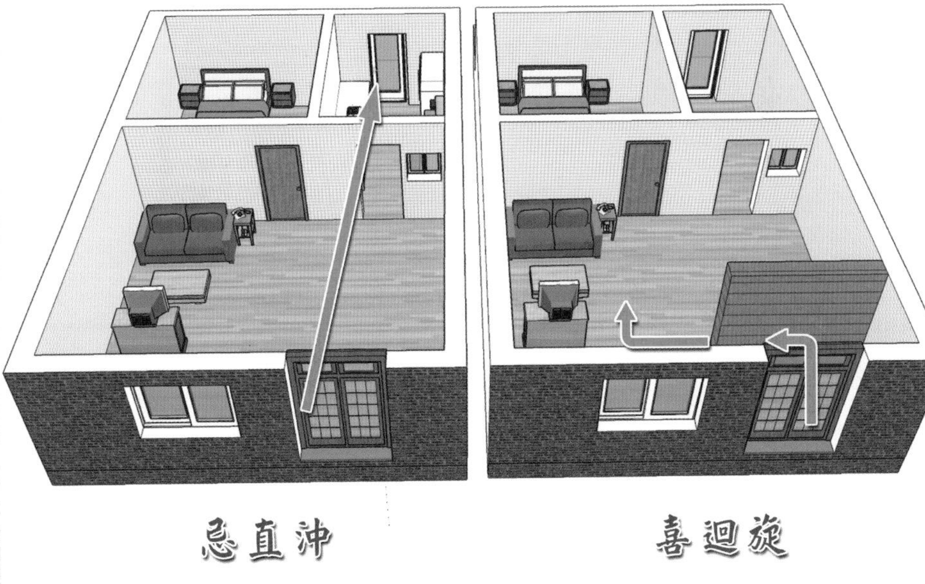

風水上大門納氣喜迴旋忌直沖。

空間，一來避免氣流長驅直入室內，再者能夠營造一個銜接室外室內的緩沖的空間。玄關的設置在心理層面同樣具備了情緒轉換的緩衝空間。

2、保持居家的隱私性

從大門進入屋內後如果立即看到客廳、廚房、餐廳及臥房的入口，使家中內部概況盡收眼底，造成居家的隱私性產生了缺陷，所以安置玄關可將住家內部做一隱密的區隔，保留了居住者的隱私性，讓人無法從大門打開時就能夠輕易看見居家內部的全部情況，這樣就能維護居住者的隱私性了。

3、迎賓招待整理儀容

美觀的居家門面更能讓賓客感受到接待歡迎的氛圍，玄關處可設置鞋櫃及衣帽架，可當作整理儀容的地方，不論是主人家出門或是賓客來訪，都可以在玄關處先稍做儀容整理然後再進入客廳或是離

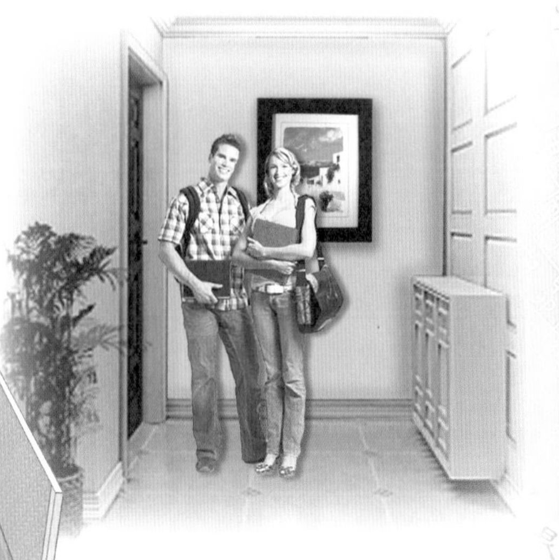

美觀的居家門面更能讓賓客感受到接待歡迎的氛圍。

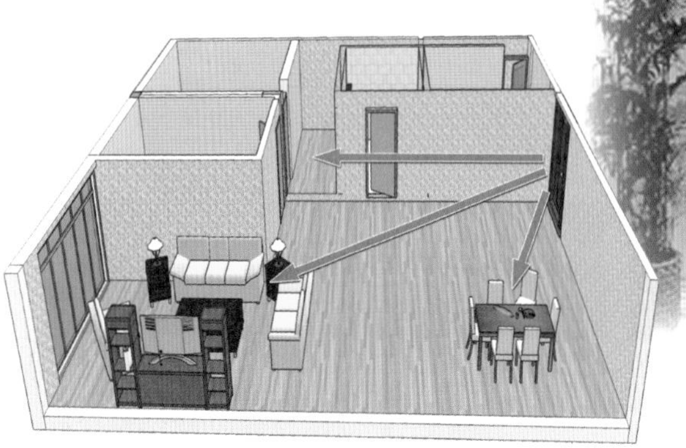

無設置玄關屋宅可從大門立即將家中內部概況盡收眼底。

去屋宅，此外來訪的客人也可以在玄關處先調整自己的情緒或是預熱熟悉屋內的氣氛，藉以消除緊張或不自在的情緒。

4、善用裝置能增添門面的美觀

獨立完整的玄關若能加以裝潢美化及保持整齊清潔，更能突顯居家的質感及氣氛，因此可以運用佈置的手段來增強美觀，例如擺飾古董、掛畫、整裝鏡、端景設計、開運吉祥物等等，這些設計裝飾都可以增添玄關的美觀。

5、收納物件增加生活便利性

現代許多屋舍的大門外即為公共用地，無法擺放鞋子、雨傘、安全帽等常態性的生活物件，這些物件稍有不慎，就會擺放的十分凌亂，讓門面顯的雜亂不堪，所以家中若是能夠設置玄關，就可以更完善家宅的機能配置，例如設置鞋櫃、置物櫃、端

玄關妥善規劃機能性配置能增添生活的便利性。

玄關擺設琉璃五福臨門及雙龍戲珠能增添家宅吉祥。

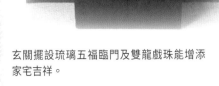

景桌與衣帽架、零錢鑰匙放置區等，既可避免玄關過於凌亂，又能增加生活的便利性。

6、作為風水化煞的最佳解決方式

屋宅穿堂煞是指大門與後門，或後陽台，或有大窗戶成一直線，而且中間毫無建物阻檔，空氣、風、光線直接穿過流通，穿堂煞將會使屋內的氣場不斷受到干擾，不能聚氣於屋內，造成屋內氣場無法結集，如再逢元運不佳，難以聚財，造成人性格急躁、容易與人發生口角，產生漏財情形，代表家中的錢財留不住。

化解穿堂煞的最佳方法是改門道，改門道有困難時，可設置玄關或用屏風櫥櫃擋道，以改變沖射之煞氣，而屏風前安置盆景或千手千眼觀世音菩薩及九頭靈獅擋住氣口，將不好的來氣轉化成好的能量。

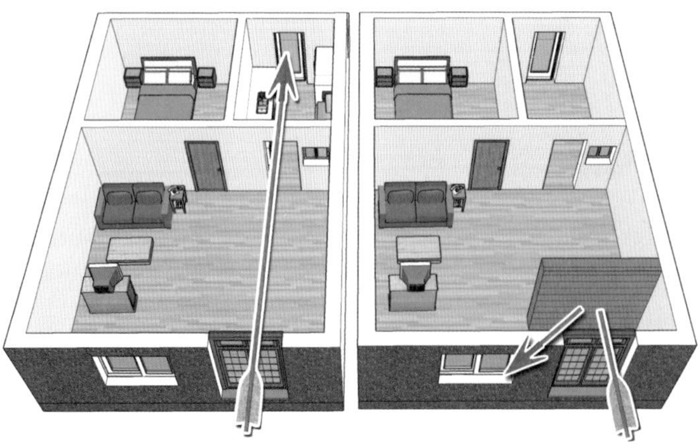

前門與後門成一直線是犯了穿堂煞。

玄關的空間大小如何設置

玄關的空間大小應當視家宅總面積的大小比例而定，理想的玄關大小應該要有一坪左右（一坪＝三．三〇五平方公尺），一般三十坪以內的公寓型住宅，設置玄關的方式大多是利用大門的迴旋空間以屏風、鞋櫃或僅以不同的地坪建材來標示出玄關位置，如果是五十坪以上的空間，會有較大的發揮空間，多半會比較重視空間氣氛及迎賓的氣勢。

一般入門後玄關的深度約一二〇～一五〇公分左右，絕對不可以影響到大門的開關，玄關屏風或玄關通道至少要有九十公分寬，玄關寬度必須與大門的開關配合，其寬度應比大門寬，至少也要與大門同寬，如果玄關寬度只有大門的一半或三分之二寬時，就會造成壁刀沖射到大門，反

理想的玄關大小應該要有一坪左右的空間。

而形成了風水上的形煞，會造成家中成員遇上車禍、開刀手術等血光災傷，而玄關牆壁或屏風的高度最好能做到天花板頂端，否則也要高過大門的門框，如果低於大門時又會造成玄關牆壁或屏風橫切大門的形煞十分不妥。

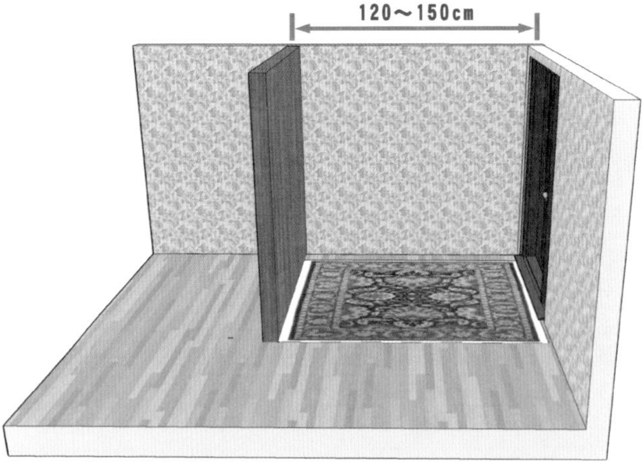

理想的玄關的深度約 120 ～ 150 公分左右。

玄關通道至少要有 90 公分寬。

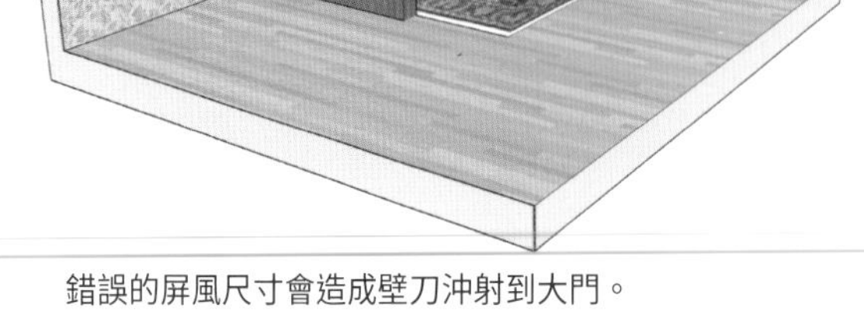

錯誤的屏風尺寸會造成壁刀沖射到大門。

玄關裝修風格以簡潔大方為原則

玄關的裝修應該根據實際的結構來決定其風格，不過最好是以簡潔大方為原則，如果玄關是一條狹長的獨立空間，則可以採用多種裝修風格。如玄關與廳堂相連，沒有明顯的獨立空間，可利用間隔將其分隔，並製造獨特的風格，也可以與廳堂的裝修風格相統一。如果玄關已經包含在廳堂裡，宜與廳堂的裝修風格相統一，此外應對玄關進行畫龍點睛式的修飾為廳堂增加亮點。

玄關的裝修風格最好是簡潔大方為原則。

鞋櫃位置不能直沖大門口

鞋櫃在玄關的擺放位置宜藏不宜露，鞋櫃最好選購有門的類型，避免鞋子擺放凌亂的視覺，鞋櫃的位置不能直沖大門口，也不能面對著住宅外，一般都是設置在大門的左右兩旁較佳。建議根據大門開關的具體方向來選擇擺放鞋櫃的位置，例如從左往右開的大門，鞋櫃應該設在左邊，反之則應該在右邊。

鞋櫃的高度不宜超過人體的高度

鞋櫃的高度不宜超過人體的高度，一來放在高處的鞋子較不易收取，再來髒鞋也不適合擺放在高處，容易犯小人及遠離貴人。鞋櫃在牆面離地三分之一以上的高處，最好放置清潔的鞋子或擺放清潔物品或雨衣、傘具等物品為宜。

玄關的間隔顏色不宜採用太深的顏色

玄關的間隔材質不論是木板、磚牆或石材，其顏色都不適宜太深的顏色，過深沈的顏色容易使玄關看起來死氣沉沉、幽暗不明，沒有活潑生動的朝氣。玄關的間

鞋櫃最好選購有門的類型。

隔顏色還可以調節承接天花板及地板的用色，例如靠近天花板的顏色稍淺淺，靠近地板的顏色稍深，就能調和天花板和地板的顏色。

玄關的地板色彩宜選用以深色為主的色調

玄關處的顏色較適合採用淺淡明亮的色系使玄關的氛圍充滿朝氣，但是地板應該以深色為主要色調為佳，用意是取其厚重沉穩及根基深厚的象徵，如果玄關處較為暗淡時，地板可以用深色的石料在四周包邊，地磚中間部分則採用較為淺的顏色為主，以此方式來提高玄關的明亮度，而鋪在玄關的地毯也可以採用四邊顏色較深而中間顏色較淺的地毯類型來增加玄關的明亮度。

玄關牆面不宜採用堆砌風格

玄關的牆面與進門後的視覺距離較近，通常只是作為背景予以烘托，但是可以選出一塊主牆對其進行

玄關地板可以採用中間淺色為主而四邊深色的地磚。

鞋櫃的高度不宜超過人體的高度。

特別的裝飾及佈置以達畫龍點睛的效果。佈置方式可以懸掛畫作或擺放開運吉祥藝品、木雕、雕塑品、藝術作品或刷上亮眼的塗料皆可，無論採用哪種美化方式，都應避免堆砌的風格。

懸掛開運風水畫可以增強家運

玄關掛畫適合開運風水油畫，可以增強工作貴人運、提升人際關係、強旺運勢、改變家運的靈動力。開運風水油畫須依照住宅座向和家中大門口之納氣口為基準，再根據屋主之八字五行喜忌，然後配合陽宅堪輿學以及易經六十四卦之卦象、先天卦氣、後天卦運，以油畫寫真方式將風水之術融入畫中，展現出朝氣蓬勃的生命力，例如畫中意境之日麗當中象徵紫氣東來，山有情，水有意，九如蓮發而利於不敗之地，並流注五方水入湖，有如五方財入庫，天有大鵬展翅高飛，意取飛鴻騰達鷹揚天下之境界，形成一幅詩中有畫畫中有詩的寓意及美麗的畫件。

玄關的牆面應避免堆砌的風格。

開門見福能增添招財納福引貴之效

中國傳統習俗中新春除夕時人們會在迎門牆上貼「福」字春聯，稱為「開門見福」；或是在迎門牆上貼「招財進寶」的春聯，象徵開門見財，新屋入宅的時候同樣也有開門見福以及開門見財的習俗禮儀，所以玄關的吉祥開運裝飾可以採用開門見福以及開門見財的吉祥寓意，筆者建議可以在玄關屏風上吊掛五福臨門圖帶來開門見福、福壽雙全、吉祥如意，五福臨門下方還可以吊掛廿四山龍銀招財引貴符籙圖具有招財、納福、引貴之功效，能藉調天上二十八星宿之無形靈動力來化解屋宅煞氣。吊掛吉祥物必須以房屋的坐向配合主事者的八字，請地理師或命理師以天星奇門遁甲九天玄女一二〇甲子擇日秘法及玄空大卦六十四卦之卦氣卦運來為您佈局與諏選良辰吉日，如此才能得到五福臨門圖的無形靈動力。

鎮宅靈獸可鎮宅壓煞保平安

古代常在大門口放置鎮宅靈獸，如獅子、麒麟、龍馬、龍龜等祥瑞之獸來化煞鎮宅。現代建築的變化比較沒有空間在大門處設置獸像，所以對著門口的玄關處就成為擺放鎮宅瑞獸的最佳設置處，但如果懸掛或擺設虎、豹、鷹、狐、熊等猛獸時，則須特別留意，務必將其頭部朝外，形

開運風水油畫。

玄關屏風上吊掛五福臨門圖帶來開門見福、福壽雙全、吉祥如意的吉祥寓意。

成守衛格局，千萬不可將猛獸之頭部朝內，否則易帶來疾病或意外災禍的厄運。

玄關處擺放九頭靈獅可鎮宅壓煞將祥瑞之氣引進家宅，長保宅安人慶，加強官威或屋主之陽氣，增添神聖、吉祥之瑞氣，並有化解流年五黃煞之靈動力；擺放麒麟可以改變各種運程，如健康運、夫妻運、子女運、家宅及事業運、財運、開智慧增強貴人運、讀書運等，招納旺氣入宅而又隔開入侵之凶煞，發揮改運的效力；擺放雙龍戲珠象徵高貴尊榮以及幸運成功，藉用龍的尊貴及威望的特性，龍生旺氣可收制煞、納財、招貴之效；擺放馬上賺可以提高財運、事業運，主生旺，且於馬鞍上鑲有水晶鑽石取意馬上賺，即可聚集能量，改運招財又能許願、消災；家中擺放五行五靈圖可助增加家宅祥瑞之氣，具有催生旺氣或五行陰陽偏枯而不能相生者以來使之五行相生、催生旺氣、鎮宅化煞、招財納福之效；擺放辟邪貔貅可增加屋宅的陽氣，使陰邪不侵，當我們在外若沖煞到或卡到陰，回到家入門，附身陰煞見到貔貅神獸會立即逃之夭夭。

在玄關處如何供奉神明

在玄關處可以設置落地櫃來供奉神明，神明的上方忌有橫樑下壓，如有上櫃需保持清潔，不可放置鞋子等帶有穢物的用品，玄關處適合供奉武財神、彌勒佛、觀世音菩薩、福祿壽三仙等神明，可以讓您財運興旺、運途亨通、福壽康寧、家宅平安，還可以將祥瑞之氣引進家宅，化解屋宅遭受的陰邪及煞氣。

琉璃九頭靈獅

琉璃馬上賺

琉璃辟邪貔貅

琉璃黃財神

琉璃彌勒佛財神爺

琉璃水月觀音

琉璃福祿壽三仙

琉璃武財神

擺放植物一定要保持長青

室內玄關沒有充足的陽光以及空間有限，不適合擺放大型的植株，可以擺放一些小型的植栽，如圓葉、闊葉、厚葉的觀葉植物，如果玄關較為寬敞，可以考慮高大一點的植株，最好要採用植物生長燈對它進行照射。切忌在玄關處放置帶刺或尖銳的植物，室內擺放的植物都應該保持長青，一旦出現了枯黃現象，就要盡快換掉，以免招來禍事。

開運竹

發財樹（金錢樹）

玄關頂部的燈飾不宜排列成三角火尖形

如果在玄關頂部懸掛三盞燈照明而排列成三枝倒插香的樣子，同時也會形成火尖形的凶象。陽宅五行之中以火型煞最為凶惡，容易衍生是非、破耗、損財，或凡事都受阻礙而衍生枝節，或者是居住者脾氣古怪，或身體有肝纖維硬化之症，這是非常不吉利的造型。

玄關的空間應較為寬敞—利於家中的氣運。

玄關的天花板不宜過低—容易造成壓迫感及運途受到壓制難有出頭天。

玄關天花板的顏色不宜上深下淺—易導致家中長幼失序，上下不和睦。

玄關的天花板不適合安裝鏡子—容易令人產生錯覺，影響情緒產生不安的疏離感。

玄關採光宜明不宜暗—玄關明亮表示陽氣充足，可以聚集財氣還能帶給居住者愉悅的心情。

玄關處的燈以圓形為最好—象徵著圓滿團圓、天圓地方，利於家運吉祥。

玄關處的燈以排列為方形為佳—方形象徵方正平穩，利於家運興旺。

玄關處不宜設置風扇—會吹亂家中氣流阻礙財氣。

玄關處不宜太過封閉—阻礙家中氣流的流通會損害財氣。

玄關處不宜堆放雜物—會使人氣鬱或腦神經衰弱，無法提昇愛情能量。

玄關牆壁及地板不宜凹凸不平—主宅運出現諸多阻滯，宅運不順暢。

玄關的地板下不能有地下排水管—會導致家人健康出問題，財運不順暢。

照明排列成三角火尖形。

玄關地板不宜太過光滑—易構成安全隱患且不利家運。

玄關地板不宜用尖角對著門的圖案—會形成凶煞不利家運。

玄關處忌有橫樑—會影響全家的財運，容易使屋主發生意外凶災、橫禍、血光、損人丁之災禍。

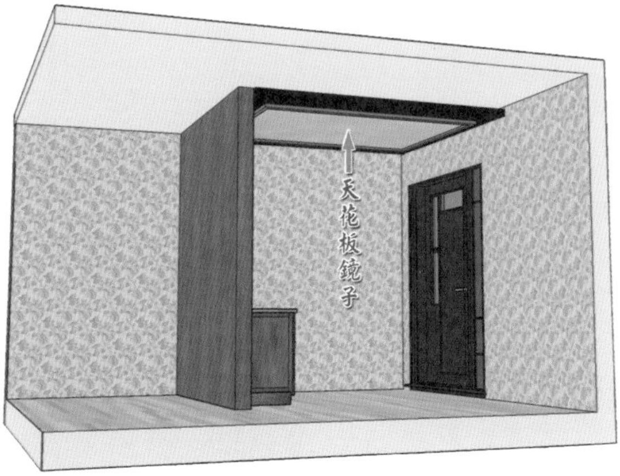

玄關的天花板不適合安裝鏡子。

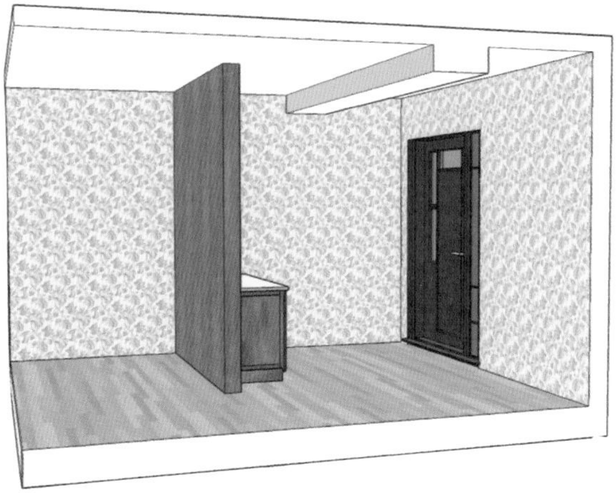

玄關處忌有橫樑。

玄關處的燈以圓形為最好。

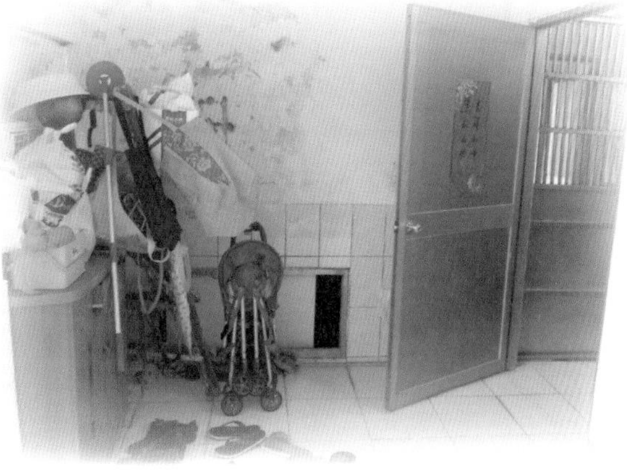

玄關處不宜堆放雜物。

高竿的地理師懂得「入門斷」，只要踏進人家的家門，馬上就能準確地斷驗出住家的吉凶、禍福，俗語說：「入門若問榮枯事，且看容顏便得知。」地理師要善於察言觀色來判斷吉凶，察顏觀色就是看房屋的戶外六事和戶內六事。未入門先看形，看形要十分明，在日常生活當中，每一個人都必須要有出門看天色的智慧，以及培養入門看臉色的禮貌。

出門看天色入門看臉色

入門看臉色的原因，在於「有諸內必形諸外」，當一個人臉色喜樂時，內心一定愉悅、運途很好、事業如意、財源廣進、家宅平安。一個人的臉色正如氣象台的儀表器，天氣的好壞陰晴一看即知，或者幾天後的天氣變化，皆可從氣象台的電腦或儀表器可得知，臉色是一個人五臟六腑五行相生相剋產生好壞的儀表台，一看即

高明的地理師只要跨進大門，就能準確地斷驗住家的吉凶禍福。

可得知運之好壞休咎。

住宅一進門首先看到的就是客廳，客廳是家庭的門面，從對客廳的第一印象，即可掌握資訊而進行屋運的判斷。不過客廳是靜態的空間，不像一個人有喜怒、哀樂，直接看臉色便一目瞭然，然而只要從客廳的佈局、裝璜、擺設所營造的氣氛，亦可瞭解這家人的生活品質與習性。

「德潤身，富潤屋」，就是指一個人有錢了，很自然而然的會把自己的「窩」，打扮得更富麗堂皇些，炫耀及犒賞自己的成就，尤其是家中的客廳。但一個生活作息很正常而品德高尚的人，雖然不是很富有，但至少會把家中的流動空間佈置的很順暢，家裡的裝潢井然有序，顏色的搭配也很對稱，讓人一進門就會輕鬆舒暢。

俗話說：「窮院子，富門廳」，家中就算不富有，也應把門廳佈置得體面。曾經看過有一位喜好喝酒的人，他把客廳佈置得像酒吧一般，櫃子中擺滿了各國的珍貴名酒。筆者認為，客廳要雅致，擺滿美酒，不如擺滿開卷有益的好書，所以客廳的佈置要以通暢、實用、高雅、舒暢、輕鬆為主。

客廳的主要設備大致有一組客桌或茶几、家用電器，其中

客廳是一個家庭的門面。

除了沙發、客廳照明設備，須獨立處理外，盡可能將櫃子、壁櫃、隔架以及電器類（如收音機、電唱機、電視機、組合音響等）作整體性、機能性的處理。一方面可以節省空間，一方面可以達到現代美感的要求。

客廳是家庭的樞紐核心

整個家庭氣運的吉凶，無論是事業升遷的順逆，運數的高低，家人財運的興衰，夫妻緣份的深淺，子女讀書、升遷、考試運勢，健康狀況是否正常，大抵均由客廳風水所決定。足見客廳乃陽宅風水的「核心」，其重要性當然無與倫比。

客廳室內設備的處理有兩種方法，一是平面空間的處理，以地板為放置面；一是立體空間的處理，以壁面的利用為要點。任何一種擺設都會形成聚散通隔的作用，家人的活動也就有了位置和疏密之分，也讓向來有「明廳暗房」之稱的客廳，成為主人待客及休憩最重要的場所。

如何在客廳的有限空間中，使每種傢俱的隔離、類聚、異同、顏色、相向及功使用功能，都有

現代客廳會將整體性及機能性的處理融入設計之中。

其必須精確的空間意義，如坐，立，放置，照明等都是考量項目之一。處理客廳室內設備何處該聚？何處該散？何處該通？何處該明？何處該暗等事，最好能在空間、活動及傢俱間盡可能達到完美而不浪費，以發揮最大功效的工作。統觀客廳全局，除了講究實用及美感之外，還須注意色彩及明暗，除了個人喜好，尚須配合住宅格局的佈置。

失敗的客廳佈置會成為愛情的殺手

國際的環境心理學家也認為環境訊息會影響一個人的身心靈極深，因為每個人每天都受到家中各種環境訊息的影響，因為擺設是環境的產物，室內擺設呈現的訊息，都反映著一個人的性格和潛意識。

所以家裡的每個角落和每樣訊息（視訊、聲訊和味道）都會影響愛情的能量和運勢，每個家中或多或少也存在對愛情不利的「負面訊息」，這些訊息可能是看不到與沒注意到的細節，不過這些訊息確實會讓愛情能量減分，要研究如何提昇愛情能量，應該先排除會損耗愛情能量的訊息。畢竟「愛

客廳的空間該如何精確的規劃是一大課題。

情殺手」不除掉就無法獲得幸福的情緣。愛情殺手先除掉，即使愛情能量未加分，至少也不會再繼續減分。

再談到家中的整潔。家中若是顯的非常髒亂，不僅是一種負面訊息，更是破壞心理能量和情緒的最大殺手。當然也是耗損愛情能量的最大元兇。但是現代的非常男女因忙碌或偷懶，幾乎都不認為髒亂是一種重要的負面訊息，有人甚至不承認自己家裡是髒亂的，因為早對髒亂習以為常了。

從環境心理學的角度，一個人不能和別人來電，甚至看人家不順眼，主要是家中的動線不順，才造成心情不順。從傳統風水學的角度來看，家中動線不良等於體內的氣脈不通，好比想從客廳走到餐廳喝一杯水，需要拐來彎去，不是手去撞到桌角，就是腳踢到椅子，當這種不良空間住久了，自然在心中積聚悶氣和負面情緒，久了就會氣鬱或腦神經衰弱。因此家中動線不良，是讓人心情不順的因素，更無法提昇愛情能量。

家中髒亂是破壞心理能量和情緒的最大殺手。

客廳及餐廳風水的古今變通

現代公寓、大樓的客廳都位於住家前面，客廳是接待親朋好友的地方，最好一進門就是客廳。

古書上記載：「前屋裝房，後屋獻廳，謂之外陰內陽，退財宅也」。外陰、內陽是以住家為一太極，前面為陽，比較明顯、馬上可以看到的為陽，後面為陰，陰就是較不明顯，不是馬上就可看得的，而客廳在家進門馬上可看到為陽，所以要在屋子前面，臥房為陰，要在屋子後面，陰陽能妥當配合，才算好風水。

明廳暗房陰陽和諧

客廳屬陽、臥房屬陰，居家風水最要求「明廳、暗房」，客廳採光要充足，若天然光線不足，可以多增設窗戶，接納自然的陽光。但若受限於住家格局的限制，沒有辦法多設窗戶，務必添加照明設備，以營造光鮮亮麗的旺氣，象徵廳旺，家旺，人旺，財更旺的氣氛。

所謂明廳暗房，並不是客廳的光線一定要很亮，太亮會刺眼，電燈的亮度要適中，客廳的動線要順暢，空氣要流動，擺設要適當，營造出明亮、寬廣的舒適感，至於暗房也代表隱秘、隱私，但不代表燈光要很暗，而是要柔和，空氣流通，因為房間是休息的地方，空氣流通、燈光柔和，才能讓人精神愉快，身體健康。

客廳代表人的面子與心胸，必需明亮寬廣，房間代表人的思路，較能啟發聰明才智，客廳在五行中光線宜柔和屬火，房間在五行中則屬水，兩者就像太陽與月亮一樣缺一不可。

客廳是家人聚會活動或接待親朋好友的公共空間，也是住家的重心，必須要寬廣，公寓、大樓的客廳可以當做明堂。在《木蘭辭》裡有一句是：「歸來見天子，天子坐明堂」。明堂就是屋內的大廳，是古代天子召見諸侯的地方；至於陰宅的明堂，有大小、內外之分，緊靠墓穴前面的平地叫做內明堂，又稱小明堂。離墓穴較遠的平地，叫做大明堂，又稱外明堂。住家的客廳是內明堂，而住家外面屬外明堂。外明堂和內明堂的格局擺設，以外明堂來說，講究寬廣忌狹窄，所謂「明堂容萬馬，聲價傳天下。」住家門前要能看得遠，看得廣，才是好風水；且內明堂要能藏風、聚氣。

原因在於客廳要配合住家大小而設計，不可小而侷促，但也不宜大而無當，所以門窗也不宜太多，儘管如此一來，採光和通風看似良好，反倒容易大而不當，氣散不暖，門窗太多，氣亂不收，適度的採光和通風，才是最理想的客廳佈局。

客廳採光要充足，以營造光鮮亮麗的旺氣。

客廳和餐廳需視空間大小來設計

現代化的公寓或大樓，除了浴廁、廚灶和臥房預作隔間外，其餘開放的空間大多用來安排客廳和餐廳，一般來說，靠近大門的空間方便接待賓客，靠近廚灶的空間適宜為餐廳。至於客廳和餐廳是否需區隔成二個空間，則要根據空間大小而設計，如果住家空間坪數小，不妨客、餐兩用，空間大時還是將客廳及餐廳區分開來較為理想。

中國舊時的住家規劃會分前廳、後廳，前廳做客廳，後廳做餐廳，大部分都分成兩個空間，是因為過去的房屋以長方形居多，適合前、後廳的設計，但是現在房屋空間小，需要依實際狀況而設計。若要把長方形的住家空間，分隔成大客廳和小餐廳，到底該使用木板固定式隔間或移動式的屏風呢？一般建議使用固定矮櫃，上面是明書櫃夾層，可以擺設裝飾品，客廳、餐廳似乎間隔，又有相通

將客廳及餐廳區分開來較為理想。

的效果。

中西餐飲文化大不同

餐廳的最大焦點應屬餐桌，過去中國人習慣採用圓形的餐桌，現代生活也流行橢圓形的餐桌，但是現代家庭成員較少，餐廳較小，多數傢俱行老闆建議買正方形餐桌比較節省空間，但是相較之下圓形餐桌象徵圓滿和諧、天圓地方的意象，還是較受多數人的喜愛。

餐廳最應講究光線柔和，清靜亮麗的氣氛。西洋人吃飯時，有時不開電燈卻點上兩根白色的蠟燭，顯得既溫馨又高雅，由於西方人認為白色純潔，中國人則喜歡紅色吉祥，畢竟文化不同，各取所需，白色蠟燭光線柔和，可以促進食慾、幫助消化。

餐廳還要注意空氣流通及清潔衛生，因為餐廳大部分鄰近廚房，空氣流通才能將廚房中的熱氣油煙滌淨，讓空氣保持清新。餐廳一定要保持清潔衛生，因為

圓形餐桌象徵圓滿和諧、天圓地方。

病從口入，不但要吃的開心，更要吃的安心，這樣用餐時才能達到色香味俱全的舒適享受。

俗話說：「吃飯皇帝大。」是指吃飯時像皇帝一樣尊貴，任何人也不許冒犯、干擾，為何吃飯會如此隆重呢？在古代因物資貧乏，吃飯當然是生活之大事，尤其古代要吃一頓飯相當不容易。《漢書．酈食其傳》：「王者以民為天，而民以食為天。」代表飲食是人體賴以生存的必要條件，是生命活動的能量來源，說明了民食的重要性。吃飯皇帝大還有另一層意思是希望大家吃飯時，想到自己非常尊貴，這也是一種人權為貴的表徵，保持身心愉快，慢吞細嚼，才能幫助消化，促進身心健康。

若要加強營造餐廳進食的和樂氣氛來促進食慾增添情趣，那餐桌最好要選用圓桌，圓桌的吉祥典故來自古代皇帝為天子，為大，代表天圓地方，也代表一家團圓及和諧圓滿的意涵。

餐廳置鹿得以坐享食祿

餐廳若要擺放吉祥物，可以擺放與「鹿」相關的吉祥物，例如琉璃福祿壽喜，因為在閩南語

西方人認為白色純潔，喜歡在用餐時點上白色蠟燭。

中「食鹿」和「食祿」唸音相同，有異曲同工之妙。在詩經中由一句名言「呦呦鹿鳴，食野之苹」，意指一隻鹿在原野上，找到芬芳的綠草不願獨享，一面吃草一面呼朋引伴，要大家一起來分享美食，這是「獨樂樂，不如眾樂樂」的美德，因此也可在餐廳吊掛「群鹿食草」的圖畫，並且更適合掛在做生意的餐廳，因為鹿會呦呦的呼喚，會吸引許許多多的食客上門，讓餐廳生意興隆，高朋滿座，寓意吉祥。

客廳的風水宜忌

客廳忌開多扇門窗—使宅氣外洩散去，主不吉。

客廳忌外現屋樑、牆柱、屋角—會在無形中造成壓力。

客廳內吊燈之形式宜用圓形—取圓滿之義。

客廳忌任意懸掛鏡子—鏡子應擇吉辰良時才可懸掛。

客廳不可擺設刀械尖物飾品—主帶來不吉利之事。

客廳內之魚缸忌聽到水流聲—易招是非且守不住財。

清沈銓《松溪群鹿圖》之局部畫作。

客廳的水族箱宜擺在財位—易聚財守財。

客廳忌擺置有刺、尖角及水生植物—主不吉。

客廳裝飾品忌獸角或動物皮—易有不祥之暴戾之氣

裝飾字畫不宜任意懸掛—以免招來不祥之事。

客廳地板高高低低—家運會坎坎坷坷。

圓形吊燈

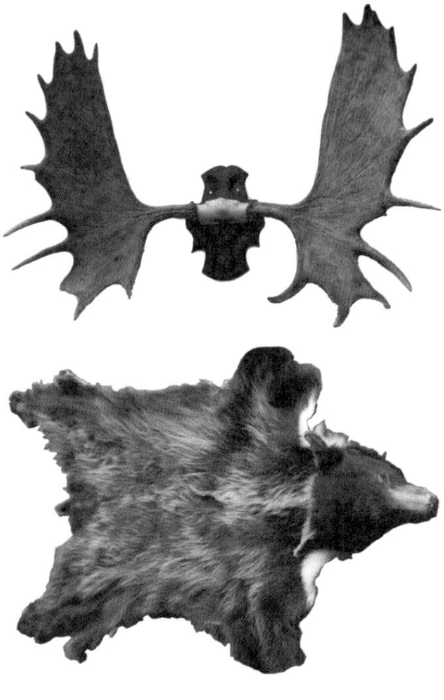

獸角裝飾及獸皮地毯

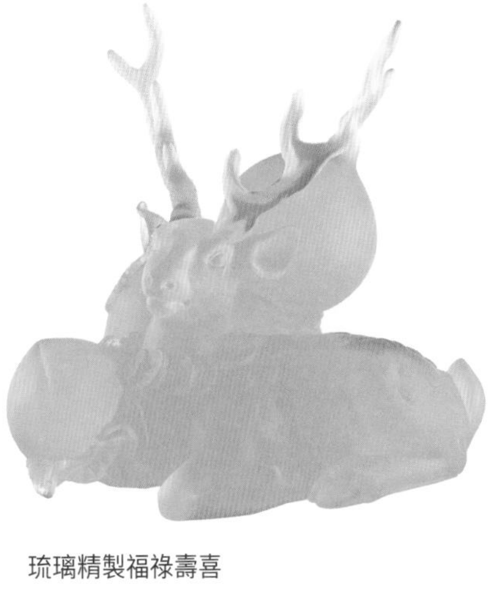

琉璃精製福祿壽喜

進大門必先見客廳

客廳應設在住家的最前方。現代的建築設計，有時為了考慮空間的配置，一進門往往先見到廚房、餐廳或浴廁，這都是陽宅的大忌，也不合常理，居住其中易使家運衰退，還容易損財、不聚財。

客廳不宜過於陰暗

陽臺上儘量避免擺放太多濃密的盆栽以免遮檔光線，明亮的客廳能帶來家運旺盛，所以客廳壁面也不宜選擇太暗的色調。陰暗會帶來財源阻塞，甚至婚姻失和，或夫婦仳離。客廳不宜選擇太暗的色調，以免帶來黯淡的家運。

客廳大門不宜穿堂直出或直對衛浴

大門穿堂或對衛浴，都損害家人的財運，使人財進財出，或理財投資出錯。客廳是聚集旺氣的地方，應要求穩定，不應將客廳規劃在動線內，使人

客廳色調陰暗會帶來財源阻塞。

進門先見到廚房是陽宅的大忌。

走動過於頻繁。客廳設在通道的動線中，容易使家人聚會或客人來訪受到干擾。影響住宅主人的事業和人際關係。因此，可用屏風或櫥櫃隔開，以便轉氣而迎祥納福。

客廳大門不宜直接對著臥室門

進入客廳若是直接看到主臥室門及房內的景況，會使主臥房失去隱密性，容易招來桃花。

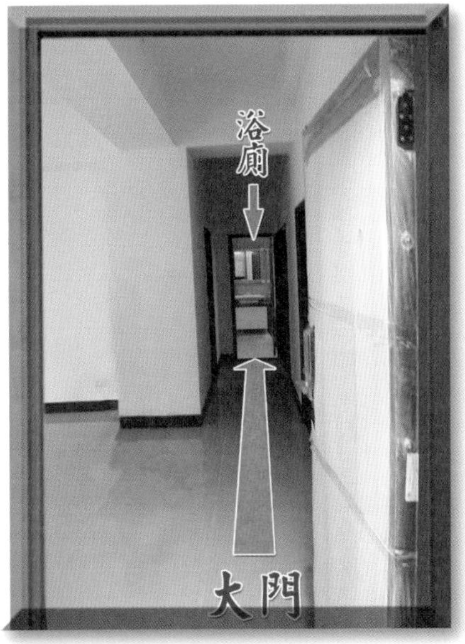

客廳大門直對衛浴門會損害財運。

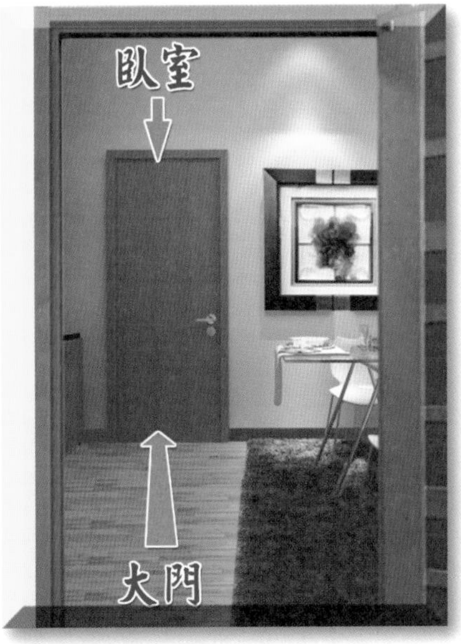

客廳大門直對臥室門。

客廳不宜亂放猛獸圖像或猛獸擺飾

客廳如懸掛花草圖、山水圖亦或白鶴、鳳凰、雞、龍、麒麟、馬、龍龜等吉祥瑞獸的圖飾或擺飾，一般禁忌較少，但如果懸掛擺設虎、豹、鷹、狐、熊等猛獸時，則須特別留意，務必將其頭部朝外，形成守衛格局，千萬不可將猛獸之頭部朝內，否則易帶來疾病或意外災禍厄運。

此外其安置數量亦有所講究，如一山不能容二虎，故擺放老虎之數字不宜有兩隻，最好是一隻或五隻（五虎為五福之意含）；若是馬的掛畫最好是八隻意為八駿馬；牛則一或九隻（九隻是為九牛之力）；龍代表天子，代表帝王，適宜以一隻或雙龍戲珠或九龍呈祥。

家中擺設猛禽須特別留意風水禁忌。

客廳不宜塞滿雅石古董及傢俱或雜物

古董傢俱可以美化居家環境，讓居家生活顯出高雅、高貴、古色古香、莊嚴素雅的古典風格，還能增添人文素質，怡養出良好的心境，但若因此將客廳佈置得琳琅滿目，塞滿雅石、古董、傢俱或雜物，反而容易使客廳堆積灰塵，影響氣流暢通，使人氣血不順，影響家人的健康，諸事不順心，甚至怪事及異象橫生，甚為不妥。

五虎為五福之含意。

琉璃精製之雙龍戲珠。

客廳不宜塞滿雅石古董及傢俱看起來琳琅滿目。

保庇祈福慧孝德永流傳

中國自古就有視死如生，慎終追遠，厚葬敬祖之觀念，強調為人處事百善孝為先，珍惜先人所做的福德，正如《周易》所述：「夫大人者，與天地合其德，與日月合其明，與四時合其序，與鬼神合其吉凶。先天而天弗違，後天而奉天時，天且弗違，而況於人乎！況於鬼神乎！」此語充分體現出中國的孝道尊親思想，既符合自然規律也符合社會規律之天地人合一的三才之道。

祭祖是慎終追遠及孝德倫綱的最佳體現

家裡若有供奉神明及祖先牌位的人家，在家中的神明桌靠祖先的一方，通常會有兩句「祖德流芳」及「祖宗長佑子孫賢」一類的偈聯，由此可體現出華人慎終追遠的傳統美德，以及虔誠祭祀歷代祖先，謹慎從事，追念前賢之孝德倫綱。

《論語・學而篇》：「曾子曰：慎終追遠，民

祭祖是中國人慎終追遠及孝德倫綱的最佳體現。

德歸厚矣。」供奉祖先是幾千年流傳下來的老規矩，俗話說：「吃果子，拜樹頭。」是飲水思源的情懷，慎終追遠的孝思精神。人死成為神是有功德之人，沒修練的則變為鬼，分為有主與無主；神是人們信仰的中心，神聖而莊嚴，所以家中祖先牌位及神明所在之位，是神聖莊嚴的地方。

神堂者，乃正房居中的一間稱為堂屋，簡稱為堂，堂中以桌案供奉神鬼仙佛，所以又稱神堂。神堂是一族一家精神信仰的中心，古時大多於公廳、正廳供奉設置，具有崇然神聖不可褻侮的超然意義。現代住宅大多於廳堂或客廳中供奉神明及神位，也應以神堂稱之，而供奉神鬼祖先牌位的客廳與起居室亦然。此外現代社會常見在客廳或起居室、書房的牆壁上安置「神龕」（龕者，供奉神佛像、祖先的櫃櫥、小室。）亦可以神堂視之。

家中供奉神明公媽是慎終追遠的示範教育

現代居家住宅空間有限，入門多作客廳兼起居室，很多人不供奉神明公媽，以換取客廳開闊

餐廳的牆壁上安置神龕亦可以神堂視之。

的空間，雖然不供奉神明公媽，短時間不見得有什麼不好的感應影響，卻可能會逐漸忘記祖先及對於分居父母的孝敬請安，久而久之，數典忘祖，仁義失常；所以如果沒有供奉神明祖先，先天上已少了慎終追遠的示範教育，後天的作為更須加強對父母的孝敬怡親，並且宜特別注意教導子女家庭倫理的重要性，隨著子女的成長還能增加公德與社會倫理之家庭教育。筆者認為除非特殊情形，否則生活在講究「孝道」及「敬老尊賢」的中國社會之中，住宅中還是要有「神堂」的設置為尚。

陽宅的吉凶必須由住在屋子裡的家人才會有感應，而神位的吉凶影響範圍比較廣泛，只要是親人不管身居何處，離家很遠不住在屋裡亦皆有所感應。一般民眾以為家中虔誠供奉，神明就一定會保佑家人平安，這觀念不一定正確，無論供奉諸佛菩薩、諸天神祇、祖先、地主神等，都必須符合風水原則，才能招吉納祥，保祐家人。若家中陽宅有重大缺失，神明已經不安，家人就會凡事不順，頻出意外，多災多病等。以下是安奉神位特別要注意的事項。

供奉神明公媽是慎終追遠的示範教育。

神桌設置時需注意的特別事項

神明屬陽祖先屬陰，陰陽貴中和協調

神明屬陽，祖先屬陰，陰陽貴中和協調，若供奉祖先，就一定要請神明，陽在左為大，陰在右為次。

供奉神明采或神佛像，其數目應以奇數為宜

供奉神明采、神佛像，神明數宜以奇數、單數為宜。奇數為陽，偶數為陰。如果按繪畫或繡像的神明采，要增加供奉神明總和數，仍以奇數為宜，公媽仍安於右手方位。

家族樹大分枝時，應將祖先分火出來供奉

樹大分枝的時候，應當將祖先分火出來供奉，通常在進門客廳的一方，或專門提供房間安奉神位。其內涵是當祭拜祖先首先感恩祖先的庇佑，並且檢視自己是否傳承祖上之德，如果沒有或缺乏之時就應改過遷善，然後將綱常倫理代代相傳，這樣才能說是慎終追遠，真正盡了孝道。

供奉神明采及神佛像，其數宜以奇數為宜。

神明屬陽，祖先屬陰。

敬天以圓型香爐，祭祖以方型錫爐

神明供奉在家中是屬他姓，例如媽祖姓林，恩主公姓關，因此敬奉神明會以圓型香爐，有賓至如歸之意，而「圓為規，方為矩。」敬天以圓，祭祖以方，所以祭祖的公媽爐通常會尊循古禮採用四方型的錫製爐，且錫爐福建話的諧音有「賜福」之意，代表「賜爾多福」，而普通話之音則有「惜緣」、「惜福」之含意。四方錫爐之爐體由爐身、爐耳、爐足等三部分構成，香爐正面中央有「壽祿福」三個大字，意寓多福、多壽、多祿；兩側之爐耳，意謂有鼻祖、有耳孫，代代薪火相傳之意。

當敬神圓爐配上祭祖方爐時，代表外圓內方，象徵規矩之意，亦代表乾坤之象意，元亨利貞，長幼有序，這其中還寄託了對子孫的希冀，期望子孫長期受此「方正」香火之薰陶，使之做人處事能戰戰兢兢、不越矩、不貪圖、不犯法、不起邪念，一心遵守正道。

忌諱祖先爐突出於神明香爐之前

神明祖先同案時，神位宜佔大多，公媽宜佔小少。神明香爐宜

四方型的錫製公媽爐。

敬天以圓，祭祖以方。

略突前，公媽香爐宜略後縮，最多只可與神明香爐平齊，不可祖先公媽爐超越突出於神明香爐之前。

供奉雙姓祖先牌位，左方近神明位為大

如供奉雙姓祖先牌位，左方神明位仍宜佔大多；右方公媽位之左方近神明位為大，為本祀之公媽位，右方之右為次，為從之公媽位；兩公媽神主牌中間，有的以漆紅木板、木條或紅絲線隔開，有些沒有隔開，因習俗而異略有所不同。

神明廳要規劃在旺氣的卦位上

神明廳是一家人信仰的所在，慎終追遠，長幼有序，故一定要規劃在旺氣的卦位上或安在陰陽交媾的地方。拜神之前要沐浴淨身，燒得好香以達神靈。

前廳後堂家業榮昌，前堂後廳，人口不增

〈宅法碎金賦〉云：「前廳後堂，家業榮昌。前堂後廳，人口不增。有廳無堂，孤寡難當。有堂無廳，仁義失常。」如果有足夠的利用空間，不妨參考設置。

供奉雙姓祖先牌位以左方近神明位者為大。

忌諱祖先爐突出於神明爐之前。

神桌上不得供在通道上

神桌不得供在通道上、門窗上，神位要得安靜、穩定，亦不宜安在樓梯轉折處，或閣樓或樓中樓之中。

神堂不得與浴廁門沖射

浴廁門與神堂的門相向對照，甚至衝照正射著供案神位，可能招致皮膚過敏、皮膚病，或心身疾病。古云：「糞屋對門，癰癧常存。」

浴廁門沖射神堂會不利於神明及祖先，所以家中可能容易發生下列之狀況：

1、神明感應陽和之氣，陽氣受干擾而不聚納時，可能會減損神明鎮宅、降魔、制煞、辟邪的靈力，家人比較容易受到陰邪的侵襲，易患精神疲勞、衰弱，夜裏作怪夢、惡夢，嚴重者甚至發生心理變態、精神失常、精神分裂症等。

2、祖先公媽感應陰柔之氣，相當於祖宅吉凶之氣感於陽世，陰氣受干擾而動亂，陰欲靜而不欲動，動則不靜不柔，雖或變陽而不生陽，反而不陰不陽，只是陰邪之氣，家裏男性或主疾病，女

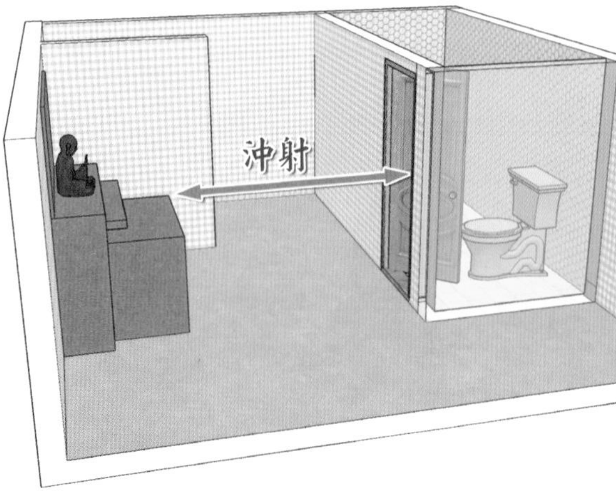

浴廁門沖射神堂。

性或主情緒怪異，陰乘盛而陽衰，甚至女性逞強、逞能、鄙視男性，並犯桃花。

3、浴廁門沖射神堂或神堂廳房門，是一種大不敬的疏忽侮謾，相當於子女傭人之以下犯上，傷害損及神明祖先的尊嚴、自尊心而惱羞成怒，不僅不為庇蔭，甚至氣感而降罪降禍於人，致使一家情緒抗逆衝突，夫妻口角吵鬧，子女忤逆不馴，家庭不安而事職業不順，財亦不聚。

4、浴廁門斜射、斜對衝神位的缺憾，易遭陰邪。理論上，斜衝、斜射的傷害影響力不及相對正衝，但是仍具有較正衝程度感應為輕的影響。

神桌上不得亂置雜物—神位下不得放電器用品及放置魚缸。

神桌上不得在樑下及樓梯間—主家人多頭痛、生活愈來愈艱苦。

家中樓梯忌直沖神位—主家人開刀、血光、命運坎坷。

神明不得供於臥房中—如屬單間套房供奉者，可以外加一簾紅布，就寢前拉上，起床後打開之。

神位與屋向相背—主家人不和、身體多病痛、事業將出現拱手讓人的情事，嚴重的話易發生意外、傷亡。

神位下方是通道或龍虎邊無靠—主家人的運氣反覆。

神位後方有樓梯—主家人凡事不順、頻出意外、多災多病。

神位後方是廁所—主家運不順，錢財被倒帳，投資、合約出問題，官

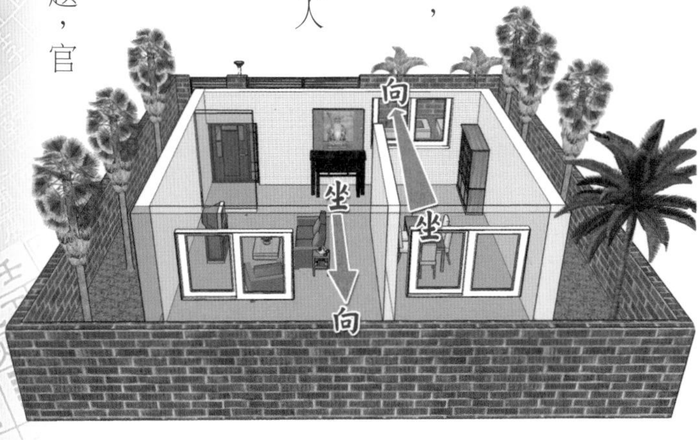

神位與屋向相背。

非不斷。

神位正對廚房—主家人多爭吵、火氣大，導致決策判斷失誤，甚至身體容易有發炎之症狀。

忌神位左右二旁開窗戶—主犯小人，破財。

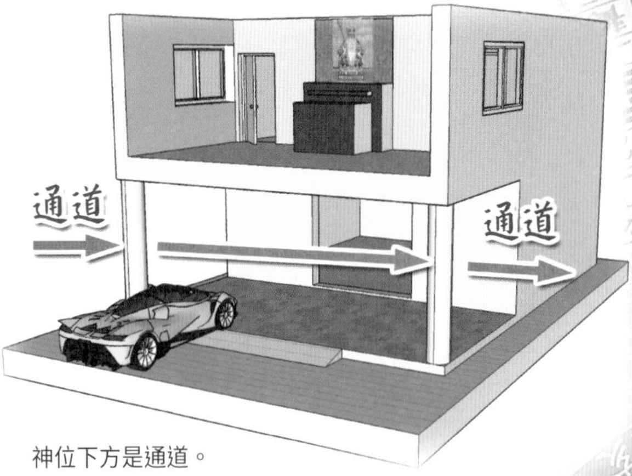

神位下方是通道。

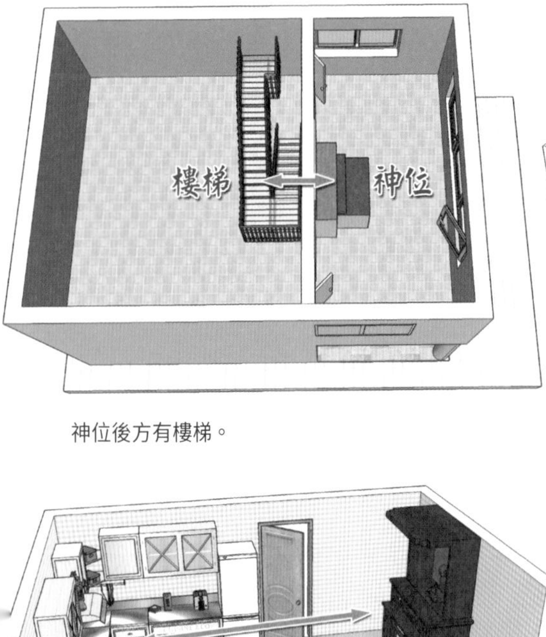

神位後方有樓梯。

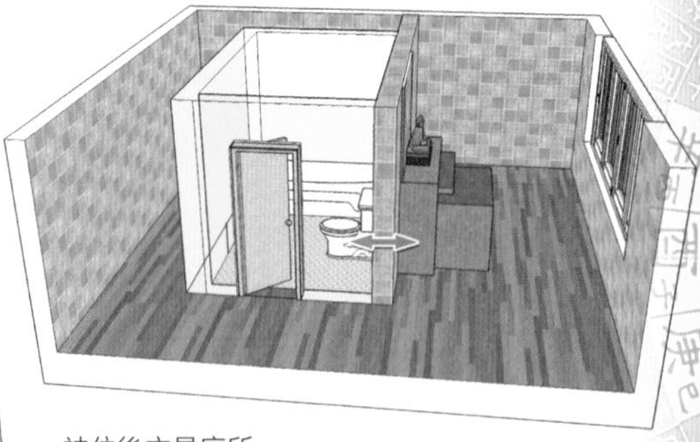

神位後方是廁所。

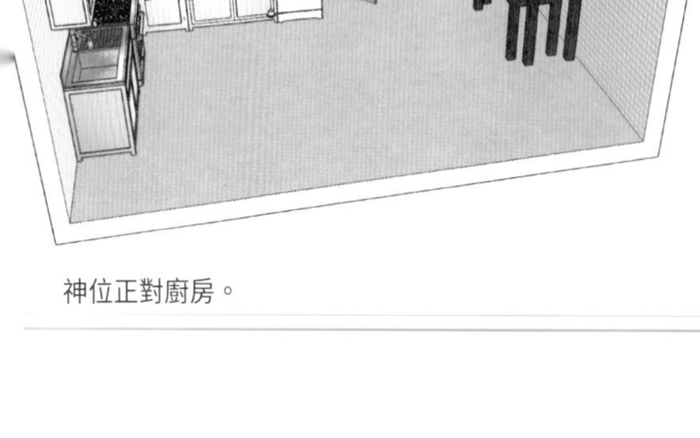

神位正對廚房。

修養生息福壽眠延

臥房講究的是適當的光線，通風良好，氧氣充足，所處的位置不受干擾，保持寧靜，因為臥房是修養生息的地方。一般住宅大多是客廳設計在靠近大門前端的位置，或是靠近陽台落地窗之處，陽光較為充足，臥室在住宅的後方，或者是中段近後，陽光稍弱，此為合乎風水的臥室設計。

臥室是修養生息的地方

現代的大廈、公寓，有的樓層面積很大，為了配合電梯、樓梯等公用場所動線的整體性，隔間設計往往會出現一部份的格局是客廳在大門的另一端，形成一進大門先到臥室，客廳則在臥室的後面，若在此屋宅居住日久，會造成財運衰退，家人身體狀況也會愈來愈差。

臥室是人們休息的私密空間，不管是夫妻、家人或單身貴族，無不希望養精蓄銳，睡得安穩，若想長期對工作及生活有所助益的話，臥室最好在安靜，空氣流通較佳，自能居家平安健康。

夫妻求子可在臥房的吉祥位置，安放麒麟送子及送子觀音。

臥室也是傳宗接代的場所，所以動線要適宜，燈光要柔和適中，注意通風而藏風聚氣，配合住在臥房的主人之年庚、卦氣與房門產生相生，為了興旺人丁，房門與床頭的納氣，房門與大門的卦氣最好呈合局，合十、真夫婦、亦有些門派是配合九宮飛星、八宅的生氣方、延年方來佈置臥房。

截路分房與室內的風水佈置

常有朋友問我：「主臥室與房屋坐向相反到底好不好！」我肯定的回答：「原則上不好，但有原則，必有例外。」因為現代建築著重於空間有效利用而設計，較少考慮陽宅風水學吉凶，所以現代建築有很多是不符合陽宅風水學吉凶的要求，因此這種主臥室與房屋座向相反的情形，在現代建築是常有的現象，既為常態，自有改進補救之道。

主臥室與房屋座向的好壞，在古代稱為「截路分房」，是屬於宅氣與形煞合參的學問，較為深奧難懂，但是仍以開門納氣為推斷基礎，還是能夠簡

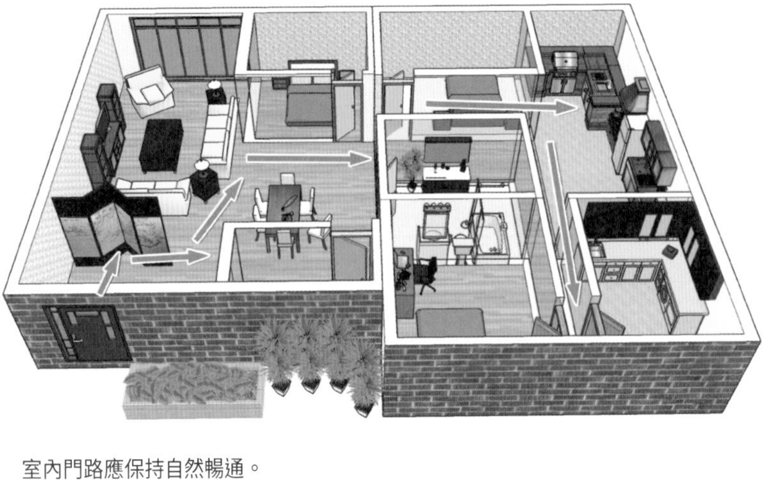

室內門路應保持自然暢通。

單的明瞭。任何一家住宅，必立一門，有一門必通一宅之氣，一宅必有數房，任一房，亦必有一門，必通其房之氣；房氣在各房中流通，亦與房外之他房、廳堂之氣流通，總而為一宅之氣；氣者，空氣也，大氣也，有質無形而隨四時季候變化，故一般以理氣稱之，或稱之「遊星法」或「飛星法」。

依據《陽宅撮要》的說法，「宅無吉凶，則門路為吉凶。」有路而開門，開門而有出路，門有六種：「大門、中門、總門、便門、房門、後門。」房門最多、就是我所講的諸臥室之房門，衛浴室之房門，廚房之房門，書房之房門，雜物室之房門等等，各房門之間，自然而然組成門路，而門路之間，原則上應保持自然暢通。

然則各門路除了保持自然暢通以外，我們仍然不能忽略主臥室的重要性，除非侷限於現代室內設計的不易改造及特殊限制以外，我們皆以主臥室之房門為最重要，其次才逐一討論各房門有無「形煞」、「暗箭煞」，或者「隱私門」、「桃花門」、「蝴蝶門」之類，及其所形成的宅氣感應，正是其來有自。

總之，家居住宅內，不喜品字形門組，亦不喜三數門貫通直開，可能形成暗箭明槍之類的形煞，積聚無形而難以防範的煞殺之氣，於歲煞、都天、都遊、羊刃到方，煞殺因之肆虐而生災厄。

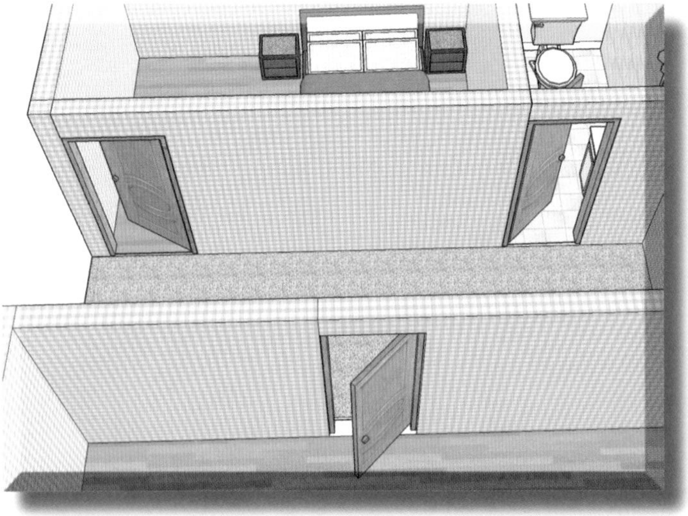

品字形門組。

臥房的佈置當以安床為優先，安床固以坐吉、向吉為第一，若使床位坐吉向煞，則主失眠，先吉後凶，歲殺沖床則主災病損財，所以安床不宜坐吉向煞，寧可坐煞向吉，頭枕煞方，初主失眠、夜夢，但一醒來坐起，即向吉而得吉氣，積日累月而諸事由難入易、順遂吉宜。

各房臥室當以床位為主，枕頭之處（床頭）宜佔八宅的三吉方，如能配合睡床人之八字命卦更好，因為房門納氣而氣充一房，房門與床位互動，亦與衣櫥、衣櫃、化粧台諸器具相應。原則上大型的衣櫃可能喧賓奪主的超過床鋪，因此大房間能擺得下大型衣櫃，很可能造成空曠與空虛的感覺，相當於四圍曠野總無人煙，一塊蕩氣。相當廳堂闊大而又敞口不裝門，氣散不聚而不生丁，正是「豪門富戶多生女，蓬門破戶多添丁。」；「身入侯門深似海」；「碧海青天夜夜心」的寫照。

床頭宜佔八宅風水的三吉方。

安床之餘，若有大型高大之衣櫥、衣櫃等傢俱器物，俾使擺置於吉方，因開門而作高矮之遞增排列安置，靠門者儘可能不阻礙房門開閉為原則，由低而增高至吉方。

安床或安於乾兌而向艮震，房門卻開在坤方，此為開門見床之缺乏隱私性的安床，當將床頭改移安於艮震方而床尾向乾兌吉方，乾兌吉方反不宜擺放大型衣櫃等器物，一以方便進出通行，一則以避免氣聚納於乾兌而安床反不得向吉之意義，所以房內之擺置傢俱器物，必須兼顧理氣遊星的吉凶與實際進出房間之通行便利，才算是最理想的臥室佈置。

睡床是用來休息睡眠的地方，應該擇在與自己身體資訊相配合的方位，才能睡得舒適安寧，睡醒後則感到精神好、身體好。這便是風水學講求「床命相配」的原因。

八宅風水學主張床命相配，所以東四命應睡東四床，而西四命則應睡西四床。這樣把床與命相互配合，則諸事大吉。若是東四命睡西四床，或是西四命而睡東四床，這樣床與命不配，便會凶多吉少，災病連綿。

東四命之伏位方位

五行屬水、木、火的人，均是東四命，睡床以擇在東、東南、南及北方為宜，因為這均是本命的吉方。睡床是休息睡覺的地方，故以擇在本命的伏位較宜，因為伏位有靜伏不動的意思，現在把各命的「伏位」列出如下：

◎震木命，睡床應該擇在東方的伏位。
◎巽木命，睡床應該擇在東南方的伏位。
◎離火命，睡床應該擇在南方的伏位。
◎坎水命，睡床應該擇在北方的伏位。

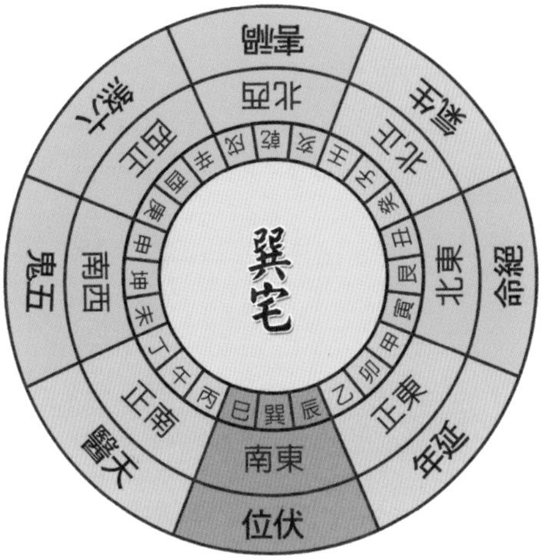

巽木命

震木命

坎水命

離火命

西四命之伏位方位

五行屬土，屬金的人，均是西四命，睡床就要以擇在東北，西北、西南及西方為佳，因為這均是本命的吉方。現在把西四命的各個「伏位」列出：

◎坤土命，睡床應該擇在西南方的伏位。

◎艮土命，睡床應該擇在東北方的伏位。

◎乾金命，睡床應該擇在西北方的伏位。

◎兌金命，睡床應該擇在西方的伏位。

坤土命

艮土命

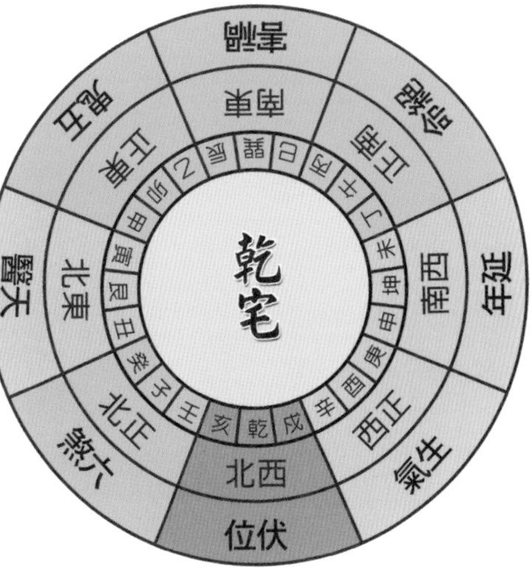

乾金命

兌金命

八星選擇床位之吉凶次序

但有些人則不同意睡床應該擇在伏位的說法，認為伏位只是第四吉星，可以說是第四選擇，所以並不太理想，應該是以生氣為首選，天醫及延年次之，再其次，才選擇伏位。這種說法也言之有理，所以現在便把八星按其占位選擇的次序列表如下，以備參考：

◎四吉星：

第一吉星生氣，第二吉星天醫，第三吉星延年，第四吉星伏位。

◎四凶星：

第一凶星禍害，第二凶星六煞，第三凶星五鬼，第四凶星絕命。

根據睡房的生旺衰死圖來擇床

把一間房各個方位的氣，分為生氣、旺氣、泄氣、煞氣及死氣五種。在這五種氣中，生氣及旺氣屬吉，泄氣、煞氣及死氣則凶。這派很注重床向，認為床最理想是坐吉向凶，最不理想的是坐凶向凶。

佈置睡床要顧及周圍的形煞

睡床的風水問題牽涉很多方面，除了在以上提到的睡床方位吉凶，睡覺實向吉凶之外，並且還要顧及睡床周圍的環境，看看有沒有對睡床構成形煞威脅。

若是三合法，床位宜在住宅的十二長生位，八宅法，宜在住宅的延年方、伏位、生氣、天醫、延

睡床的周圍環境也需留意是否有形煞威脅。

年，配合房門與床位的玄空大卦納氣，合之則旺人丁、添壽。所以三合、八宅、宅玄空飛星與玄空大卦可合用才是最佳的安床方式。

書房佈置以書桌為主，以科舉文昌位考試運為重

書房佈置當以書桌為主，以科舉文昌位考試運為重書櫃櫥為次，但書櫃櫥大多較書桌為大型，故書桌必在安桌之時，當安於八宅三吉方而兼流年三元飛星佈宮之文昌星到方為入用，但現今因空間有限，故應以抽爻換象明師盤結之法，才能達到有效的應用，書櫃櫥則不拘坐吉向煞或坐煞向吉，只要取用趁手方便，不影響開門進出書房，不要擺置於坐煞向煞的位置即可，書房需保持整潔優雅，如無書櫃、櫥櫃或書房寬大，可加掛書畫於書房吉方，或掛於煞方，不可高過書櫥書櫃的高度。

現代公寓式建築，二、三十坪就隔成三房兩廳，空間有限而不能設置書房，原則上子女臥室擺入書桌而兼作子女書房者，應以安床為主，安書桌為次，若臥室更狹小得無法擺放書桌時，

書房當以書桌為主書櫃櫥次之。

則以餐客廳兼作起居、書房之用可也。

像這樣逐一分房推定各房吉凶的方法，非常類似古宅法的截路分房法，所不同的是現代建築基址沒有古代的廣闊，公寓式的窄狹空間無法作截路分房法的處理，只能以修門、移床、隔間等方式處理。

光線照明是書房佈置的關鍵

現代每逢考期將屆時，各類考生也都面臨一連串的考試壓力，父母在望子成龍、望女成鳳的心理作祟下，對小孩的期許過高，無不想盡各種方法以達到預設目標，由於大多數的學子除了上學、睡覺之外，大部份的時間都會在書房活動，因此書房擺設也會影響到學習情緒與讀書效率，據環境心理學家的實驗發現，精神官能症和神經系統失調症之患者，通常都會因為環境而導致神經系統障礙，甚至

臥室兼作書房

是由環境因素誘發病變，所以要想名列前茅、金榜題名的莘莘學子，就要有相當強旺的專注力，而專注力與大腦神經系統的每個重要部門都有著密切的關係，也和環境心理產生出不可分離的關係。

在長期的讀書環境裡，光線須以柔和適亮及穩定為主，可以讓人體的神經系統能夠習慣於穩定的狀態，如此才會產生良好的讀書效果，無論白天、晚上在看近或看遠的事物時，都需要有適宜的光線，尤其夜晚，如果光線太弱，眼睛為了要看清物體，只好加強眼球的調節作用，才能使焦距清楚，但是時間持久的話，會使眼睛產生疲勞、頭腦暈眩、精神不佳、專注力無法集中等缺點。

同理，光線太強亮度超逾眼睛所能負荷的範圍時，不僅沒有益處，反而對視力有不好的影響，因為強光對於眼睛、大腦、神經系統的刺激度也是非常強的，時間久了也會使神經系統產生過度亢奮狀態，專注力也無法集中。

書房的擺設，除了要考量到室內傢俱的造形及四周的顏色與整體空間的協調性配合，而燈光照明方面更是一個不可忽視的關鍵。

由於照明器具會產生磁性反應，所以照明器具會改變書房的方位磁性，把燈具裝在牆壁上採用間接照明，或者採用接近自然光的照明設備，利用光線的層次，可以緩和神經系統，讓神經系統穩定下來，心情也就會安定下來。

居家臥室及床位的風水禁忌

臥室門忌沖牆角壁刀—易有開刀運。

臥室門忌沖熱水爐—主夫妻意見不合。

臥室內最好不要擺放水族箱—易使婦女有白帶症。

臥室上方不可有水池—易腰痠背疼。

臥室外有他人屋角或獸頭沖射—多流產不安或口舌是非。

臥室舖長毛地氈—容易潮溼生黴氣，傷氣管，易得皮膚病。

臥室內設計如棺木型造形—易做噩夢睡眠不好。

臥室內光線應該明朗柔和—心情快樂正向。

臥室內地板應採用淺色—夫妻較易生活平靜。

臥室窗口掛風鈴裝飾—太太易頭暈睡不安寧。

床底忌緊連地面—以防感染陰濕之氣，有害健康。

床尾不可擺放冰箱或冷氣正沖床舖—影響受孕。

床位右邊不靠牆—出入不方便。

臥室內光線明朗柔和。

床位旁不宜安冷氣機—冷風直吹會造成過敏。

床位前方或頭頂上不宜安冷氣孔—易感冒或鼻子過敏。

床頭兩邊不可有桌角、櫥角沖射頭部—易頭痛連連。

床位上方的天花板式樣—宜簡單平面光明為吉。

床下不可有化糞池—錢財會流失。

床位忌背門—易受干擾、驚嚇和影響情緒及健康。

床頭上方勿掛山水圖畫—如掉下會受傷，易頭痛壓力大。

床頭前方勿掛深色圖案—易神智不清。

床位下面不要積放舊物、穢物、或破銅爛鐵之物—易患皮膚病。

床位不可掛奇形燈具，如開刀手術房相似之燈—易有開刀運。

床位不宜放在臥室的正中間—四方無所依靠及安全感，宜貼近牆壁的寧靜角落。

床頭不宜靠馬路—易頭暈耳背，最好靠著牆壁，且能望見門口為宜。

床頭櫃或床尾櫃忌放音響、電視、電器、電訊用品—易失眠、腦神經衰弱。

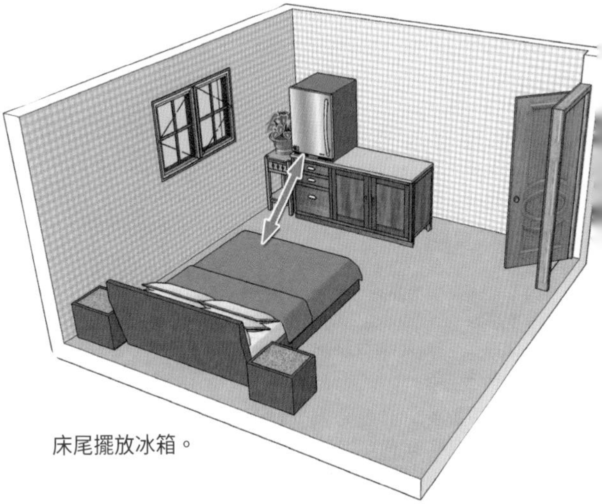

床尾擺放冰箱。

臥室不可將新婚照置於床頭

新婚照置於床頭時，形如睡眠中夫妻的頭部都被踩在腳底下一樣，象徵往日的山盟海誓化成一場空。

四面無窗的臥室

臥房內的空氣一定要流通，有些人為了減少塵埃，人習慣把房內的窗戶長期關閉，這樣反倒會帶來疾病的隱憂。四面無窗易使腦部缺氧，頭腦不清楚，臥室空氣應該能夠對流，身體才會健康。

床位上方有吊掛式燈具或大型吊扇

臥室內天花板上的大型燈具或吊扇應離開床的範圍，也就是吊燈或吊扇不可壓床，因為當入眠之後，潛意識逐漸失去防護，懸吊在床上的吊燈或吊扇會使潛意識感到緊張不安，易使人有筋骨之損，若是壓在腹部的上方，女子容易得子宮肌瘤。

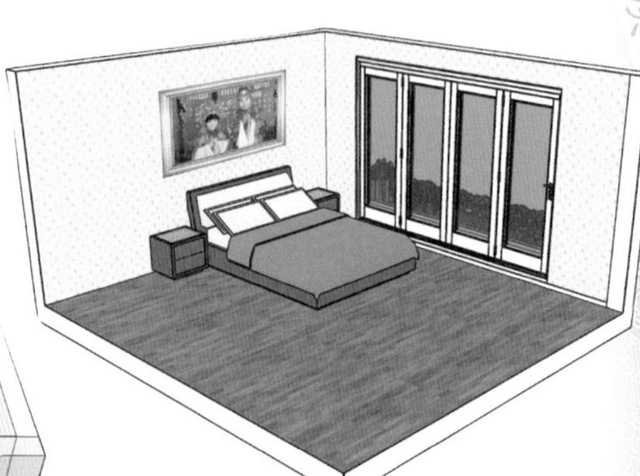

床頭放置結婚照。

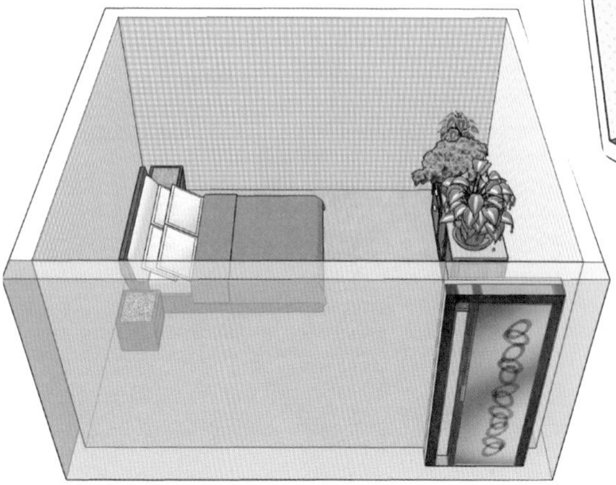

臥室四面無窗。

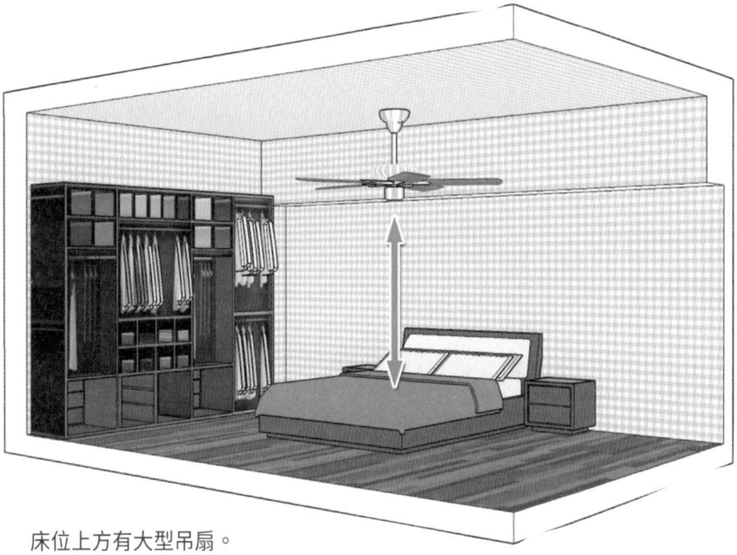

床位上方有大型吊扇。

床位上方有吊掛式燈具。

臥房內有鏡子或反光物體直接照射床鋪

臥房內不能有鏡子或反光之物體直接照射床鋪，例如梳妝鏡或電視機螢光幕等。這會使人產生幻覺和心緒不寧，睡不安穩。同時臥室進口的門內也不可有鏡子相對，容易有口舌是非。

臥室不可佈置得琳琅滿目閃閃發光

臥室內壁紙圖案不可用圓形或各式複雜的圖案，會讓人頭昏眼花。臥室不可佈置得琳琅滿目，

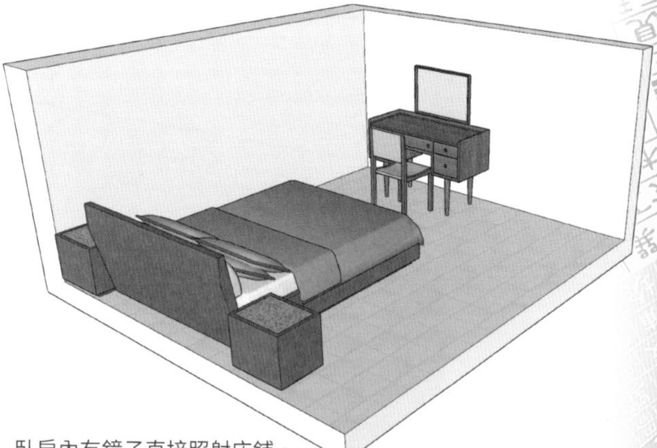

臥房內有鏡子直接照射床鋪。

臥室佈置得琳琅滿目閃閃發光。

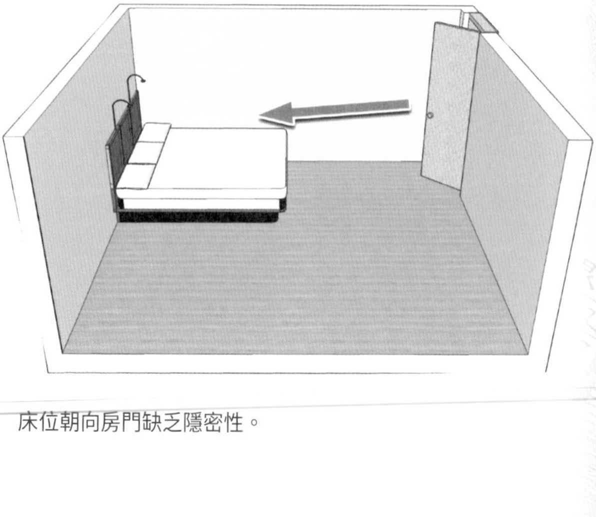

床位朝向房門缺乏隱密性。

色調應以素雅溫暖為宜，不要太過鮮豔，也不要佈置得琳琅滿目過度豪華，會閃閃發光的飾物尤為不宜。臥室天花板顏色不可大紅、大紫、橘黃、黑色，易造成睡不安寧。

床位朝向房門缺乏隱密性

床位朝向房門會產生缺乏隱密性，假使房間門外是室內走道，由於隔間的關係，則形煞之沖就不甚嚴重。

床頭忌有橫樑壓頂

床頭上方不可有橫樑或櫃子壓頂，長時間停留在橫樑之下對於身心的健康將會造成相當大的害處，也是風水中的大忌，例如頭暈、頭痛、失眠以及引起其他種種腦部疾病。

床頭與灶台同一道牆

爐灶所在的那一道牆，剛好是睡覺時頭部頂著的那一道牆，會讓你的火氣上升，脾氣也就跟著難以控制。

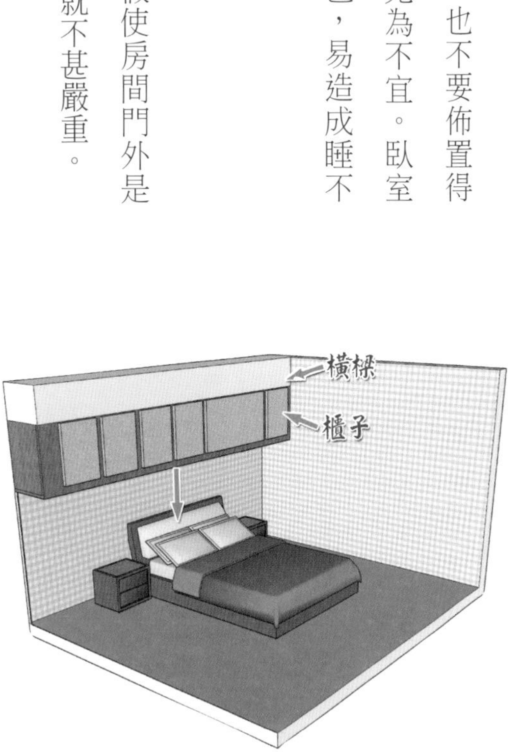

床頭上方有橫樑或櫃子壓頂。

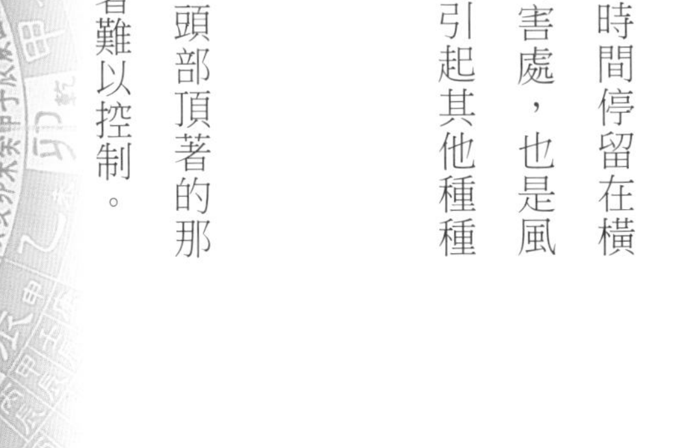
床頭與灶台共用同一道牆。

床頭不可安置在臥室門入口處—沖到會頭疼。

臥室門對沖大凶—易產生口舌是非。

臥室門忌沖爐台—太太兇悍。

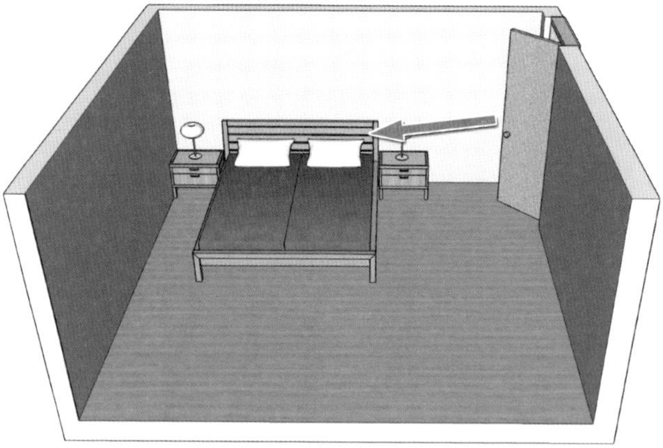

房門沖射床頭。

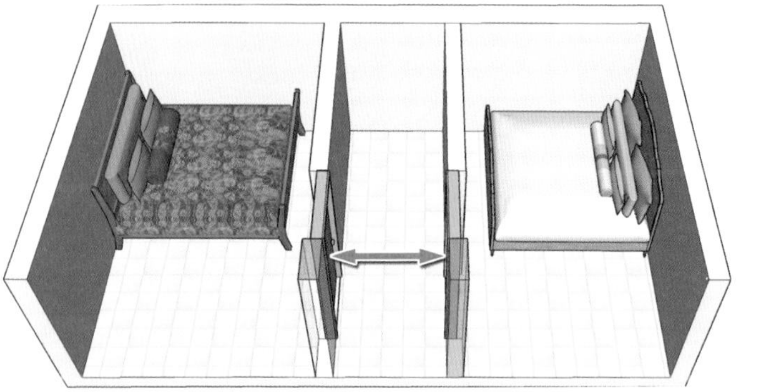

臥室門對沖屬大凶。

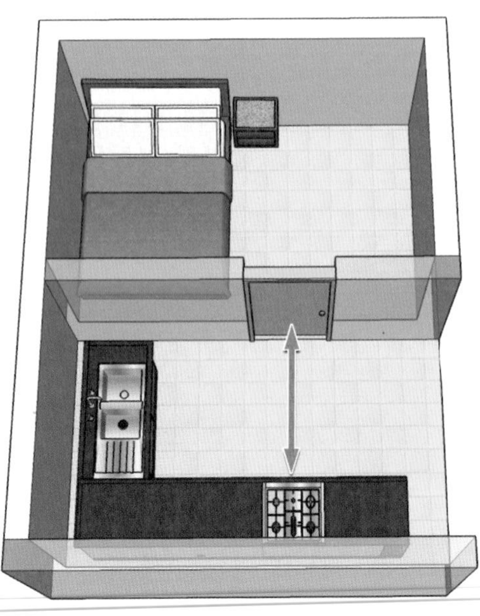

臥室門沖爐台。

臥室門忌沖廁所門—易有桃花是非。

臥室門忌沖冰箱—夫妻冷戰分手。

臥室門與大門相通—有桃花是非。

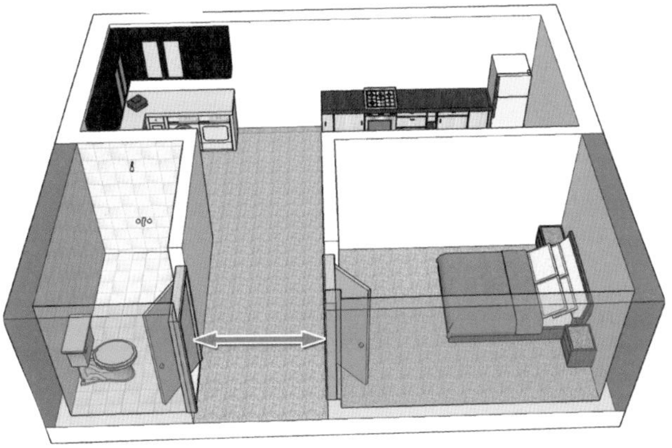

臥室門忌沖廁所門。

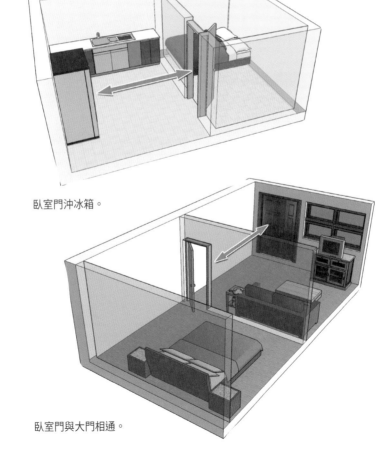

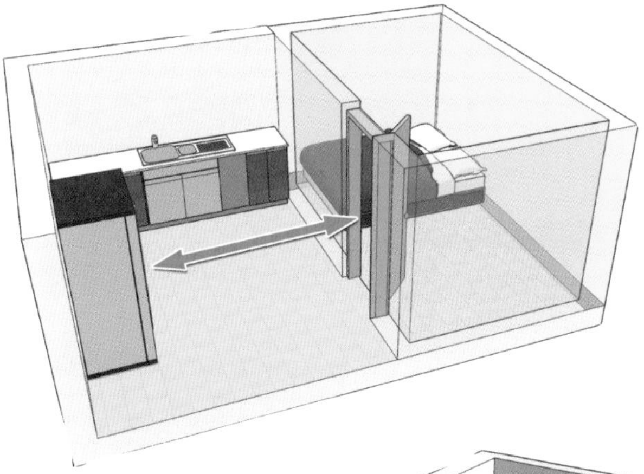

臥室門沖冰箱。

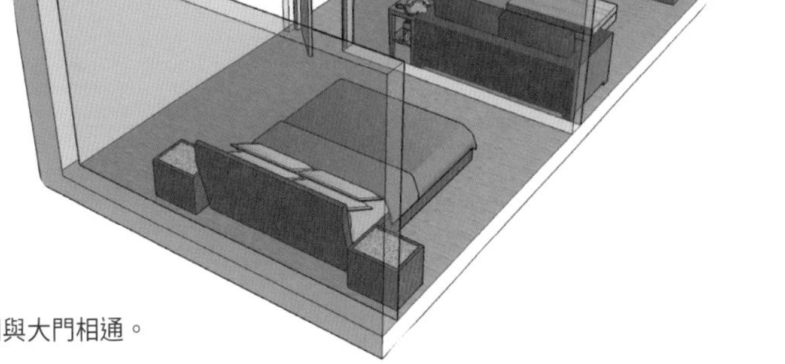

臥室門與大門相通。

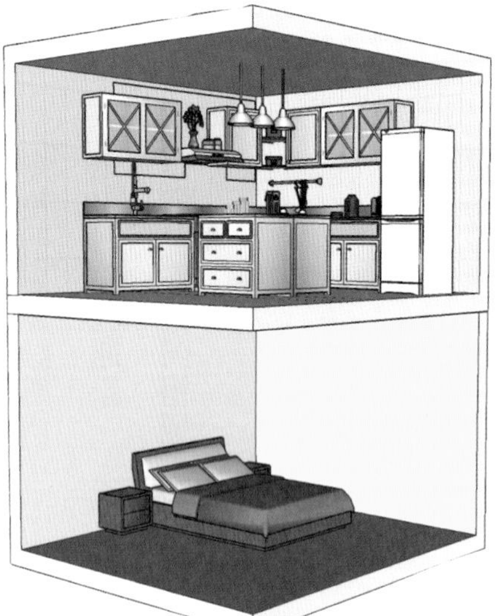

床位放於爐灶下方。

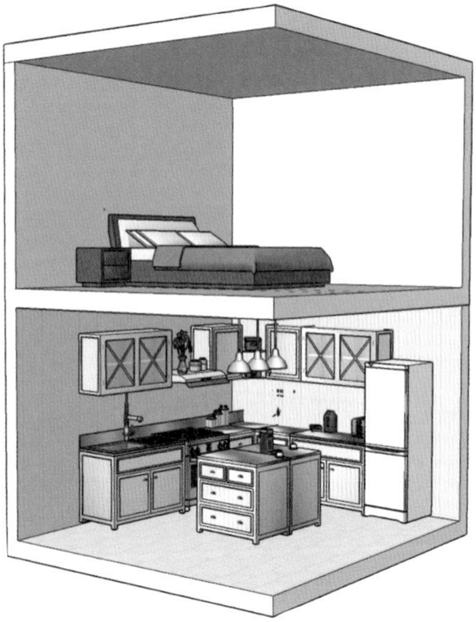

床位放於爐灶之上方。

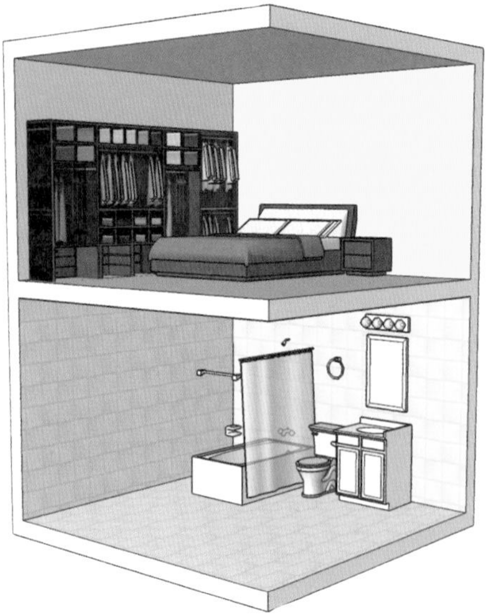

床位在於廁所之上方。

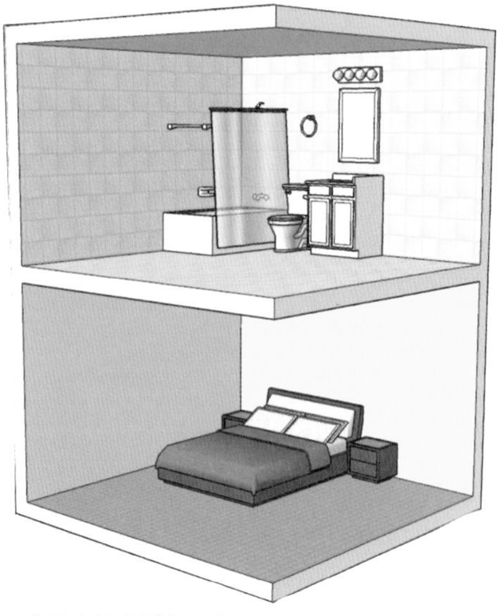

床位在於廁所之下方。

床位放於爐灶之上、下方—主婦有腹痛。

床位在於廁所之上、下方—易生活緊迫。

床位與廁所共用一面牆—易桃花不斷，睡不安寧。

床位在落地窗邊—易患頭疼。

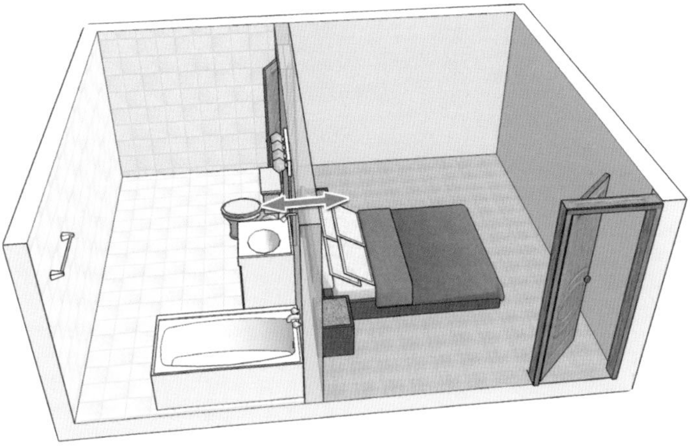

床位與廁所共用一面牆。

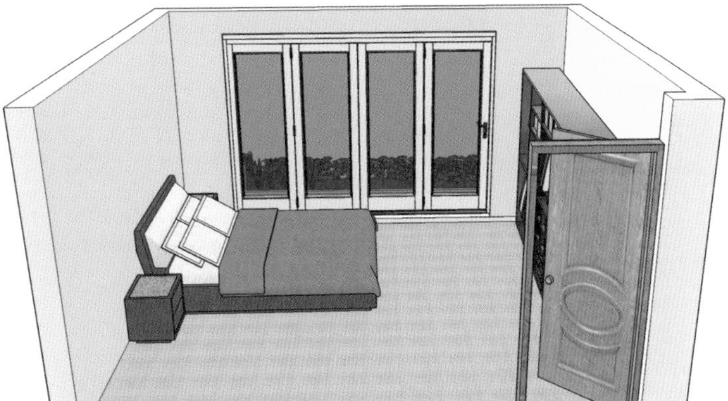

床位在落地窗邊。

打造老人房的安樂窩

俗語說：「家有一老如有一寶。」老人豐富的人生經驗，是全家無價之瑰寶，老人能夠安心享福，也代表全家人的福澤深厚。

所以我們在裝修居室時，千萬不要忽略了老人房的精心配置與裝飾。

老年房的居家設計，因年紀大，且需有充分休息空間，故設計要以安全、休閒、實用的生活方式為主，安靜也是老年房的要件之一，老年房最好不要在住宅的正中央，或者是走動頻繁及噪音大的地方。

還要考慮到其健康與行動方便的功能，老人易患泌尿系統疾病，臥室離廁所不要太遠使其如廁方便，老人的抵抗力比較弱，常有骨骼關節酸痛的症狀，最忌潮濕，應隨時保持乾燥，注意通風問題。如果是樓房，就要安置於樓下，還得顧慮到樓梯的斜度，千萬不可太陡，以防滑倒。如有庭院，其大小依住宅的空間而定，庭院最好與老人住房接近。

日光對老年人健康影響很大，甚至比任何醫藥效果都好，所以配置房間就應該採取採光最好的位置。根據老人的心理和生理特點，老人的臥室儘量安排在朝陽的房間，一方面是因為老人喜陽；另一方面是華人在風水上會選擇接受陽光較好的房間給老人，讓老人有更多的時間和機會坐在家中就可以享受陽光。

老人臥室的居家風水禁忌

床頭或床尾忌放電器用品—易頭痛、失眠、腦神經衰弱等現象。

老人房忌潮濕及幽暗—易產生疾病。

老人房應避免放魚缸—濕氣太重易產生疾病。

老人房之燈飾不宜太亮亦忌燈光熄滅—引喻為暗疾。

老人房忌諱擺設太多形形色色的東西—易衍生蚊蟲及染疾病。

老人房忌放杜鵑花在屋內—易有杜鵑泣血不吉之兆。

老人房前後忌有枯萎老樹—主損為老翁。

老人房門忌對壯年人臥室之門—易有以盛淩弱之勢。

老人房通風應良好—通風不良容易使老人多感冒。

床忌背門—容易受干擾、驚嚇和影響情緒及健康。

床忌強光　曬—強光易刺激眼部，久之傷肝。

床底忌緊連地面—容易感染陰濕之氣。

梳　檯忌對臥房門—容易被鏡中形影驚嚇而損耗精神。

老人房越靠近廁所越好—要小心不可對沖於浴廁或面對廁所門。

老人房忌太大—易造成虛弱等疾病。

老人房應點燃起靜香末—使老人虛弱之氣轉弱為旺。

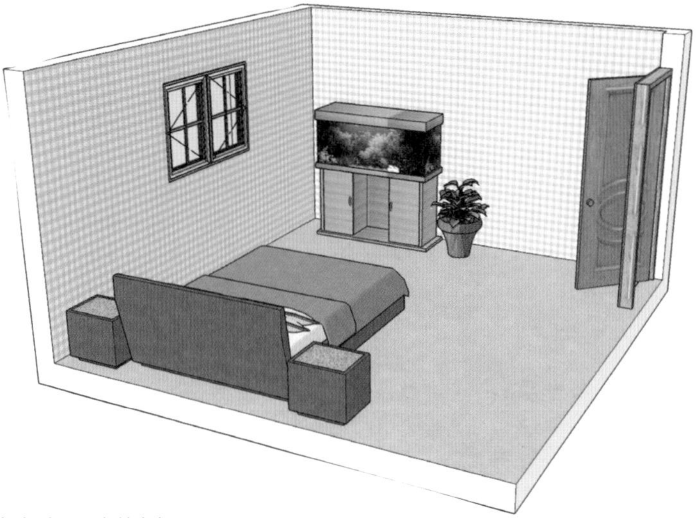

老人房內不宜放魚缸。

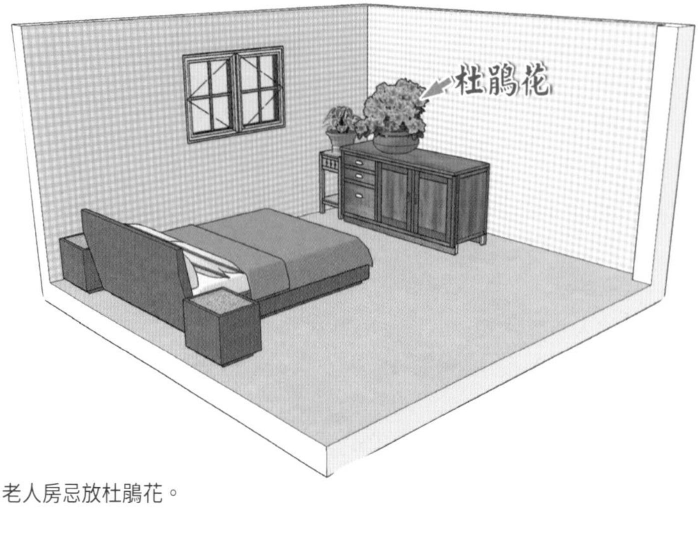

老人房忌放杜鵑花。

子女臥室著重窗明几淨清潔整齊

子女臥室及書房的擺設，著重於窗明几淨，可使子女的心情平靜及頭腦清晰，專注力也較容易集中，當精神貫注時讀書的效果就會事半功倍，書房中最重要的擺設是書桌，在許多家庭中，侷限於空間的關係，往往會把書桌朝著牆壁擺放，認為這樣子小孩就會心無旁貸，專心唸書，其實這種想法是錯誤的，小孩長期的面壁讀書，會使小孩潛意識中常常有碰壁的感覺，無形之中在思想和處事都會受到很大的侷限而揮灑不開，思考力也就不太靈活。

書房宜有寬闊的空間及明亮的光線，可使人心曠神怡、精神振作，可擺設一些綠色的植物，當讀書疲累的時候，舉目一望，看到綠色植物，精神就會輕鬆，眼睛也會舒暢。

子女是下一代的主人翁，孩子臥室應儘量整理清潔整齊，否則易養成散亂的習性，對於孩子臥室的內部陳設如天花板、地板、書桌、床頭及床位等，到底有哪些居家佈置應該注意的禁忌，才不會在成長過程中受到影響呢?下列單元將一一為您詳細解說。

子女臥室的居家風水禁忌

子女房不可在西曬炎熱方位—會心浮氣躁。

子女房不可在北風煞冷風之位—易心不安穩。

子女房不可貼武士戰鬥之圖—避免孩子心靈上產生好鬥、狠恨之心態。

臥室不可懸掛太多風鈴—易使神經衰弱之疾。

子女房不可設在陽台水池下—身體虛弱。

臥室門不可與廁所門對沖—喜交異性。

孩子臥室的動物、玩偶盡量少放—作怪夢、讀書不專心。

子女房動物、玩偶的眼睛如有損壞應丟棄—易中邪。

臥室不可裝潢太複雜—使用空間大一點為吉，否則不喜歡待在家中。

臥室的燈光不可五光十色—多閃爍之燈為凶，喜歡娛樂場所。

臥室進門處不可有鏡子沖門—多口舌是非。

子女房不可張貼太花太亂的壁紙—喜愛玩樂。

子女房不可貼奇形怪狀的動物畫像—易作怪夢。

子女房不可漆粉紅色—個性暴躁不安、易看色情物。

子女房不可舖深紅色地氈—好動不安、暴躁。

子女房不可舖長毛地氈—易染支氣管炎病，或皮膚過敏。

子女房天花板不可太暗—為沒精神多損耗，應以乳白色為佳。

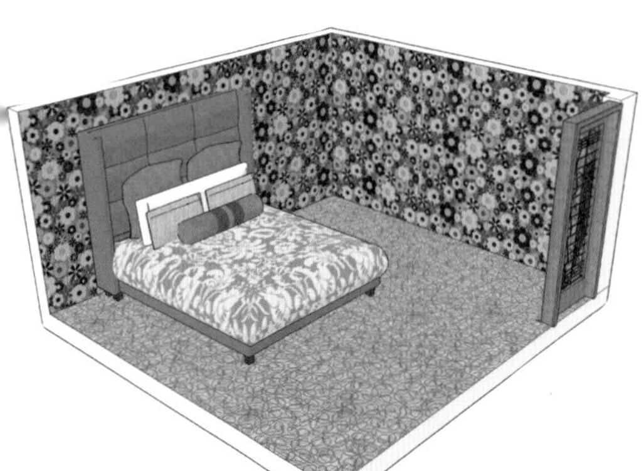

子女房張貼太花太亂的壁紙。

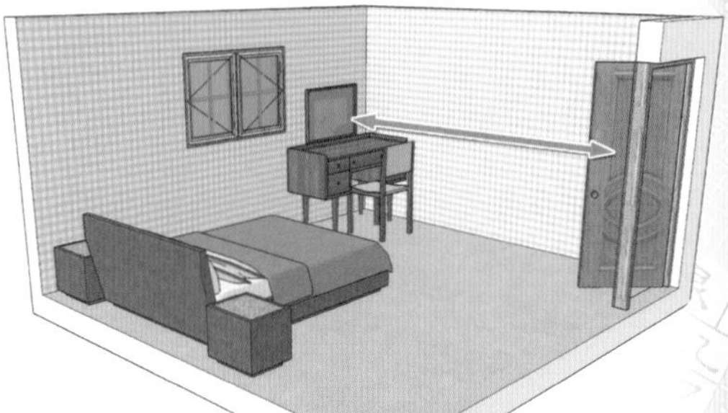

臥室進門處有鏡子沖門。

子女房天花板應平坦為佳—讀書專心。

子女房不可裝潢縱橫木—易眼花撩亂。

子女房不可懸吊各種怪形飾物—半夜驚嚇。

子女房光線應該光明—讀書成績好。

子女房窗簾顏色忌粉紅、大紅、深黑色—讀書不專心、多幻想。

床頭不可放收錄音機—腦神經會衰弱。

床頭不可放會響的鬧鐘—睡不安寧。

床頭不可有冷氣、抽風機在轉動—易頭暈腦脹。

床頭不可靠在廁所馬桶之前後—在家待不住。

床位頭部不正沖、左右沖房門—易睡不安寧。

床頭不可睡在樑下—睡不安穩。

床位不可在廚房爐臺上下—脾氣暴躁。

床位不可在廁所之上下—胃部不好。

床位的腳部不可正沖門—腳容易痠疼。

子女房不可裝潢縱橫木。

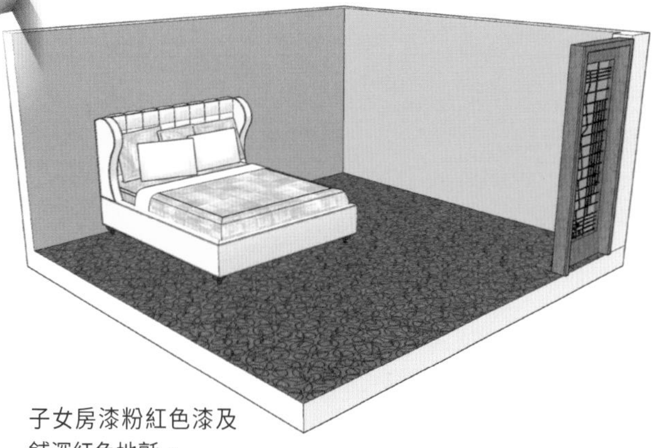

子女房漆粉紅色漆及舖深紅色地氈。

床位不可正沖馬桶——易看色情書。

床位不可放在神廳神位之正下方——易作噩夢。

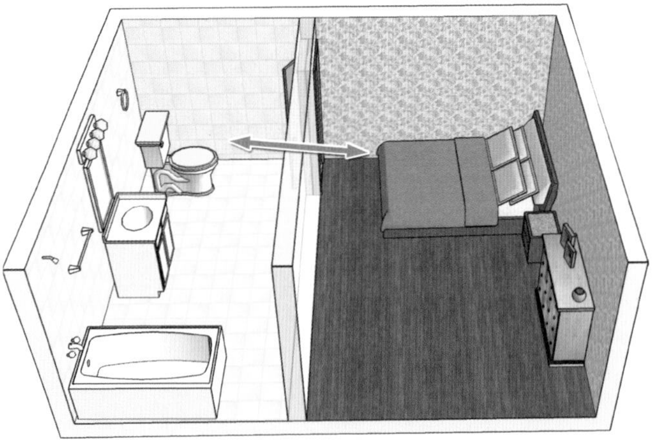

床位不可正沖馬桶。

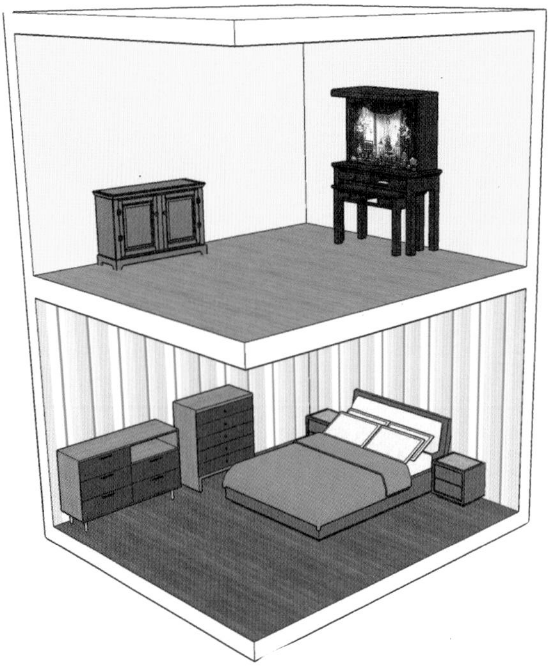

床位不可放在神廳神位之正下方。

書桌不可放在陽台水池假山之下—讀書不專心。

書桌右方不可有馬達轉動—導致書讀不下去，也易頭暈耳痛、頭疼、沒精神。

書桌不可在鍋爐之上下方—心煩不安。

書桌不可在水塔之下方—居家不安、待不住家裡。

書桌不可在廚房爐臺上下—讀書心煩。

書桌桌角不可沖床邊—讀書沒毅力恆心。

書桌不可在陽台加蓋外推處—上下皆空、坐立不安。

書桌不可在樑下或人坐在樑下—考試壓力大。

書桌不可放音響—讀書不專心。

書桌不可正向屋外屋脊或電桿、壁刀角—頭痛或開刀。

書桌不可面向屋外巷沖路沖或水塔—讀書不專心。

書桌面向窗戶陽光不可太強—易心煩。

書桌前最好不要有高物壓迫—易頭痛。

書桌不可坐靠陽台之落地窗旁—讀書不專心。

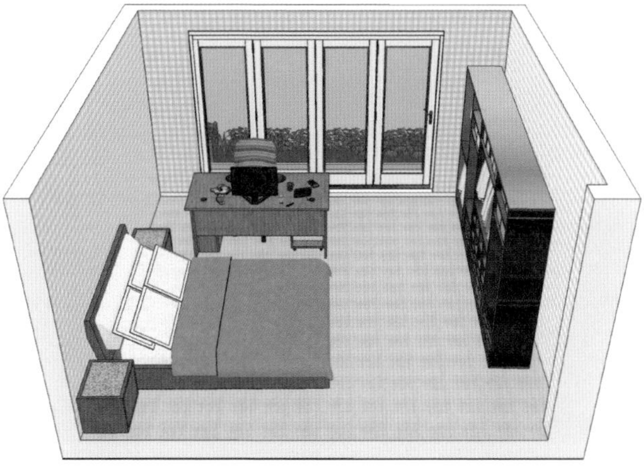

書桌不可坐靠陽台之落地窗旁。

書桌不可在廁所衛浴之上、下—汙穢文昌。

書桌不可背靠廁所浴室—考試太差、記性不好。

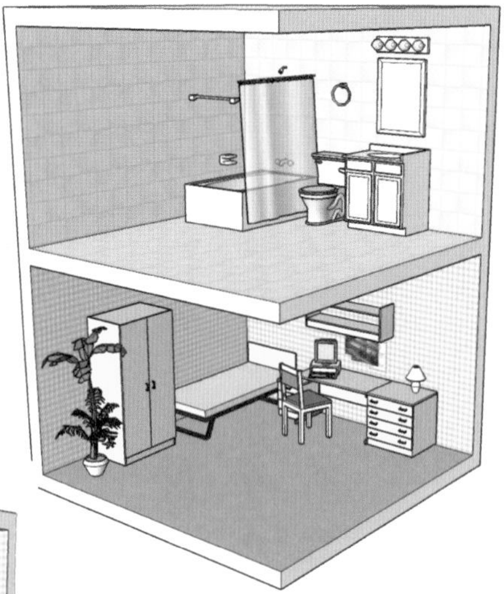

書桌在廁所衛浴之下。

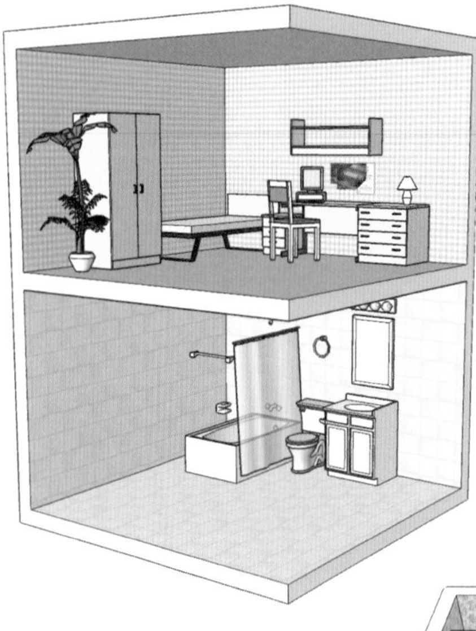

書桌在廁所衛浴之上。

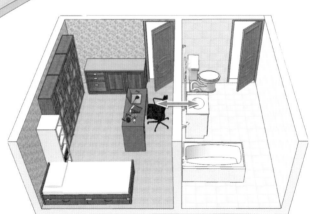

書桌背靠廁所浴室。

書桌不可面向廁所—書讀不下去。

座位背後及左右不可沖門—易出外玩耍不愛讀書或行為不檢。

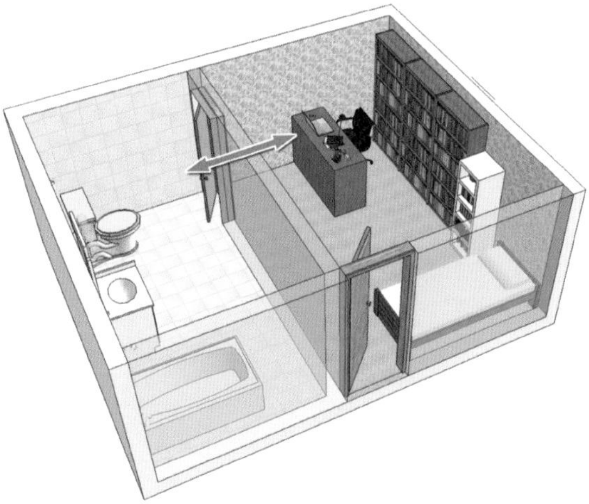

書桌面向廁所。

座位背後沖門。

座位左右沖門。

炊金饌玉養命之源

清代堪輿大家趙九峰《陽宅三要》開宗明義，指出大門、主人房以及廚房的方位吉凶，對一間房屋的風水具有決定性的影響力。門，乃出入之路；主人房，乃主人居住之所；廚房，乃飲食之處。

所以陽宅先看大門，次看主人房門及廚房灶位，此陽宅三要均是決定宅運吉凶的主要因素，但一般人卻往往忽略了廚房對家宅風水的重要性。其實，廚房是煮食之處，若不注意，很可能病從口入，這便難保家人平安健康了。《陽宅三要》認為廚房灶位乃養命之源，萬物皆由飲食而得，故此特別重視廚灶。

古人認為灶向吉凶關係著一家平安，尤其女主人的健康平安，因為古時的大灶掌管全家的食祿，大灶有灶口，煮飯菜時大灶的所在位置卦位以及灶口的大火所向的八卦方位，會造成一家人的吉凶禍福。

古人認為廚房灶位乃養命之源。

舊時三合院或四合院建築均設有大灶，民間供奉灶神的習俗淵遠流長，人們對於祭祀灶神亦會特別尊敬虔誠。華人習俗會將每年的農曆十二月二十四日稱為「送灶神」。在古代過小年的傳統是「官三民四船五」，也就是官家的小年是臘月二十三，百姓家是臘月二十四，而水上人家則是臘月二十五。

古代農業社會裏，採行大家庭制，凡是飲食的場所，必定置灶君奉祀，他可稱是家戶之神，因其特殊的地位和作用，在民間信仰極為普遍，自漢代以來無論是在宮廷還是在民間，信仰都十分虔誠，因此灶王爺也是家家戶戶之家財神，主內財之意。

古代農業社會裡灶神可稱為家戶之神。

古今廚房差異談

古今廚房異俗，舊時三合院正屋的左手青龍方就是廚房位置，一個佔地將近一坪的大灶，灶口大多與房宅同向，另外還會擺設一水缸、一方型餐桌椅、一碗盤菜櫥，再加上堆積木柴或稻草，雖然廚房佔了一個房子的空間，卻未能像現代一樣的有效利用空間，現代屋宅大約只要「灶」體大小的佔地，就足可權充廚房了。

在明清時代到四、五十年前的農村，井廁皆設置於屋外，不像現代浴廁設計於宅裏室內，並且普遍使用自來水與瓦斯爐，井灶幾乎已成為歷史名詞，而且現代廚房會把自來水龍頭及流理台裝置於代表古代灶位的瓦斯爐旁邊，以利洗米菜及炊事的準備，完全不符古代宅法，古灶有灶向吉凶，因為灶口添柴燒火併進氣，宜向生氣方或與屋宅同座向，煙囪排煙洩氣宜壓煞方，相當於今日瓦斯爐上的排油煙機，但是現代瓦斯爐只論擺放位置

古代的廚房旁會擺放桌椅及菜櫥。

烘爐。

只有兩小孔的傳統灶面。

而不像以前一樣必須重視灶向的吉凶。

古代廚房設備的現代延伸

古灶的灶面上設有一大兩小共三個炊事孔位，大孔置放大鍋子，專司燒煮養猪的飯菜及燒洗澡熱水，兩小孔之一煮飯燒開水，之二炒菜燒炊料理；但是居住市集或不養猪的人家，其灶面只有兩小孔，可利炊事之方便，同時還可煮飯燒菜；而大雜院人家或租賃房間者，不自設灶而使用「烘爐」，一個小小火爐代替了龐大灶台的所有功效；因此，我們把廚房裏的瓦斯爐當作古灶來看待，電鍋專門煮飯而為古灶之延伸，電熱水瓶專司燒開水，亦為古灶之延伸；但只以現代廚房裏的瓦斯爐為炊事的主體為主，電鍋與電熱水瓶不妨把它們視為已離灶的飯和開水視之。

現代自來水供水廠及水庫等同於古時千家萬戶的供水井，現代家中流理台的水龍頭自來水，僅相當於古代

冰箱與流理台夾著瓦斯爐。

廚房裏的蓄水缸，以其為一家飲用水的主要來源，也可將它視為古井水之延伸，現代冰箱，相當於古代碗盤之菜櫥，所不同的就是古代菜櫥大多放置已煮熟的菜餚，而冰箱則是放置新鮮蔬菜及冷菜餚為主，古代菜櫥以竹木為之，不論方位吉凶，只要有充足地方擺置即可，但是現代冰箱在風水學中五行屬水，如擺放於廚房之中，不宜與流理台夾著瓦斯爐，也不宜與瓦斯爐相向擺放，其可能造成陰陽冷熱之不和，恐火水未濟而影響身心健康，亦可能因此縮短冰箱的使用年限，不可不慎。

古代建築中廚房設置與生活觀念密切相關

古代三合院式建築，正屋橫向三間房，以中為尊，以左為大，以右為次，所以正屋中間供奉神明祖先為最尊並兼作客廳；正屋之左屋作廚房並兼作餐廳，因為廚房為大，表達了「民以食為天」、「以財養命」的生活觀念，間接表達了人生生活必須消費的觀念，所以才有「開門七件事，柴米油鹽醬醋茶。」的俗語；正屋之右屋為父母臥室，無父母或與父母分爨獨立者則為主臥室之設置，此為古代建築體現出古人生活觀念延伸的展現。

古厝屋頂的天窗。

山西、陝西、北京、河北的四合院最具代表性。

古代或三合院式之廚房，沿承古代建築方式，不甚注意通風與採光，窗戶像個點綴，甚至有光廳暗房的說法，相當於宅法所謂「門不宜多開，多開則氣散；路不宜多歧，多歧則宅弱。」唯恐窗戶開多了會散了宅氣，甚至窗戶只與門的高度平齊而已，致使廚房弄得和其他房間一樣採光不足。

廚房如果採光不足，炊事三餐的料理工作將會非常不方便，因此古人會在廚房的瓦面屋頂上安裝幾塊透明玻璃或開個天窗，使廚房能夠充足採光，但是廚房灶座的正上方屋頂，不宜裝設透明玻璃或開天窗，裝設玻璃瓦時必須避開灶座的正上方，以免造成露天炊事及飄泊無依的不安定感，因為只有三餐不繼而無家可歸的浪民，或正逢戰爭的軍隊或因臨時性的特殊工作需要之事，才會偶爾露天炊事。

建築技術的進步改變了家居的生活習性

現代廚房已使用瓦斯爐、微波爐、電鍋，取代了體積不小的古灶功能，冰箱取代了菜櫥，瓦斯桶（或自來瓦斯管）

取代了囤積於廚房中的木柴稻草，洗衣機更便利的取代了大澡盆能洗澡兼洗衣的功能，現代的炊事早已不必侷限於廚房之中，就像古代餐桌上的火鍋，從來不曾被當作灶的延伸而特論火鍋吉凶一理，所以現代的廚房風水必須跟進時代演進而作調整。

古代廚房和主臥室、東廂臥室或正屋後房舍有所間隔，三合院後房舍分三間，中為柴房，左為男僕長工房，右為女卑下女房。沒有今日廚房與臥室、神堂相鄰相沖的情形，但因時代演變，晚清的市集家宅已逐漸產生有限空間作最有效利用的觀念，因此陽宅風水學也有一些逐漸新生的觀念，屬於理法與意形的想像增加。

古代廚房與廁房，大多相隔甚遠，廚房在艮寅，而茅坑在坤申，絕不可能毗鄰或同屋內相對沖，一以飲食事，一以排泄事，因為好香惡臭為人之通性。古今陽宅學都以坑廁為穢氣惡臭之所聚，其穢臭有不衛生之虞，因此廁所不宜與井、灶、臥室相沖、毗鄰，偏偏現代取代茅坑廁所的沖水馬桶就進入了浴室之中，發展出以浴廁同室的模式，尤其現代套房式的建築，一臥室就有一套浴廁，這是古今相當大的差異性。

古代還沒有自來水以前，生活上以溪泉井水為主要飲用

現代建築中的套房都會附設一套衛浴設備。

與洗滌的來源，幾乎不會有井灶毗鄰之情形發生，因為井灶毗鄰時炊灶之飛灰難免飛落井中，炊事洗滌用水很容易回滲污染水源，而影響人體健康，也表達出飲水受污染的「火水未濟」觀念。此外古代宅法以北方水為玄武主隱私，古書有云：「井不宜在灶邊，主耗財而淫。」

本於古今異俗，建築技術之演進，家宅居家設計的不同，古代陽宅學於風尚習俗中表達出生活衛生及環保意識，因此現代陽宅風水學宜從生活習慣、飲食衛生、環保意識的著眼點，再加以深入探討，分別古今宅法之異同，不要因循盲從，避免杯弓蛇影，徒增困擾。

現代陽宅亟欲有效利用空間，常見人將廚房或浴廁修改位置，原則上並非吉兆。如將廚房移至陽台或房宅前，易犯火災、目疾、血疾、靠人過活、三餐不繼之虞；如將廚房改移到宅後防火巷空間，亦主家計窘迫、婆媳欠和，如置於化糞池位上，則主淫慾、疾病、暗病。古今異俗，陽宅學亦有所差異，一般仍以八宅理氣宅法為主，但在寸土寸金的大都會，將使陽宅空間顯得捉襟見肘，故而應以八宅配合抽爻換象法為主，以內外形為輔，再以門戶之納氣法配以適當位置。

廚房設計著重生活衛生及環保意識。

灶向風水如何古法今用

現代有些風水學者會用瓦斯爐的開關所在的方向，將此方向作為灶之吉凶主要論斷，筆者以為有些牽強，因為古法風水學論灶向與現在不同，所以古法灶向學說可否運用於現代？是否同樣重要？頗值得大家深入探討。

在此將灶向分成兩個項目來簡單說明：

1、空氣的進氣口只有傳統的大灶才有此現象。

2、灶向是從事廚房工作人員所站立的方位及出入的方向。

現代瓦斯爐灶向已經不是空氣的進氣口，是故現代風水學應該以瓦斯爐的所在位置卦位論吉凶，而灶向的論斷作為輔佐即可，原則上應以位置為先考量，灶向作為次要評估。現代家居風水，廚房的位置和內部的擺設，佔有比較重要的地位。以整個住宅區域為基準立太極，瓦斯爐以其擺放位置之卦位論吉凶，其次再論及灶向吉凶。總而言之許多古今不同之處務必仔細明辨，不可拘泥固執，食古不化。

流理台與井之風水宜忌

廚房包括井灶二事，以瓦斯爐擺設為主，以流理台為輔。二者相輔相成而得水火既濟，家和人睦；若二者有一不符宅法擺設，瓦斯爐擺設不當，影響來得緊快，流理台擺設不當，影響則來得輕慢；如二者皆擺設不當，則成火水未濟，家庭不和，亦欠安寧；所以廚房中的瓦斯爐與流理台的擺設，稍用一點心思，應是有利無害。

流理台之自來水雖僅相當於古代廚房裏的蓄水缸，但以其為一家飲用水的主要來源，不妨將它視為古井水之延伸，亦宜注意《陽宅透解》所提到的下列諸事：

井畔栽花，嫖賭好奢。

流理臺上不宜擺置盆景，主男主人吃喝嫖賭好奢侈。亦不宜將電鍋、電熱水擺放於流理臺上，犯之雖不如栽花嚴重，亦當擬論之。

井邊塘牆，奴婢偷香。

塘者，築土退水曰塘。謂井邊築牆圍之者，主奴婢偷香私通。今流理台有靠於房屋之角落因而築一牆角落者，形外論之，雇傭下女者，主下女有私情，主婦炊事者，主婦充滿羅曼蒂克之感情幻想，輕者夫妻關係疏淡，重者難免有曖昧私情。

房側有井，墮胎乏丁。

流理台洗菜之水糟緊靠主臥室牆壁者，多生女而生男不易，並有墮胎之虞，寧可信其有而不可

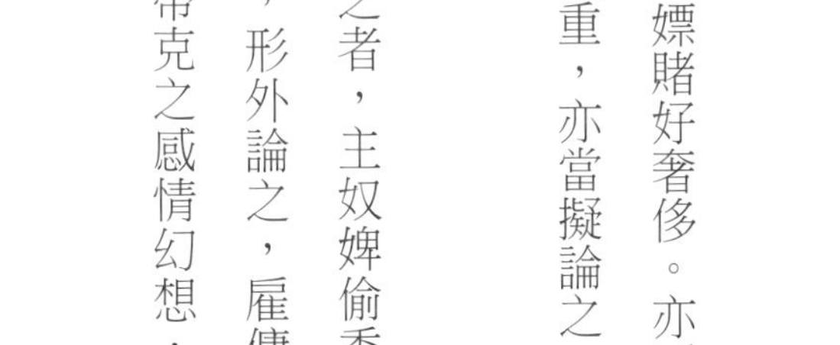

流理台、蓄水缸及水井的古今異同。

排斥為無稽之談，因為古宅法大多為接觸性的經驗之談，如果廚房與主臥室相鄰，在可能的範圍內不要把床安置於靠廚房的水糟的這一邊。

堂前穿井，口舌乖張。

神堂正前不宜穿井，圓井或八角井皆像個口字，主性情執拗，行為怪僻，易犯口舌是非。如廟寺正殿之門前設洗水台，亦主受毀詆批評。

堂後開井，多病不寧。

神堂正後面亦不宜作廚房，尤其流理台不宜靠神堂後壁，主家人多病或吵鬧不寧。

爐灶位的風水宜忌

煙囪對床——主難產。

煙囪相對亦是洩氣煞——主氣血虛弱、少亡。

灶忌背宅反向——主不吉。

即灶口與房屋的坐向正好相反，例如房屋是坐南向北，而灶口則是坐北向南，主不吉。

爐灶忌安在水道上——水火相剋主兇。

爐灶屬火，而水道乃是排水之物，水火不容，兩者不宜太接近，倘若爐灶空放在水道上則不吉。

爐灶不宜斜陽照射—損健康。

廚房向西，特別是煮食的爐灶受西陽照射，會令家人的健康受損。

房床後作灶—小人鬧。

廚房與臥室相鄰，主婦晨起炊事，亦恐驚吵到主人之睡眠，主出脾氣暴燥之人。

灶前左右有門沖—主口舌破財。

為廚房左右或瓦斯爐面左右有門正沖，斜向沖射則不忌。

灶後硬格窗明亮—主虛耗血財。

灶在床前—常患眼疾。

井不宜在灶邊—主耗財而淫。

灶井同一廊—姑媳反目。

如灶設於屋外走廊，與井同一範圍內。

灶與碓礱同煞—凡事想不開。

碓者，音對，舂具。礱者，音籠，俗稱石磨。現代之食品加工機械同論之。

灶向中宮者—家和人睦。

一般將廚房設計於住宅後面、瓦斯爐面向前者，主家人和睦；瓦斯爐面向右者，主炊事者溫柔依順；瓦斯爐面向左者，主炊事者性權覺醒，認為炊事苦勞最大，主觀意識強烈，夫妻意見不合，甚至時常爭吵。

兩頭無柱之　下灶—主靠人過活。因廚為久屋朽木，所以在兩頭無柱之朽木下的灶，主靠人過活之現象。

灶門對雞棲—主桃花。棲，音西，雞棲，雞舍也。以其雞屎糞臭且有穢氣而影響；引伸為廚房門與浴廁門相對，家有淫慾隱私之傳聞而遭人批評毀辱；廚房與浴廁斜沖或相鄰，亦主桃花、輕浮，否則沈迷於賭與酒。

灶向東北—主水災、遭盜賊。以坐北向南房宅而論，安灶是向左後外方。凡灶向違背宅向，皆主家宅欠安和，相當於「屋不合式，財散人離」之論。

爐灶忌背後空曠—主不吉。灶宜背後靠牆，不宜空曠，倘若背後是透明的玻璃亦不吉，正如古書所云：「凡灶，忌窗光射之，主凶。」

爐灶避免水火相沖—主大兇。灶位避免緊靠洗碗盆，爐灶屬火，而洗碗盆則屬水，故此兩者不宜太接近，更忌爐灶夾在兩水之間，例如在洗衣機和洗碗盆之間。

爐灶不宜安置於住宅的乾卦位（西北方）—對健康財運不利。

廚房爐灶不宜設在住宅的西北方，西北為乾方，乾為天，廚房位於西北方，便形成了「火燒天門」的格局，對家人的健康不利，尤其對男主人的健康和財運更為不利。

灶台不可安放於陽臺上—此為動蕩不安之象。

灶台尤其不可見陽光，過去有天災地變的時候才會將爐灶設在陽光下，現代公寓房子有些將陽台往外推，在陽台下爐灶，就是這種情形。

灶台不可正對房間門—易有口角衝突。

灶台不可正對房間門，廚灶是生火煮食的地方，甚為燥熱，煎炒時產生的油煙，對人體亦不適宜，故此不宜與房門正對，否則便對房中的人不利，易會有災病吐血的情況發生，或是易有口角衝突不斷。

入門見灶台—主破財散財。

入門即見瓦斯爐主破財，所以喜歡泡茶者亦須注意，如入門能見泡茶的小瓦斯爐面，亦主小

灶台正對房間門。

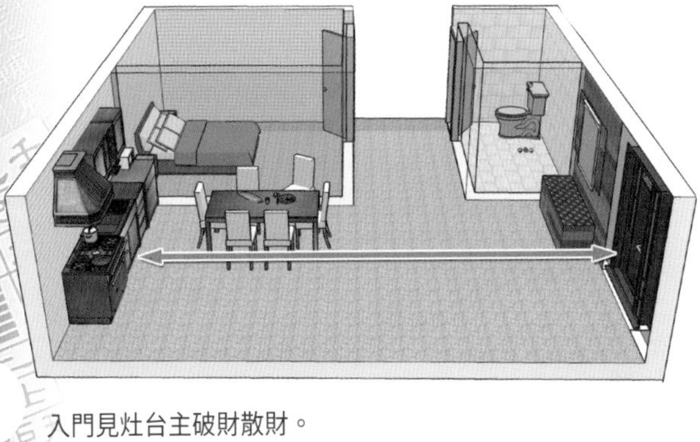

入門見灶台主破財散財。

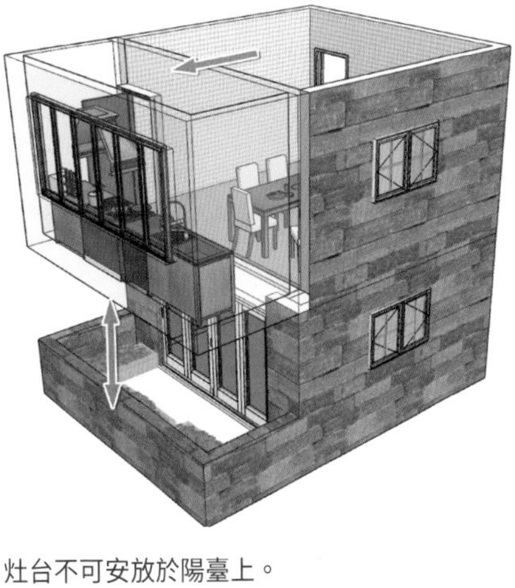

灶台不可安放於陽臺上。

破財。廚灶不宜暴露，在大門外見灶，固然不吉，而在廚房門外見灶亦不宜。

灶台逢室內之走道直沖—口舌是非多。

灶門忌門路沖之，故此不宜太暴露，特別是不適宜被門路所帶引進來的外氣直沖，否則家中便多損耗，正如古書所謂：「開門對灶財富多耗」，還有當風而有升火困難或被吹熄之顧慮，窗光射之，主疾病或口舌是非多。

灶台逢壁角相沖—腰痠背痛。

灶台不宜壁角或尖角沖射，風水家認為尖角鋒利，容易造成損害，故此對於尖角沖射很忌諱，而爐灶是一家煮食養命的所在，倘若受到尖角壁角沖射，對家人的健康有損。

樑柱壓灶台—主勞傷，女人壓力大。

灶忌橫樑壓頂，睡床或座椅上方有橫樑壓頂固然不吉，而灶上有橫樑壓頂更不適宜，否則家人多病，特別是影響婦女健康。

寅艮鬼方作灶，為建人建鬼，又開寅艮門—主姑媳不睦，又主子

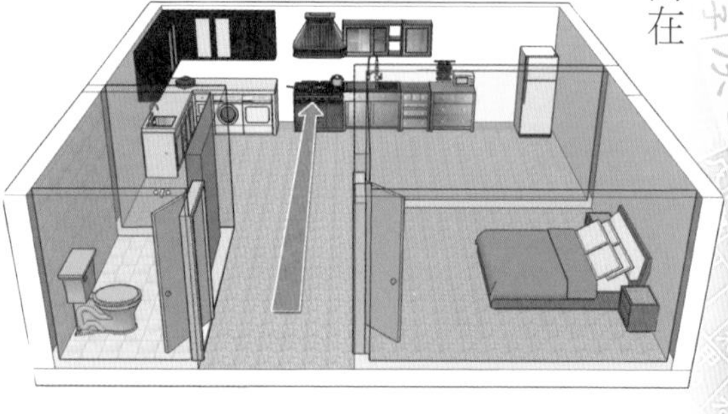

灶台逢室內之走道直沖。

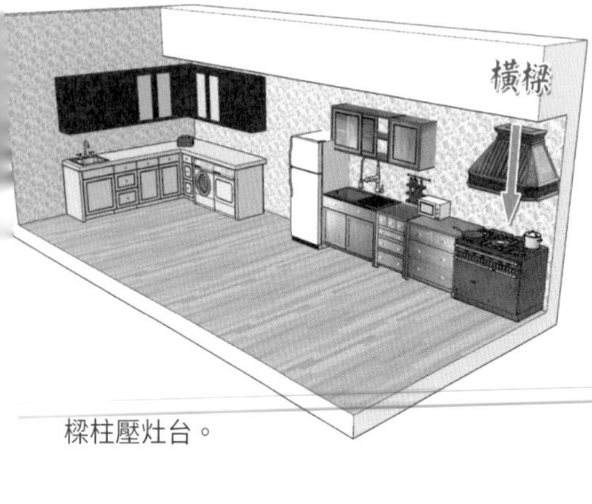

樑柱壓灶台。

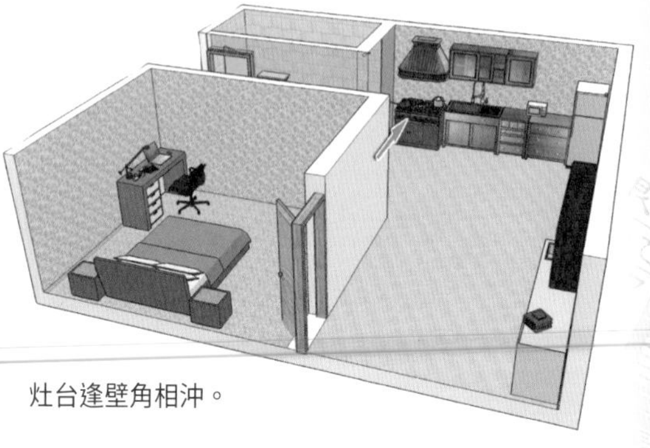

灶台逢壁角相沖。

孫耳聾。

灶在午方—主火災、目疾。

一般於屋宅正後方設廚房，灶位或瓦斯爐座設於後方為吉，但如坐南向北之屋宅，則不可設於正後方中間之午位，因寅、午、戌年月易患目疾、災疾或遭火災。

爐灶忌與廁所相對—損害健康。

爐灶是一家煮食的地方，應該講究衛生，否則便會病從口入，損害身體健康，而廁所藏有很多汙物及細菌，故此地不宜臨近廁所，尤其爐口不可與廁所相對。

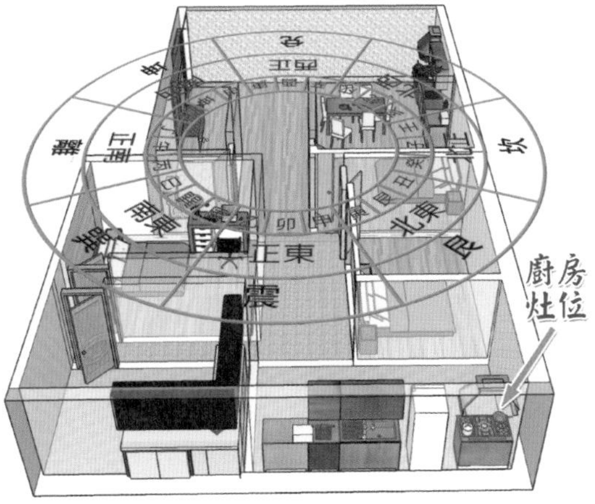

寅艮鬼方作灶主姑媳不睦或子孫耳聾。

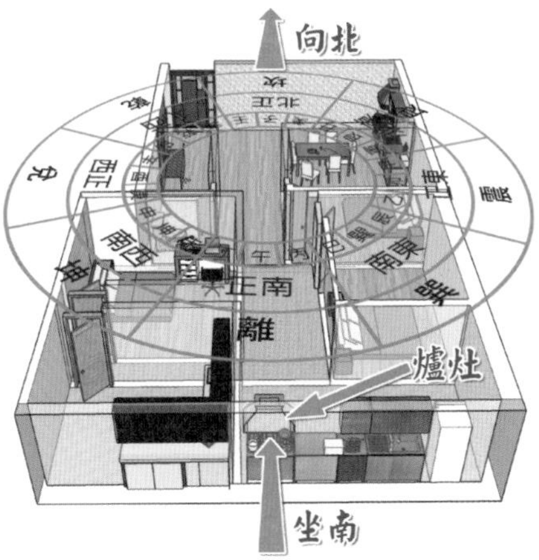

灶在午方主火災、目疾。

爐灶忌與廁所相對。

如沐春風排憂解難

古今宅式不同，古代通常會將毛坑廁所建築於屋宅外面，而現代建築卻把廁所和浴室兼併一起建築於屋宅之中或樓梯之下或房室之中，至於該如何古法今用？如何判定浴廁對於宅式有無特別的影響作用？確實讓許多研究陽宅風水學者，也都曾經為此感到苦惱困惑，所以筆者就先從古今浴廁的差異談起。

古今浴廁大不同

現代的房屋設計，絕大部分是把廁所與浴室相聯一起，古代很少有專用浴室，一般大多於房間臥室裏用洗澡盆或大腳桶洗澡，更因為提水倒水的麻煩，也會在廚房灶前的空間洗澡，或在井邊、中庭、天井露天洗澡，或者另外在柴房邊增建專門洗澡的房間，隨著現代熱水器的發明及西方文化的影響，逐漸演變成浴廁同一室的生活方式。而

古代的洗澡盆。

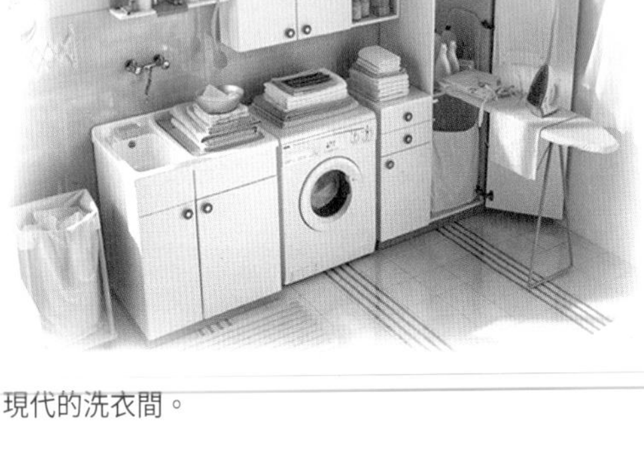

現代的洗衣間。

洗衣機就像舊時的大腳桶、大洗澡盆，古人一般都於井邊、溪流洗衣，洗完衣服就收在廚房的角落，而現今大都改在衛浴室內來完成。

現代高樓大廈的設計，大多把樓梯底面設計為浴廁，不然就是把浴廁放在廚房餐廳的角落，或者設計在兩個房間的夾縫中間。古代建築雖然將廁所毛坑蓋在戶外，但是每一個臥室床尾的後面都會擺著馬桶，每天再清洗馬桶的髒污，古人早已把代用廁所的馬桶擺在臥室床尾，這就是充分利用陽宅空間的觀念，所以現代生活水準大幅提高，把浴廁設計在房裏室內，自然毫不足為奇了。

常有人詢問筆者如果浴廁裏的沖水馬桶只相當於古代臥室裏床尾後的馬桶，那麼是不是應該把浴廁安置在床尾後的方向。筆者很肯定的回答，浴廁裏的馬桶確實只相當於古代擺在腳尾後的馬桶，而現代埋在地下的化糞池才相當於古代的糞屋、毛坑、糞池，所以把浴廁安置在床尾後的方向是正確的觀念。

古今建築技術的改變，宅式隔間利用也不同，一般受限於建築空間，因浴廁已固定，必需利用其餘空間加以擺設，往往必須把床頭擺靠著浴廁的牆壁，或者把一邊的床緣緊靠著浴廁的牆壁，但因為在夜

古代的夜壺及馬桶。

現代建築大多是浴廁合一。

闌人靜、地靈很輕的深夜，使用浴廁的任何音響都很可能影響到睡眠，雖然沒有什麼特別吉凶好壞的禁忌，原則上仍宜使沖水馬桶安置在床尾方向位置為佳，並且避免有第二人因作息時間不同，在使用浴廁沖水馬桶時，因沖水發出的吵雜聲音來影響睡眠品質。

居家浴廁的方位如何安置

傳統的風水學對廁所浴室的吉凶宜忌，除了壓在凶方之外，並無太多著墨，到底廁所浴室有哪些需要注意的地方呢？浴廁隨時保持整齊、乾淨、空氣流通、馬桶暢空，沒有穢氣、濁氣與濕氣，且有良好的隔音設備，或置一假式衣櫃即入浴室之門外門，如此有隱密性又可減少吵雜的沖水聲。

浴廁內可放置綠色盆栽，保持空氣的新鮮對流及減少溼氣，或在門框上方置一對開過光的小葫蘆，以吸納無形穢氣，馬桶盡量避免由南往北沖，因南北是地球發射吸收磁能的路線，且北斗七星居北而拱衛，紫微星是人元辰所居，不可朝北而尿，除了代表對天的敬意外，又可使無形的本命元辰不與地磁能量場、產生吸應呼應之象。

廁所最好安在住家右白虎邊或在煞方為佳，但不可設在神位背

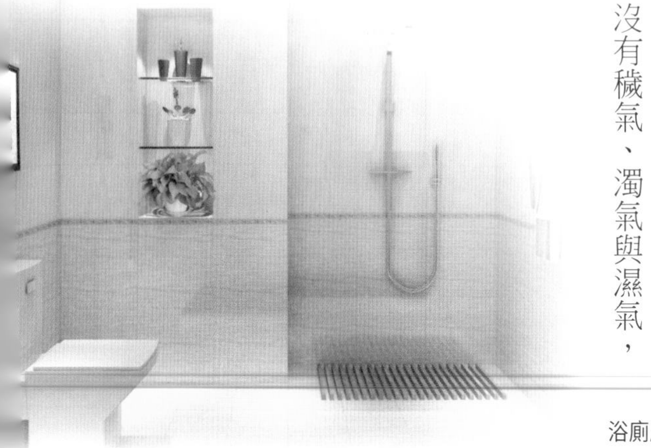

浴廁應隨時保持整齊乾淨及空氣流通。

後，易退神，也不可設置在文昌位及主人伏位方。廁所馬桶坐向不可直沖神位、床位或財位，也不可暗沖爐位，易遭小偷。

怎樣得知安廁的吉凶呢？對於「東四命」的人來說，「西四方」便是凶方，適宜安廁。「西四方」是指西南、西、西北及東北。對於「西四命」的人來說，「東四方」便是凶方，適宜安廁。「東四方」是指東、東南、南及北方，然而此法須將東西四命之四吉四凶位抽爻換象，並配合六十四卦納入六十甲子之卦氣所屬五行所納先天卦氣，與後天卦運之相互感應，以論吉凶。

廁所格間最好不要在一間房屋平面的中央，根據洛書方位，住宅中央屬土，浴廁屬水，屬水的浴廁設計在屬土的住宅中心位置，就會發生土剋水，容易出現全家人健康不佳的狀況，尤其是心、胃之疾。而住宅的中央象徵一家的中心點，為一家之主的位置，會使得宅主大權旁落，沒有鬥志。家運必定漸漸衰微，運勢也難以好轉。

浴廁是排汙之所，從大方向看廁所風水，明亮、整潔、舒適是最基本的條件，但是有幾個禁忌是必須避免的。除了方位要合規中局之外，最忌陰濕、不潔、有異味，如能保持清潔乾爽反而能留住財氣。

家中廁所太過雜亂，容易形成財不易聚守，總是有漏財的狀況發生，目前的建築規劃裡，有很多廁所是沒有開通風氣窗，這種廁所的空氣無法流通，濕氣就會迷漫在住宅內，對於居住者容易產生慢性病。

廁所平時就要保持乾燥，最好的作法是在廁所加裝乾濕分離的設計，浴室廁所屬水，所以擺設綠色的植物、草本植物或綠色系的風景圖畫，以水生木，達到五行相生的效果。

居家浴廁的風水宜忌

廁所不可在神位後面—容易招來小人。

廁所應加裝抽風機—以維持乾燥。

廁所不可在房子的文昌位—汙穢文昌，不利於考試升遷。

廁所門不可沖書桌或辦公桌—易造成心神不安容易出差錯。

廁所門不可沖床位—易出現腰背痠痛或桃花運。

室內馬桶不可沖床鋪—住者多病。

入門的第一間房不宜作為廁所—猶如穢氣迎人。

爐灶不宜對廁所—主胃腸消化疾病。

浴廁不宜開在吉方—主損宅運。

廁所門不可沖神位及祖先牌位—易犯小人或盜賊。

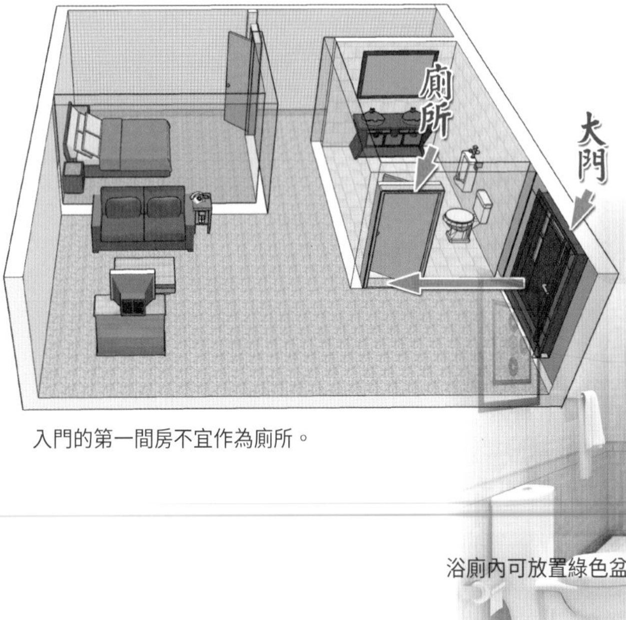

入門的第一間房不宜作為廁所。

浴廁內可放置綠色盆栽。

浴廁門斜對神位—易遭陰邪，存不住錢。

廁所門不可沖金庫—容易耗財。

廁所門不可與臥室門相對正沖—易患桃花運。

廁所不可以在神位的樓上房間—主家運不順，官非不斷。

浴廁改為睡房易造成生活緊迫疾病叢生

現代都市往往有些家庭為了節省空間，便把其中一間浴廁改作睡房，盼多擠些人口，不僅違反風水之道，且不符合環境衛生。從風水學來說，浴廁被視為不潔之地，應該開在凶方來鎮壓住凶方，睡房鄰近浴廁已不大適宜，更何況將浴廁改作睡房。從環境衛生來說也不適宜，雖然把自己那層樓的浴廁改作睡房，但樓上樓下卻並不如此，如此一來，自己那層的睡房，會被上下層的浴廁夾在中間，相當難堪。此外，樓上的浴廁若有污水滲漏，睡在其下的人便會首當其沖，不符合環境衛生之道，避免將浴廁改為睡房，若改作為儲物室則沒有多大問題。

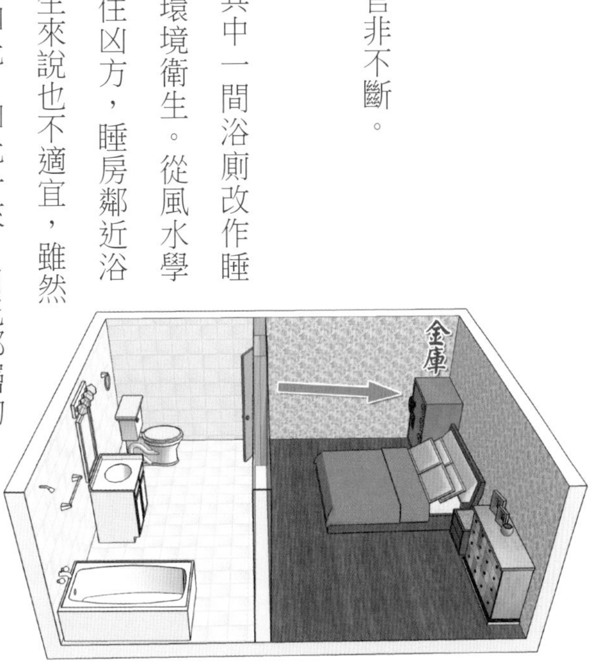

廁所門不可沖金庫。

浴廁在樓梯底下財運及事業運困苦難以發展

樓梯底下的浴廁，相當於屋樑壓照床位、辦公桌、書桌，產生無形的壓迫感，做事不易聚精會神，精神容易衰弱，思考力變得逐漸遲鈍，而且壓迫感雖無形但卻會產生心身上的壓抑，做事不專一而容易疲倦，重者缺乏耐性，有頭無尾，晚上不能安眠而作惡夢，財運與事業也被壓抑得困苦而難發展，家庭主婦也可能倦怠炊事而想到外面找個事情，嘗試變換不同的生活方式。

所幸我們使用浴廁的時間大多不算太久，沒有坐辦公桌或睡眠的時間多，所以樓梯底下的壓迫感的影響比較輕，有些粗線條型、神經大條而感覺遲鈍者，或者生長得比較嬌小者，根本就不會感受到低矮浴廁的壓迫感，因此不必特別擔心樓梯底下安置浴廁這一件事。

不過，話又說回來，我們每天幾乎都要使用浴廁好幾次，雖然使用的時間都很短暫，但積漸而久長，三五年後才發現莫名其妙的財官阻滯，一般都怪自己的命運違逆不濟，卻不知道是長久使用樓梯底下低矮浴廁的壓迫感所招致的影響，所以在經濟能力許可下，樓梯底下儘可能不安置浴廁，不妨把它改作儲藏室、工具室，或者收藏雨具、小孩玩具。

浴廁不宜在樓梯底下。

兩房夾浴廁易產生隔閡疏離及外遇私情

兩房夾浴廁宅式的兩房門大多會在同一坐向的牆壁上開門，容易使家裏缺乏和氣、生氣，一家人就是缺欠那麼一點向心、同心與團聚感，形成無形的隔閡及疏離，家人也容易潛存著逃家及尋夢幻想，而且還將發生一些不足與外人談論的隱私事，不是男主人有外遇，就是女主人有私情。

兩房夾著一間較小的浴廁，宅經曰：「兩新夾故，死徒不住。」相當於房屋老舊而被新建的新屋或較高的樓房夾住一樣，主消極、頹廢而抑鬱不得志，是一種衰退、沒落的象徵。

浴廁小而房間大，因浴廁居主，就相當於《陽宅撮要》看勢所說的：「南北皆堂、東西易向，勢如爭競，左右軒昂。忤逆宅也。」所謂兩大欺小，兩賓欺主，大多會發生以下犯上，以賓欺主的事情，輕者子女不聽話，妻子不順從，重者口角齟齬不斷，妻子掌權逞強，子女橫蠻逞能，男主人在外亦受輕謾冷落，無法稱心如意做事。

浴廁在住宅中央造成家運衰退

如果廁所在住宅的中心，它除了像樓梯一樣隔離家人的親和以外，還會讓人隨時想起或感覺到拉屎大便的臭味，隱隱然產生排斥或躲開逃離臭氣的心理。

浴廁居中時最好能使光線充足，空氣流通，讓浴廁中的濁氣更輕易排出屋外，保持室內空氣的新鮮。假如完全封閉，又缺少透風設備，對家人健康不利。

《宅相洞玄歌訣》謂：「雞豚貓犬穢薰腥，貧病至相侵。」除了心情不能愉快開朗外，長期生活於臭氣惡味或不清潔的污染空氣下，也比較容易生病。而更重要的是排水的配管線，必在另一房室的地下通過，萬一發生嚴重的堵塞或任何須要更換配管時，就必須花費較大的工事費用，所以不宜

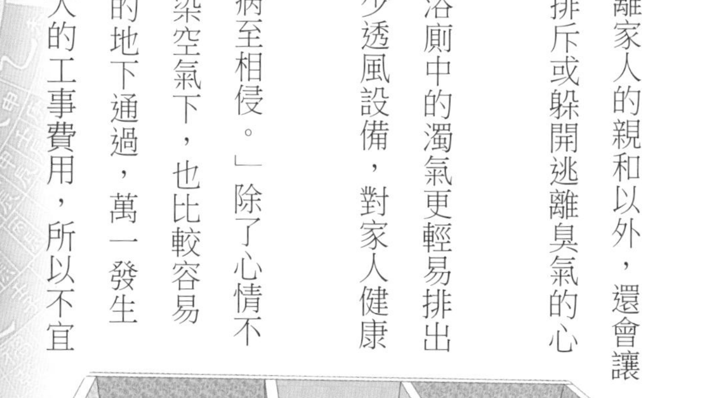

兩房夾浴廁。

把廁所設計在住宅中心，一般都使它偏促於一邊。

床頭與浴室同一道牆易桃花不斷睡不安寧

浴廁剛好沖到床頭大為不利，易桃花不斷，睡不安寧。牆面分成四寸、八寸、木板，如果隔間是八寸牆面再加上粉刷，就接近十寸，故而無妨。

浴室的地面不能高於臥室的地面

浴室的地面不能高於臥室的地面，尤其是套房式的房間，浴廁的位置最容易產生濕氣，水是向下流的，屬潤下格，長期住在被水浸潤的臥室中，容易發生內分泌系統的疾病。

廁門正對大門成一直線會導致疾病叢生

浴廁被認為是較不潔及隱私的地方，並不宜太矚目，廁所門不宜近距離對正大門，兩者成一直線，這樣非但礙觀瞻，而且有違風水之道，會

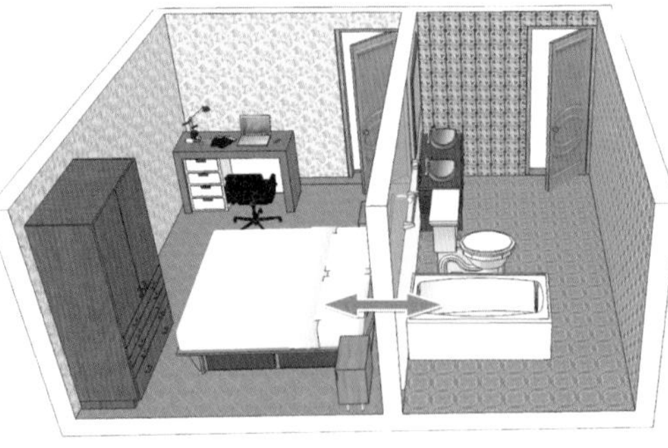

床頭與浴室同一道牆。

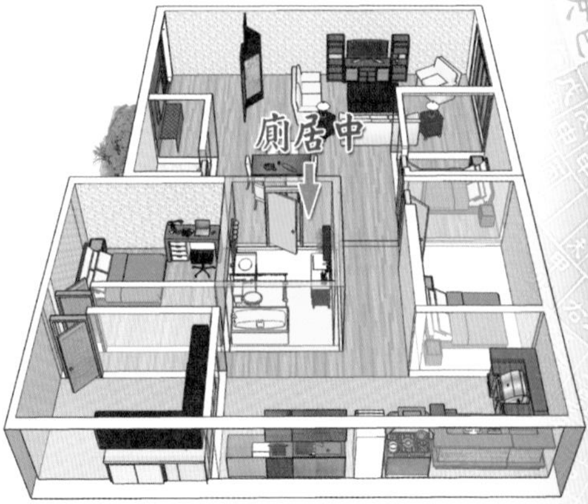

浴廁在住宅中央。

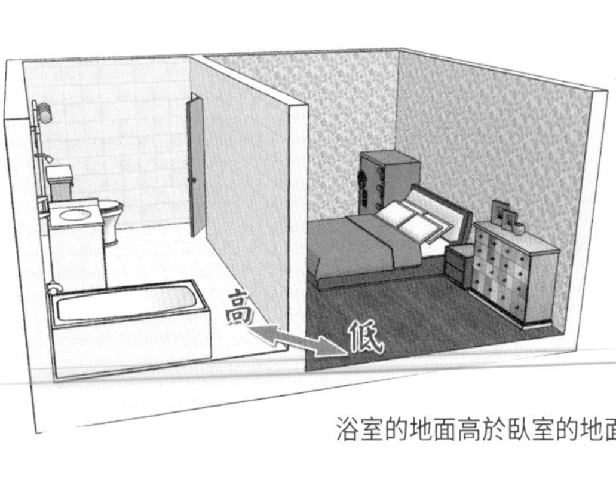

浴室的地面高於臥室的地面。

導致疾病叢生，尤其是惡性腫瘤。即使廁所並不是正對大門，但也不宜位於矚目之處。

品字門易產生外遇情事及心無主見

浴廁屬隱私而不公開，沐浴洗澡與入廁方便都是不願春光外洩，讓外人目睹，如果三門組成「品字門」，一般稱為「隱私門」，品字為三個口，有品味品嚐或品頭論相之象，易產生是非或挑剔。如果浴廁的開門偏右而開在主臥室的一邊（方向），則主女主人有私情隱私；如浴廁的門偏左而開在主臥室的一邊，當主男主人有外遇隱私；如兩房只夾著中間浴廁的門，就打開浴廁門來看，浴廁比重落在主臥室外，表示女主人有婚外性行為；浴廁比重落在主臥室這一邊，表示男主人有婚外性行為。（夫妻親蜜無間或道德感重的人，所謂外遇隱私，大多是精神外遇。）

總之，「品字門」又稱「隱私門」，因隱私而引起是非，家裡或多或少、或輕或重的有些隱私事，是一種非常不符合宅法，最不理想建築設計，就算能以人為的人氣、和氣、生氣、鬥志來壓勝宅相宅式的吉凶感應，它還是會讓人心無主見、意志薄弱、做事不分輕重，本末顛倒之象。

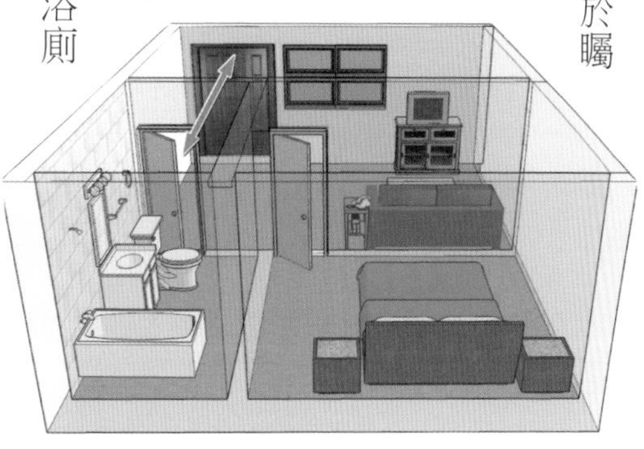

廁門正對大門成一直線。

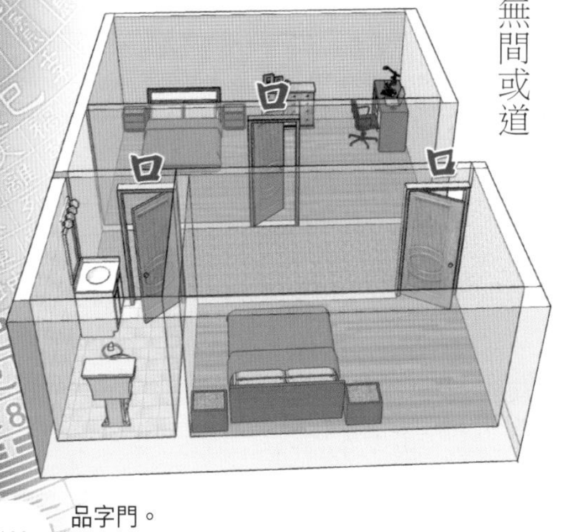

品字門。

花好月圓尋覓良緣

在陽宅風水學中，桃花位是主管桃花，而桃花即是人緣和異性緣，若能善用桃花位可以幫您催動正常桃花發展，促進姻緣，改善人際關係，所以要有效精準地加強桃花運，應該根據住宅座向找出桃花位所在，或是以本命生肖來找出桃花方位，或是找出流年桃花位，然後用陽宅風水佈局以及催旺桃花之吉祥物，便可以在桃花位上催動桃花，可使居家氣氛和諧，讓單身渴望愛情的男女找到戀人，感情順利發展，擁有好人緣，甚至已經養兒育女的父母，也可以增強夫妻如膠似漆的感情，讓婚姻更加美滿和諧。但是水能載舟，亦能覆舟，催旺住宅風水桃花雖好，卻不是人人都適合，因此在住宅風水招桃花之前，可以先從自己的紫微八字命盤中，瞭解自己適不適合招桃花，以免容易招到爛桃花。

利用命卦找到自己的桃花位

如果要依據個人命卦來找尋桃花位，需要用居住者的生年生肖來判定找尋，一旦找尋到個人本命桃花位，只要好好加以佈置以及放置催桃花物品，即可增強愛情運勢的發展。

十二地支可以代表時間，也可以代表空間。可以說是古人對於時空觀念上的應用代號，在空間的方位上，子、丑、寅、卯、辰、巳、午、未、申、酉、戌、亥是十二個方位，將方位劃分成三六〇度，每一地支掌管三十度，從子代表正北方開始，順時鐘方向，子是正北；午是正南；卯是正東；酉是正西。在時間上，一天之中，十二地支分別代表了一天的十二個時辰；一年之中，十二地支代表了一年中的十二個月份。

五行在不同的時空點位上，會分別處於不同的狀態。一共分為十二個狀態：長生、沐浴、冠帶、臨官、帝旺、衰、病、死、墓、絕、胎、養。從事物發展、變化的規律來說，都有一個從成長、壯大到衰敗、死亡，再到重生的過程。這是一個遷變不已，生生不息的過程。每一個干支，都分別在十二地支體系中存在相應的變化過程，這個過程以長生為始，因此命名為十二長生訣。

子爲北方，丑爲東北偏北，寅爲東北偏東，卯爲東方，辰爲東南偏東，巳爲東南偏南，午爲南方，未爲西南偏南，申爲西南偏西，酉爲西方，戌爲西北偏西，亥爲西北偏北。其中屬於十二長生之沐浴的四個方位「子、午、卯、酉」是爲桃花位，即正東、正南、正西、正北，皆爲桃花位。

◎個人本命十二生肖桃花方位表：

生肖	桃花方位	五行屬性
猴、鼠、龍	正西方	金
虎、馬、狗	正東方	木
蛇、雞、牛	正南方	火
豬、兔、羊	正北方	水

利用房屋座向找到桃花位

在陽宅風水裡嚴格來說，並沒有所謂的專屬桃花屋，而是每個住宅都有桃花位，只要依據房屋的八個方向即可找到房屋座向桃花位，此外不同座向的房屋則會有不同的方位。

至於說到桃花運，普遍來說主紅鸞喜慶之事，未婚或單身的人碰到桃花運，會找到戀人，增進愛情，以至結婚；但是過於氾濫，則會招至愛情困難或移情別戀，或形成桃色緋聞。已婚夫妻假如碰到桃花運，也會增進感情，加深浪漫，但假如桃花運過濫，則成為爛桃花運，便會發生婚外情、色難、花柳病或形成桃花劫等。

◎房屋座向桃花位

屋宅坐向	桃花方位
坐北朝南	正西方
坐南朝北	正東方
坐東朝西	正北方
坐東南朝西北	正北方
坐西北朝東南	正南方
坐西朝東	正南方
坐西南朝東北	正西方
坐東北朝西南	正西方

利用陽宅玄空飛星法找到流年桃花位

九宮飛星論事準確、簡單、快速。九宮飛星使用觀察一間房屋的過去及現在的情況，作爲即時推斷化煞及搶運的根據資料。所謂單位擺設是指宅內的開門、房間位置、神位、床位、浴廁位、廚灶位等方位。

當運的九星按洛書之軌跡運行，九星並沒有一定的吉凶，其吉凶是取決於哪個元運來定。由於九星的飛行軌跡，不但會受歲星太歲所影響，同時也會受流年飛星所干擾，故吉星移到的宮位就解釋為吉，反之，凶星飛到的宮位當然屬凶。

九星為北斗七星再加上輔、弼二星，合起來為九星飛佈風水各方位，來判斷吉凶，在每運、每年、每月、每日如果配上八卦、奇門遁甲、生肖、二十八星宿、十二星座等，即可論斷人的禍福與趨吉避凶之術。

通常在九星之中代表桃花的星計有：

一白貪狼：主事業、考試、升官、桃花。

四綠文曲：主口才、桃花、文昌、事業。

九紫右弼：主姻緣、喜慶、火災、血光。

二〇一〇年至二〇二〇年流年桃花位一覽表：

桃花方位	一白貪狼	四綠文曲	九紫右弼
二〇一四年	西南方	中宮	北方
二〇一五年	東方	西北方	西南方

二〇一六年	東南方	西方	東方
二〇一七年	中宮方	東北方	東南方
二〇一八年	西北方	南方	中宮
二〇一九年	西方	北方	西北方
二〇二〇年	東北方	西南方	西方
二〇二一年	南方	東方	東北方
二〇二二年	北方	東南方	南方
二〇二三年	西南方	中宮方	北方

桃花位的開運吉祥物

未婚想覓得良緣，可以用開運桃花手工皂來沐浴調整身心，隨身還可攜帶桃花寶袋再增強桃花緣份，還可以在居家風水上安置龍鳳呈祥加上邱比特，可增強異性緣，求得天賜良緣，加強濃濃情意，求得陰陽和諧，喜事連連之能量場。

開運方式：

1、必須先請功力深厚且有經驗的法師為您的吉祥物做開光點眼及請神加持才會有靈動力的產生。

2、請專業命理風水師配合玄空大卦奇門納氣天星照臨秘法找出個人的吉祥方位，然後以九天玄女一二〇甲子擇日秘法配上六十四卦及主事者的紫微八字命盤來為您佈局與諏選良辰吉日，如此才能得到催桃花、覓良緣的無形靈動力。（有關更詳盡的開運吉祥物的典故、功效及使用方式，可參閱筆者著作的《化煞》與《化煞一本通》二書。）

琉璃邱比特

琉璃龍鳳呈祥

開運桃花手工皂

桃花寶袋

金榜題名升官發財

大凡陽宅皆重陽宅文昌位，紫微斗數推命術亦注重「文昌」、「文曲」二吉曜。紫微斗數認為天上諸星有許多有關古代士農工商之科舉功名的星曜，文昌星為文魁星，主科甲，金榜題名的榜首；文曲星為文車星、文運星，亦為科甲之星。

文昌、文曲這些掌理人間科甲文墨的科星之神，祂掌理著天界的文昌府事務與人間祿籍，例如：誰該當官？什麼時候當官？當什麼官？升遷亦是革退？是農？是工？是匠？是販夫走卒？等諸事。所以民俗上會供奉祭祀文昌星，祈禱金榜題名，開啟智慧，助旺官運前程，就連市井小民也會供奉祭拜文昌星，希望使職業順遂，在行業中獨占鰲頭。

民俗信仰中，執掌天上文衡的文昌星有「五文昌」之說，宋朝以降皆受士人學子尊奉祀拜，五文昌計有：文昌梓潼帝君、孚佑帝君呂洞賓、關聖帝君恩主公、朱衣神君、魁斗星君等五位神祉。

筆直的大廈在住宅的文昌方或流年的文昌位皆有助於文書、升等、考試。

市區高而筆直的大廈也可以算是文筆。

住宅附近有文筆山會使人學習能力增強，文筆山若是在東南方，亦即在巽卦的位置則更好，因為東南方巽卦之位屬四綠文曲星，主文昌、事業、口才。在市區也許見不到山峰聳立，但是高而筆直的大廈也可以算是文筆峰。如果能配合飛星得吉曜相佐，流年吉星飛臨，可以使成績更為優異，考試高中的希望增加。

若住宅沒有端直秀麗的文筆山可取，則只有在住宅庭院種植適合的樹木景觀，庭院太小的可以用盆景，或是在住宅內部設計格局，選擇適宜的方位擺設吉祥物。例如在住宅的文昌位置花木盆景或開運吉祥物，可以使頭腦比較清晰，增強理解力和學習效果。

每個人的生辰八字內有文昌，陽宅有文昌位，流年月日時有文昌，如何判定就要大費思量，當請老師為您判定文昌位方是上策，如果已判定本年與日主與住宅之文昌位，再配合傳統民俗的擺放文昌筆或吊掛魁星圖，就更能互相適配引動出屋宅的氣場能量，加上自己用功讀書、有耐心、有恆心、很專注地去努力打拼，必然會有所長進或大有進步。

一般常見的四種文昌位尋求方式

每一個住家都有文昌位，但是讀者需要知道由於住家的坐向不同，所以文昌位的位置也不相同，文昌方位有多種尋找方式，各有其靈動力，至於如何才能找出住家的文昌位？一般常見的尋求文昌方位計有四種：

（1）九宮飛星找文昌位。

（2）本命的文昌方位。

（3）八宅學派的住宅文昌方位。

（4）以三元九運卦而定的文昌位。

也許有讀者會問，文昌位元有多種演算法，會不會有矛盾的現象？其實是不會，假設家中有一位成員要參加考試，可以先取流年的文昌方在客廳佈局。接著以個人的書房或者房間立太極，同樣佈局本命的文昌方，如此雙管齊下，效應自然倍增。

九宮飛星找文昌位

古訣云：「凡作書房，宜在本宅一白四綠方上，一白四綠間內，又宜開一白四綠方門路，流年月建得一白四綠星，飛到此方此間此門，或是一四同宮，或是還宮復位，必主發秀。」所以將一白方或四綠方當作書房或是在此方位放置開運吉祥物，會提高學子成績、記憶力、思考能力，有利文職人士，可增強官運、考運、文書及工作效率，做事更加事半功倍及得到上司賞識。

一白名為貪狼星，五行屬水，當令時為財官星，主得名氣及官位，屬於智慧籌謀型的文昌方位。

四綠名為文曲星，五行屬木，當令時為文昌星，大利科甲、文化藝術、文筆卓越、文思敏捷，屬於科甲成名型的文昌方位。

此外飛星每年還會轉移方位，如果屋宅本身固定的一白、四綠文昌方位會合到該年之一白或四綠星，則會形成雙星加會或還宮復位。例如原本屋宅的一白方，今年飛來四綠星加會，或是原本屋宅的四綠方，今年飛來一白星加會，則稱為雙星加會。如一四同宮為水生木的吉象，主發科甲，學業有成，升官發財，升職加薪，但「四一同宮」五行是為木吸水，會附帶招來桃花劫，所以雙星加會需看當位不當位和先後之差別，還有五行相生相剋之差異。

若本來屋宅為一白方，今年又會合到一白星，亦或本來屋宅為四綠方，今年又會合到四綠星，則稱為還宮復位又稱為文昌重疊，也代表大發科甲，利於當年學子之考試或是公務員之升等、升職考試。

舉例：坐北朝南之屋宅的文昌位如何按放吉祥物。

以住宅的一白方及四綠方來定文昌位，如坎宅，坐北朝南，九宮飛星一白入中宮，飛二黑到乾（西北方），三碧到兌（西方），四綠到艮（東北方），在書房的中央及東北方皆可擺設開運吉祥物來助旺文昌之氣。

文昌位可以擺放經開光加持過的文昌筆、魁星踢斗、文昌塔、鰲魚筆筒或玉書麒麟等吉祥物，還須請地理師或命理師以房屋的坐向配合奇門天星和九天玄女一二〇甲子擇日秘法配上六十四卦及主事者的紫微八字命盤來佈局與諏選良辰吉日，如此才能得到開啟智慧、旺官運的功效。

也許有初學者不明白九宮飛星的意義，右圖示將坐北朝南的九宮飛星方塊置於內盤，再將二十四山圓圖置於外圈，從圖中紅色的四，為文昌方，吉祥物即可置於此方，此方隸屬於艮卦，艮卦所含蓋的三山為：

丑：22.5°~37.5°

艮：37.5°~52.5°

寅：52.5°~67.5°

九紫右弼 東南	五黃廉貞 南方	七赤破軍 西南
八白左輔 東方	一白貪狼 中宮	三碧祿存 西方
四綠文曲 東北	六白武曲 北方	二黑巨門 西北

坎宅坐北朝南九宮飛星圖。

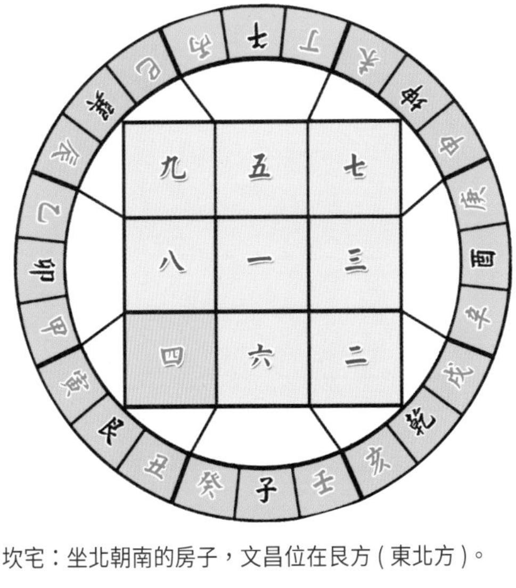

坎宅：坐北朝南的房子，文昌位在艮方（東北方）。

九宮飛星文昌位一覽表：

屋宅坐向	文昌位	
	一白方	四綠方
坎宅（坐北朝南）	中宮方	東北方
離宅（坐南朝北）	西北方	南方
震宅（坐東朝西）	東方	西北方
巽宅（坐東南朝西北）	西南方	中宮方
乾宅（坐西北朝東南）	南方	東方
坤宅（坐西南朝東北）	東南方	西方
艮宅（坐東北朝西南）	西方	北方
兌宅（坐西朝東）	東北方	西南方

流年文昌位的判定

流年文昌位因九星每年飛佈風水各方位而有所變動，例如二〇一五年九宮飛星的四綠文曲星剛好是西北方乾宮，而一白貪狼星則入東方震宮，所以二〇一五年的流年文昌位落在西北方及東方。

二〇一四年至二〇二三年流年文昌位一覽表：

文昌方位	一白貪狼	四綠文曲
二〇一四年	西南方	中宮
二〇一五年	東方	西北方
二〇一六年	東南方	西方
二〇一七年	中宮	東北方
二〇一八年	西北方	南方
二〇一九年	西方	北方
二〇二〇年	東北方	西南方
二〇二一年	南方	東方
二〇二二年	北方	東南方
二〇二三年	西南方	中宮

本命的文昌方可依本命貴人而定，貴人之說本來不是八字命理中的學問，而是果老星宗及擇日學的星宿併入八字命理而來，以為人性化的實際演用，頗有其靈驗性，演用久了也就成為八字命理中密切的論命要件之一。八字命理中的文昌貴人，若還原作為方位用，也就是文昌位了，把文昌貴人用方位來提示擺放書桌、辦公桌，幾乎是屢試不爽，效果立竿見影，當然更須配合奇門遁甲和納氣法，則效果更佳靈驗。

因為此法比較細密，所以在擺放書桌、辦公桌的房門口出入位及桌位，需配合奇門納氣法，方有其靈動力，否則其效果必然減半，故一般讀者在應用上，恐怕比較困難，但請不要怕難，如有難以理解之處，筆者建議您應聘請專業的老師來幫您佈局與諏選良辰吉日並擺放開運吉祥物，如此才能得到開啟智慧、旺官運的功效。

最簡易的方式可用歲次配合十二方位圖來尋找本命的文昌貴人方，例如：一九七一年是歲次辛亥年，辛是天干，亥是地支，用辛為主來找文昌位就十分快速便捷，如果能用日柱天干的話效果會更好，以下舉出簡單的「十二方位圖」，按圖所示便可定出適當、特定的個人文昌位來，另有一首「文昌貴人」的歌訣，不妨先練習一下，對您在尋找文昌位會有所幫忙。

文昌貴人歌訣：

甲巳乙午報君知，丙戊申宮丁己雞；
庚豬辛鼠壬逢虎，癸人見卯入雲梯。

以下將所有年命的文昌方列出：

甲年（或甲日）生的人，文昌位在巳方，（東南方）。
乙年（或乙日）生的人，文昌位在午方，（正南方）。
丙年（或丙日）生的人，文昌位在申方，（西南方）。
丁年（或丁日）生的人，文昌位在酉方，（正西方）。
戊年（或戊日）生的人，文昌位在申方，（西南方）。
己年（或己日）生的人，文昌位在酉方，（正西方）。
庚年（或庚日）生的人，文昌位在亥方，（西北方）。
辛年（或辛日）生的人，文昌位在子方，（正北方）。
壬年（或壬日）生的人，文昌位在寅方，（東北方）。
癸年（或癸日）生的人，文昌位在卯方，（正東方）。

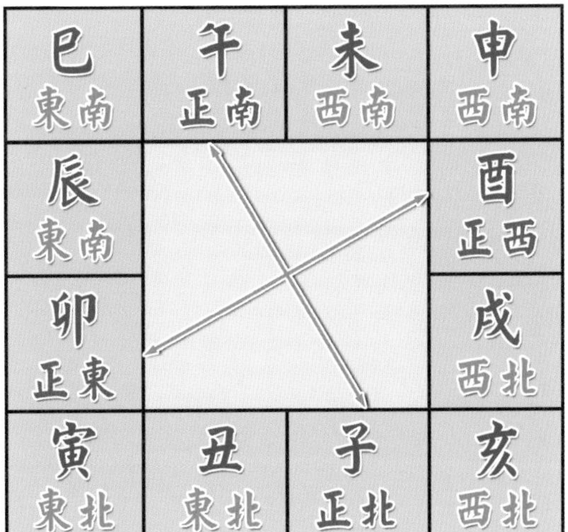

十二方位圖。

首先要確認屋宅之坐向，八宅風水以屋宅的坐向來定出文昌位所在，其文昌位置是永遠固定的，不受「元運」和「年運」之變動而改變。例如乾宅坐向為坐西北向東南時，其文昌位則位於正東方。

以下舉出住宅八方坐向的文昌方位：

坎宅：坐北朝南的房子，文昌位在東北方。
離宅：坐南朝北的房子，文昌位在正南方。
震宅：坐東朝西的房子，文昌位在西北方。
兑宅：坐西朝東的房子，文昌位在西南方。
巽宅：坐東南朝西北的房子，文昌位在中宮。
乾宅：坐西北朝東南的房子，文昌位在正東方。
坤宅：坐西南朝東北的房子，文昌位在正西方。
艮宅：坐東北朝西南的房子，文昌位在正北方。

另一種風水學上的文昌位，是依卦運、三元地理，九運分時而論，將住家劃分成九宮後，再來尋找文昌位、財位、生旺方、五黃方等，而現今的運程時期，是下元八運（二〇〇四年～二〇二三年），文昌位是在坎方，即是北方，這個方法也很簡單，不管門是開在那裡，只要用羅盤量出家屋的正北方角落處，就是文昌位。

還須請地理師或命理師以房屋的坐向配合奇門天星和九天玄女一二〇甲子擇日秘法配上六十四卦及主事者的紫微八字命盤來佈局與諏選良辰吉日來安置，則天時、地利、人和三者俱全，在三才配合之下，使在宅內公司的企劃部門之人員或子女得文昌位，能幫助其思考能力，增加記憶力，考試一帆風順、金榜題名，企劃構思人員能時時有新的創意、靈感與發明，為公司賺取大筆鈔票，財位是為公司或每個家庭的經濟命脈，若掌握得宜，發財不難。

若以南北向的房屋為例來闡述文昌位的選擇方位，假定正北方無法為讀書、辦公之位時，那麼就以羅盤中地盤的巽方（東南方），這個方位是沒有三元九運限制的，也就是不受時間的約束，固定在東南方，這是即簡單又利於讀書和準備考試的最佳辦公讀書的好方位。

以上介紹了多種選擇文昌位的方位，都是很有效，為什麼有多種方式呢?這就是從事地理風水指導工作的人，為了在不同的環境之下，所可能發生不方便的情況，於是煞費苦心，多找幾種方法，以適應不同情況的需求。

請參看二一九頁開運方位便覽圖之文昌位圖表，可按圖索驥，（僅適用於二〇〇四年～二〇二三年，八白運。）

文昌位的開運吉祥物

魁星踢斗、鰲魚筆筒、文昌塔、文昌筆可擺放於家宅中文昌位或書桌上，用以發揮文昌氣數之靈動力，助使讀書專心、頭腦敏捷、文思泉湧、考運亨通、金榜題名。家中書房文昌位擺放玉書麒麟能增進學子讀書學習及開智慧的無形靈動力。

琉璃魁星踢斗

琉璃鰲魚

琉璃玉書麒麟

琉璃鰲魚筆筒

水晶文昌寶塔

開運方式：

1、必須先請功力深厚且有經驗的法師為您的吉祥物做開光點眼及請神加持才會有靈動力的產生。

2、以房屋的坐向方位及本人的八字中判定文昌位的位置，然後以此為書房以便擺放吉祥物。

3、必須請地理師或命理師以房屋的坐向配合奇門天星和九天玄女一二〇甲子擇日秘法配上六十四卦及主事者的紫微八字命盤來佈局與諏選良辰吉日，如此才能得到開啟智慧、旺官運的功效。

（有關更詳盡的開運吉祥物的典故、功效及使用方式，可參閱筆者著作的《化煞》與《化煞一本通》二書。）

身坐財庫財源滾滾

任何陽宅都有財位，佈置得當，可助旺家宅財源廣進。財雖為身外之物，卻是養命之源，不管你是否愛財，財卻是不可少且維持生命之根源，有錢方能提高生活品質，錢多也好辦事。所謂「有錢能使鬼推磨」。西諺說：「money talks（錢會說話）」，故無財則無以圖存。所以才有句名言，錢不是萬能的，但是沒有錢卻萬萬不能！

若財位佈置不得要領，不合於理氣，賺錢會很辛苦，勞而無功，進財少而損耗多，無法聚財，陽宅論財位各派論法有異，但不論如何，若能融合各派門之所長加以運用，自然有助於旺財，如八字流年又逢財運，必是財源滾滾。人都不會嫌錢多，但總覺得錢財累積得不順利或財來財去無法守住，如此就應藉由聚財法來增加財運磁場。

財庫位之風水宜忌

關於財位、財庫有人主張每一個房間都有，有的主張以客廳及辦公室為主。筆者認為財庫位當以本宅的財方為主，其影響感應最大，其次為客廳的財位，其他房間的財位又次之，很多書本上皆介紹財位是在大門入口的斜對角，如開中門時財位則在左右兩個角落等……。在此將其細分為以下幾點為讀者詳細論述：

1、一般大眾所說的大門入口對角線的位置是明財位，其實那不是真正的財位，是象徵性財位，只是副財位或輔助財位，而且那個地方還不可開窗或開門，請讀者明辨之。

2、真正的財位，應以羅盤來格劃出正確的方位，以宅卦的格局來論財位，而應以本宅之大門為主要鑑定依據。

3、財位要能藏風聚氣，否則散氣散財，氣散則無財，變成有財無庫，因此財位不能作通道用，財位須在不動方（很少走動的地方），以免氣流流動，散而不聚，則財雖有但財來財去，聚不住財。財位之納氣應納生旺之氣為佳，且納氣宜以三元六十甲子配六十四卦之三元先天卦運，及卦氣之生入剋入生出剋出之理，而以順當運之旺卦氣為上吉，並與宅主之命卦互相順生為佳。

4、財位宜靜不宜動，勿放置音響、電視、電話、冷氣、電腦。

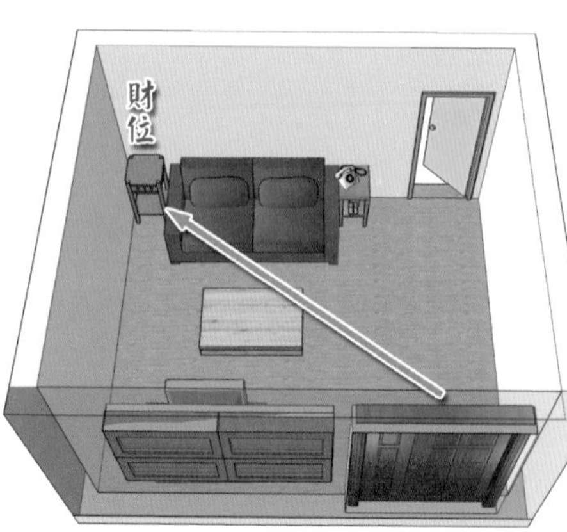

客廳門開在左側，以右斜對角為財位。

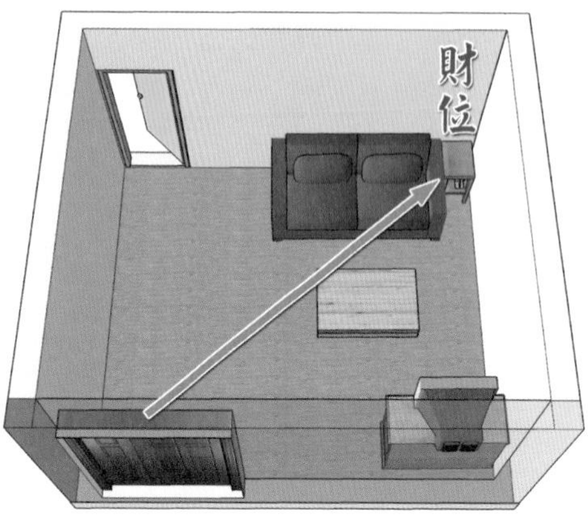

客廳門開在右側，以左斜對角為財位。

5、財位之處應禁忌陰暗潮濕、牆壁汙穢、漏水、破裂、斑剝，以免財利有暗損之悶。

6、財位忌煮食或燃燒物品，因熱能之關係，會使該處之氣流發生變化，導致財利慾望之轉變，而使財利發生轉變，好壞的差距大，故絕對不可放瓦斯爐、電鍋之類的產品。

7、財位上如放置大型金庫保管箱，則有財露白之虞，應以屏風、櫃子等遮蔽隱藏或以櫃子裝納之。

8、財位旁邊不宜有落地窗或過大的窗戶，開窗或開門為散氣，因此於財位上開窗、開門時恐有洩氣破財之虞，且財位上的光線不可太亮或太暗，光線應柔和為佳。

9、財位不宜掛海浪圖或流水瀑布圖案，財位上還忌設置噴泉或瀑布，主財氣流散不聚財，尤更忌噴泉瀑布流水量非常大，則不可不慎。

10、很多人喜於財位上置水族箱養魚，水族箱應以奇數為佳，且忌設置多個水族箱，如先置一水族箱，隔一段時日在增設一或二水族箱，則有破財，守不住財之虞。這是因為造成財位動

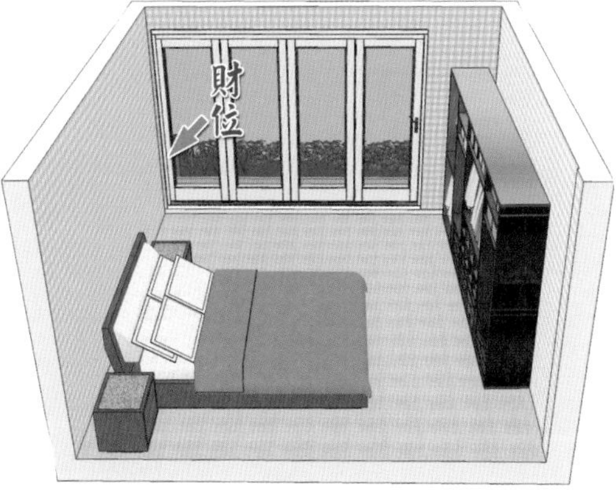

財位旁邊不宜有落地窗或過大的窗戶。

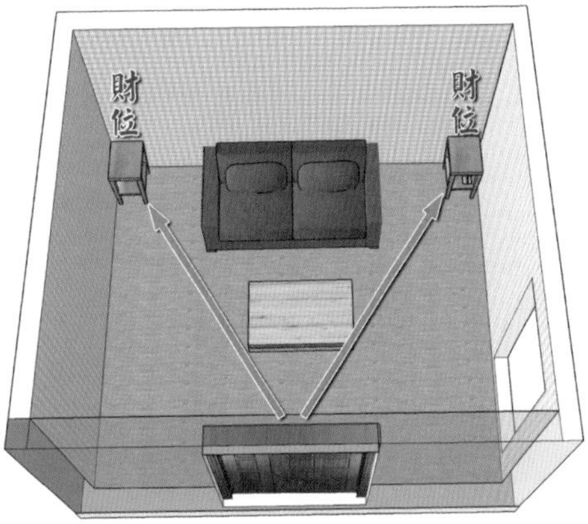

客廳門開在中央，左右兩個角落為財位。

蕩不穩，而且水族箱如果只有魚或些許小石頭，以及一點水生植物，如此五行不全不能相生，故財運會時好壞。

11、財位上置水族箱養魚，宜配合本宅卦氣來決定養魚的數目，以養五色魚，或有五種顏色之魚亦可，財位上之水族箱忌諱移來動去，主財氣浮移不定，實屬不佳。

12、家中如置山水景觀時，應以主事者之八字配合陽宅來設置，再以奇門之神遁、鬼遁、天遁等吉課，諏以三奇吉課入寶，水池忌太深，應以水清見底，池底微隆，景觀之東有樹木、南有燈光、西有金屬、北有清水，以象五行相生。

13、陽宅之財位可補救出生年月日時之先天命運的不足之處，如主事者真正有財運而無財庫者，經筆者長期從事相宅處理財位、財庫的實際經驗，確實證明可收到助財旺庫之效應。

14、金庫上可置圓葉且葉厚之綠色盆景，或是琉璃聚寶盆，以成財入庫之好現象。聚寶盆可選擇五路財神聚寶盆、福祿壽聚寶盆、生肖聚寶盆、火焰聚寶盆、金蟾百福聚寶盆、貔貅百福聚寶盆、穩賺有餘聚寶盆、九龍聚寶盆……等等。

15、財位不能有缺陷、削角、凸角、橫樑或者在樓梯下，會聚不住財，故財位必要純正、圓滿、端莊為佳。

16、財位上忌放醫療藥物、藥包、醫療器材、葫蘆，主疾病纏綿，賺來的錢買藥吃。

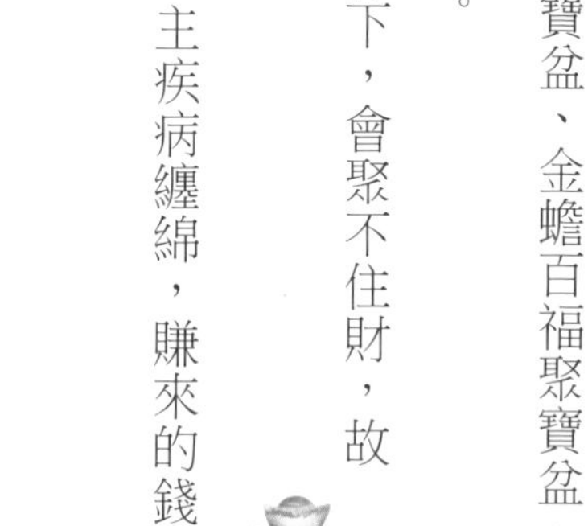

琉璃納財聚寶盆

17、財位上不可有尖角沖射，因尖角之沖射力大，故財位上避免放置有尖角之物件或傢俱。

18、財位宜整潔美觀，不宜堆放雜物、拖鞋，將會有蛛網，結果會使財運阻滯難進，或蹭蹬不進財。

19、財位不宜擺放鏡子、化妝臺、玻璃、反光。

20、財位忌選擇尖葉、針葉（如仙人掌）之盆栽，亦忌會開花的盆栽，應以葉大、葉厚、葉圓，且有泥土栽培之非水生植物為佳，因為水生植物象意財浮不聚，水亦易生蚊蟲較為不佳。

21、財位上最宜擺放辦公桌、收銀機、安床位或安神、祖先牌位，皆主吉利。因此許多人總希望風水先生來鑑定財位，藉以為修補改善，以期人口平安而達招財進寶之功效。

22、如在財位安置大船入港之吉祥物時，不管此船是金屬製品，或是木製品，應於底處加上水青色之布條，象徵船於水中行駛，旁應有水，如此才使財源綿綿不斷，否則常是好壞速見。

23、財位之納氣是屬旺氣之氣時，亦可置放大型之花瓶，以利囤積財寶之兆，但亦應以陽宅之宅氣，主事者之生辰八字，以奇門遁甲諏吉按放入寶，方是大功告成。

陽宅要看財位，理論上有近十種，而一般佈局只會採用二種左

財位之納氣是屬旺氣之氣，可置放大型之花瓶。

右，理論上的財位並不是每個現場都能用，有些要有特別條件下才可用，有些是場地的受限無法使用，所以也算是有點複雜，以下介紹兩種簡單實用的方法。

三元九運尋找陽宅財位

將住家劃分成九宮後，再來尋找文昌位、財位、生旺方、五黃方等，更須配合奇門天星和九天玄女二二〇甲子擇日秘法配上六十四卦及主事者的紫微八字命盤來為您佈局與諏選催財良辰吉日來安置，則天時、地利、人和三者俱全，在三才配合之下，使在宅內，收得招財進寶之效。

請參看二一九頁開運方位便覽圖之財位圖表，可按圖索驥，（僅適用於二〇〇四～二〇二三，八白運。）

八宅紫白飛星尋找財位

八宅紫白飛星其計算方法是依住宅坐向來取生旺方即是財位，但是陽宅除了尋找生旺卦之方位外，更應配合納氣法，招納生旺之卦，及配合主事者之八字喜用，再以奇門遁甲選時納吉呈祥，方能達其特定之功效。

八宅紫白飛星財位：

坎宅（坐北向南），財位在西南方、正北方。
離宅（坐南向北），財位在東北方、正南方。
震宅（坐東向西），財位在正東位、西北位。
兌宅（坐西向東），財位在正南位、東南位、西北位。
巽宅（坐東南向西北），財位在西南方、東南方。
乾宅（坐西北朝東南），財位在正西位、西北位。
坤宅（坐西南朝東北），財位在正東方、西南方。
艮宅（坐東北朝西南），財位在東北位、西北位。

財位方擺設聚寶盆

家中財位擺放聚寶盆用以象徵財富入多出少，取之不竭，並利用有形的寶器、寶物來凝聚氣場，例如：五路財神、十二生肖、彌勒佛、古錢幣、金元寶、祥雲、八卦、太極、招財瑞獸等。這些都是中國文化的傳承以及民間生活習俗中，具有聚寶求財象徵意義的吉祥圖騰，然後再加上神佛之靈動力無形的加持，經由大師開光、敕靈，有效的將其無形的靈動力釋放出來，令聚寶盆產生引寶招財的靈力，達成您的願望。但是筆者認為若要達到聚財納寶之功效，必當有盆有盒（蓋子），若是沒有何能稱為聚寶盆呢？

開運方式：

1、必須先請功力深厚且有經驗的法師為您的吉祥物做開光點眼及請神加持才會有靈動力的產生。

2、請專業命理風水師配合玄空大卦奇門納氣天星照臨秘法找出生旺財位，然後以九天玄女一二〇甲子擇日秘法配上六十四卦及主事者的紫微八字命盤來佈局與諏選良辰吉日，如此才能得到旺財、守財、生財、入財的無形靈動力。

（有關更詳盡的開運吉祥物的典故、功效及使用方式，可參閱筆者著作的《化煞》與《化煞一本通》二書。）

琉璃五路財神聚寶盆

琉璃福祿壽聚寶盆

琉璃火焰聚寶盆

琉璃天祿百福聚寶盆

開運方位便覽圖

筆者依卦運、三元地理及九運分時而論，將家宅適合的截路分房及文昌位、財位、神位、灶位、床位……等等重要方位規劃一一為您羅列標示，只要您將住家劃分成九宮後，用羅盤或指南針量出家宅的房屋坐向，然後對照開運方位便覽圖，即可迅速便捷的找出您家的吉祥方位。（備註：圖中黃色位置為財位，綠色位置為文昌位，適用於二〇〇四年～二〇二三年，八白運。）

坐北向南／壬山丙向

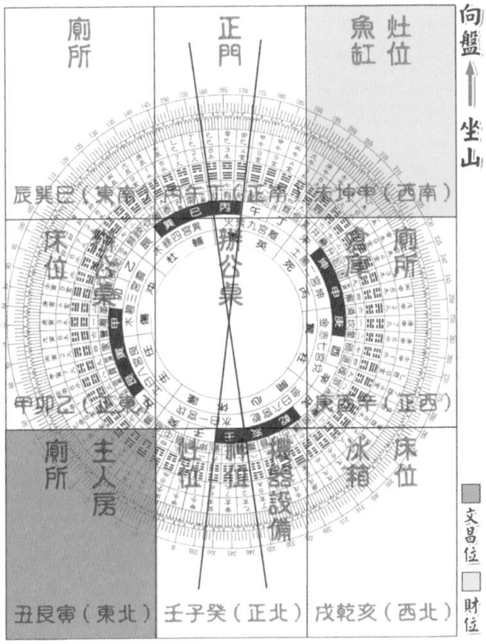

座標周天 337.6~352.5

坐北向南／子癸向午丁

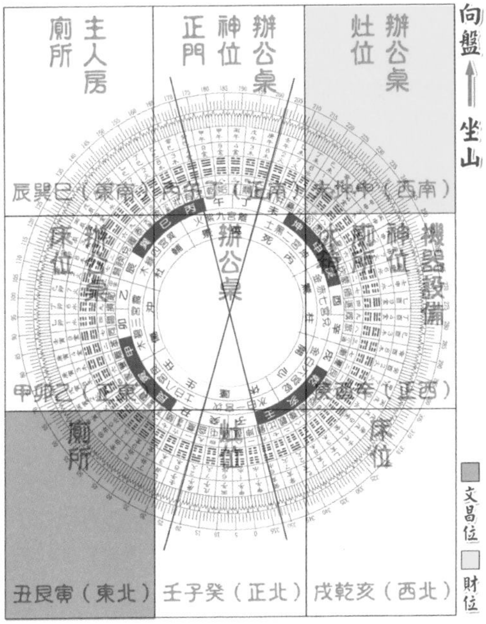

座標周天 352.6~22.5

坐東向西／甲山庚向

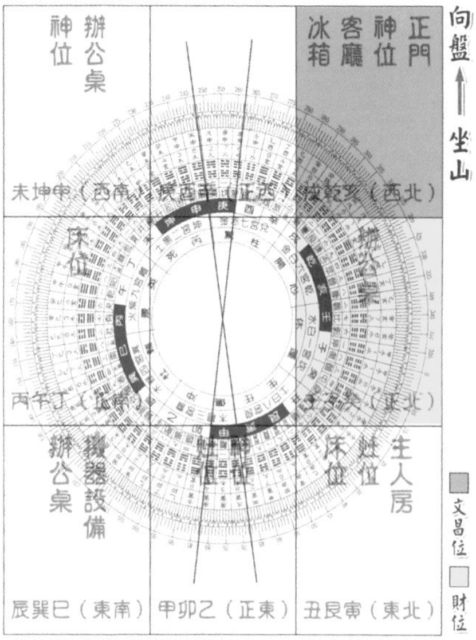

座標周天 67.6~82.5

坐東北向西南／丑山未向

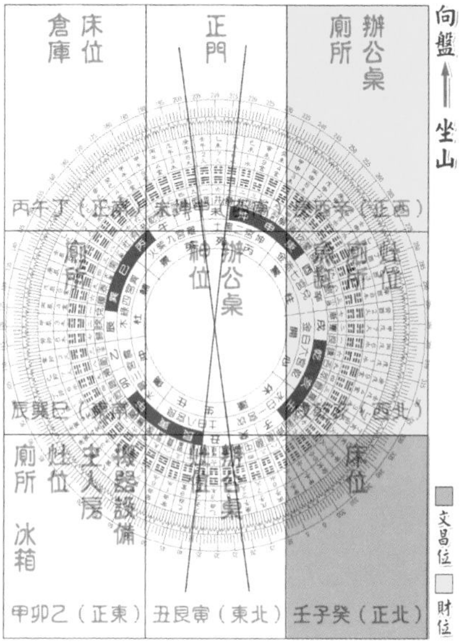

座標周天 22.6~37.5

坐東向西／卯乙向西辛

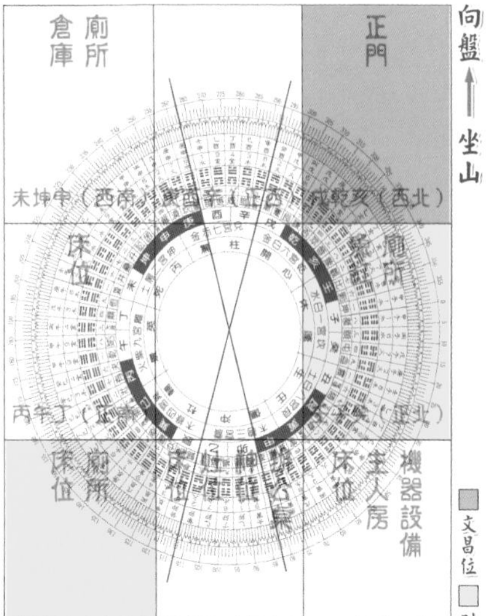

座標周天 82.6~112.5

坐東北向西南／艮寅向坤申

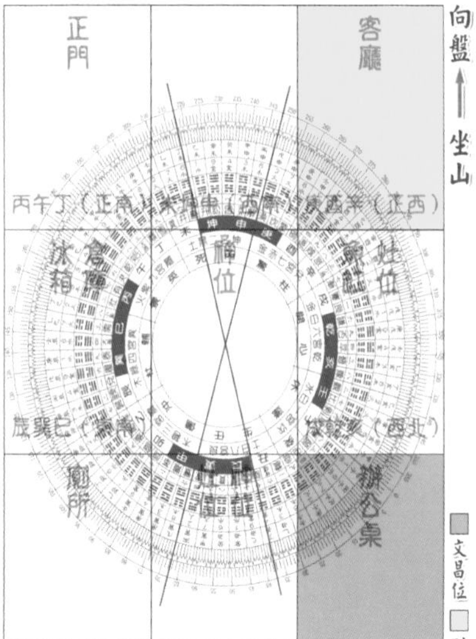

座標周天 37.6~67.5

坐南向北／丙山壬向

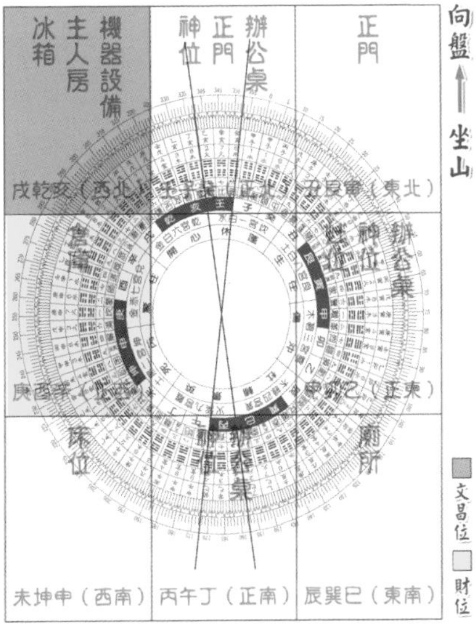

座標周天 157.6~172.5

坐東南向西北／辰山戌向

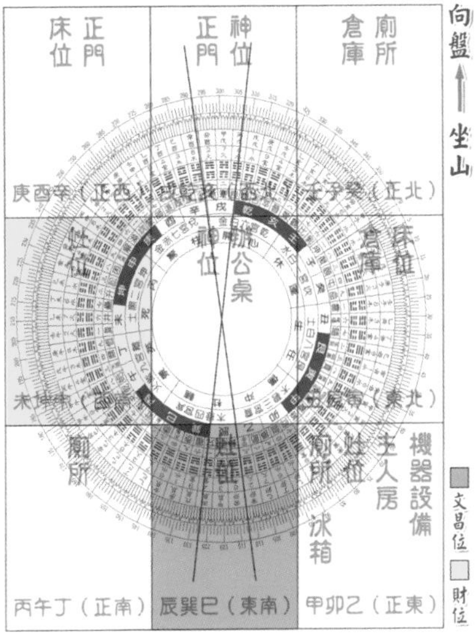

座標周天 112.6~127.5

坐南向北／午丁向子癸

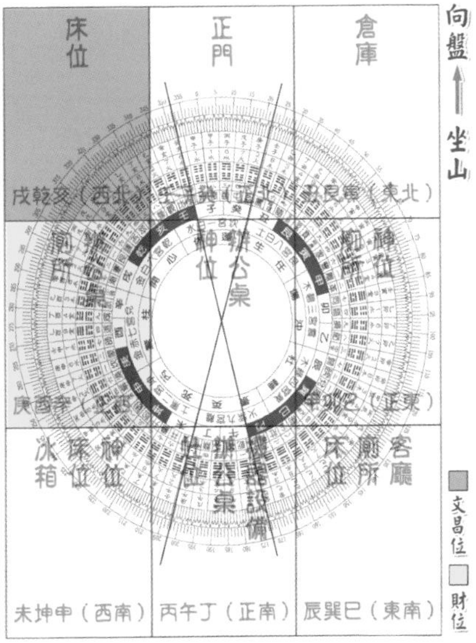

座標周天 172.6~202.5

坐東南向西北／巽巳向乾亥

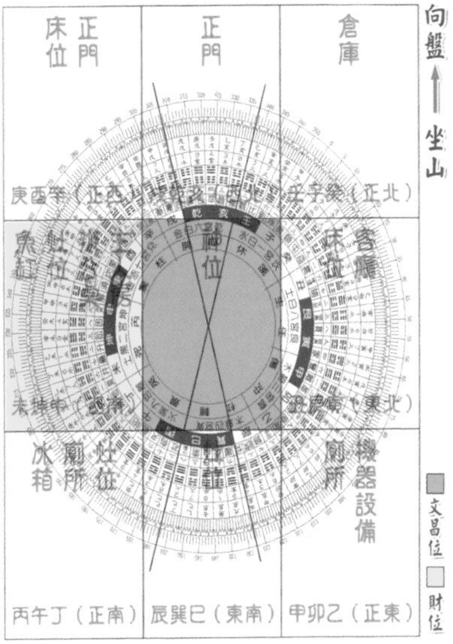

座標周天 127.6~157.5

坐西向東／庚山甲向

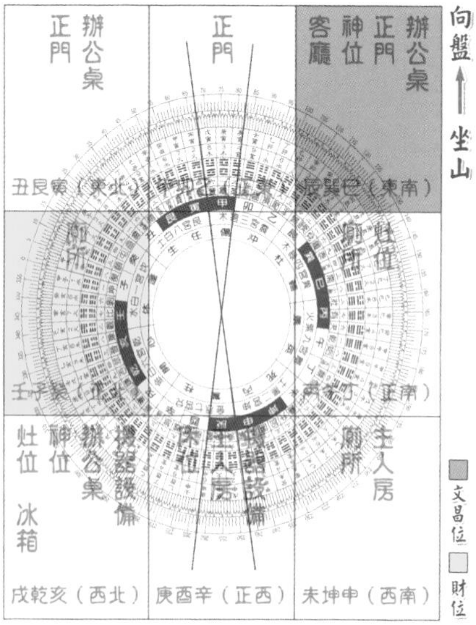

座標周天 247.6~262.5

坐西南向東北／未山丑向

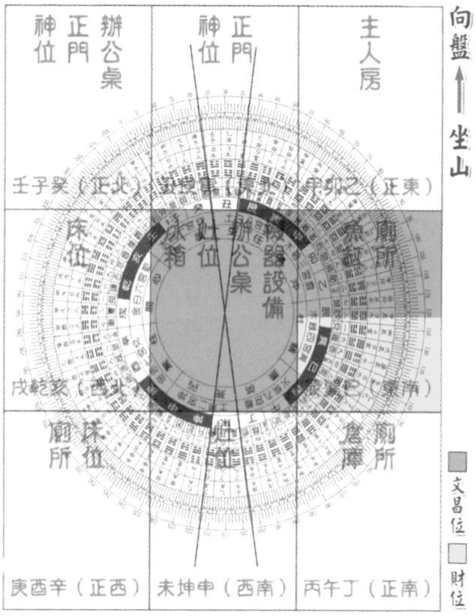

座標周天 202.6~217.5

坐西向東／酉辛向卯乙

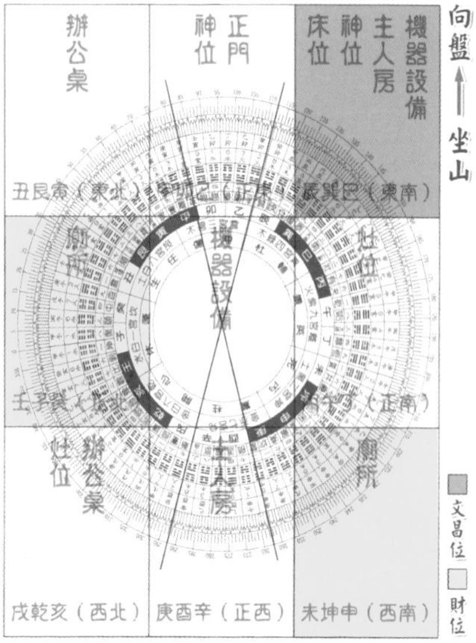

座標周天 262.6~292.5

坐西南向東北／坤申向艮寅

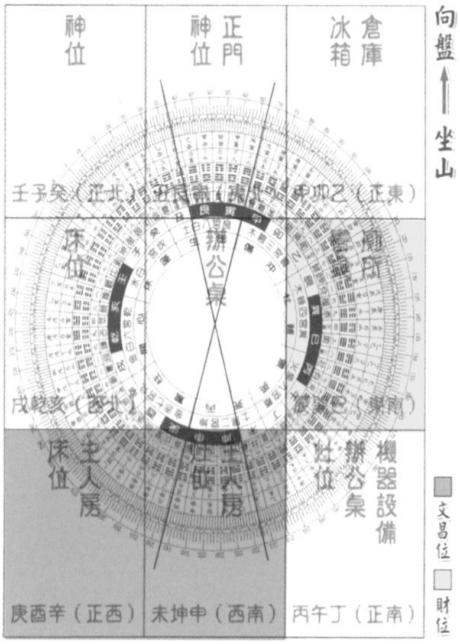

座標周天 217.6~247.5

坐西北向東南／戌山辰向

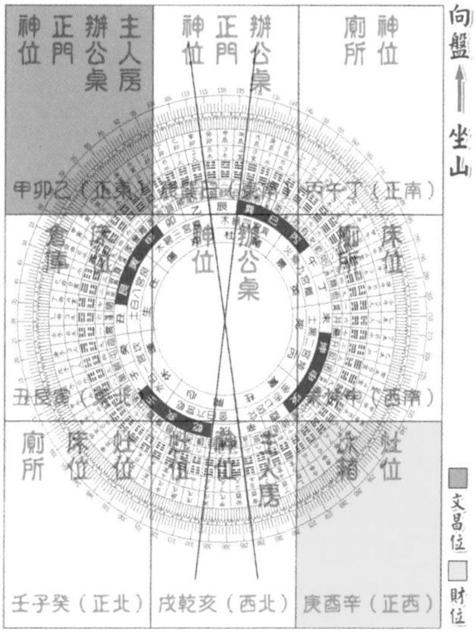

座標周天 292.6~307.5

坐西北向東南／乾亥向巽巳

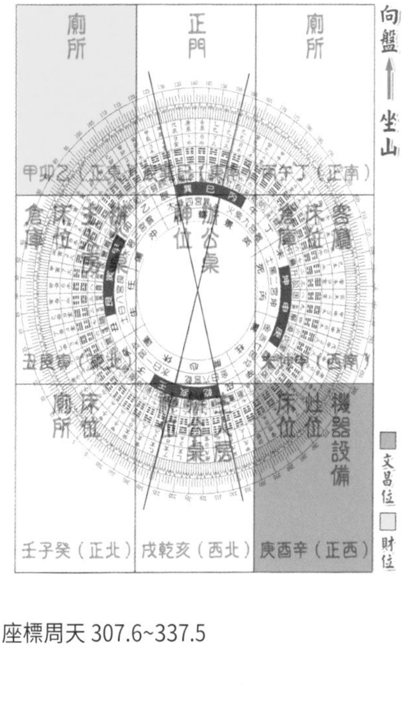

座標周天 307.6~337.5

八宅明鏡配合九宮飛星相宅法

飛星宅法的變化

一般採用飛星宅法就是在九宮格中變化，中宮之外尚有八個宮位，從周天三六〇度來劃分，以八卦論之，三六〇除以八，每一卦是四十五度。風水理論認為氣是萬物的本源。太極即氣，一氣化而生兩儀，一生三而五行具，土得之氣，水得之於氣，人得之於氣，氣感而應，萬物莫不得之於氣。《繫辭・下傳》第一章：「八卦成列，象在其中矣。因而重之，爻在其中矣。剛柔相推，變在其中矣。繫辭焉而命之，動在其中矣。吉凶悔吝者，生乎動者也。剛柔者，立本者也。變通者，趣時者也。」

後天八卦之氣的最大特性在於運動，即「帝出乎震，齊乎巽，相見乎離，致役乎坤，說言乎兌，戰乎乾，勞乎坎，成言乎艮。」這是一種方位的運動，從震開始，周流八方，最後到艮，完成一個圓周週期。

風水根據後天八卦，表明大地氣場分佈：正北為坎為水，其數為一；正南為離為火，其數為九；正東為震為木，其數為三；正西為兌為金，其數為七；東北為艮為土，其數為八；西南為坤為土，其數為二；西北為乾為金，其數為六；東南為巽為木，其數為四。

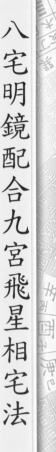

後天八卦圖由兩部分構成，一部分是卦象，正北方為坎卦，正南方為離卦，正東方為震卦，正西方為兌卦，東北方為艮卦，西南方為坤卦，西北方為乾卦，東南方為巽卦。另一部分是卦數，坎為一，坤為二，震為三，巽為四，中為五，乾為六，兌為七，艮為八，離為九，此九數因為代表不同卦象或卦氣，所以又稱為九星或紫白九星。

卦名	紫白九星	五行屬性	山巒九星
坎卦	一白	水	貪狼一
坤卦	二黑	土	巨門二
震卦	三碧	木	祿存三
巽卦	四綠	木	文曲四
無卦（中）	五黃	土	廉貞五
乾卦	六白	金	武曲六
兌卦	七赤	金	破軍七
艮卦	八白	土	左輔八
離卦	九紫	火	右弼九

紫白九星通常在圖中只標出九個數字，不畫卦象，也不寫九星名，數字就代表了卦象、星名、

方位三種意義。以坐山的卦象數字入中宮順飛，九星的飛行由中心開始。

中心的數是五，五飛入六位（乾宮），六飛入七位（兌宮），七飛入八位（艮宮），八飛入九位（離宮），九飛入一位（坎宮），一飛入二位（坤宮），二飛入三位（震宮），三飛入四位（巽宮），四飛入五位（中宮），如此完成九星飛佈過程。

其軌跡為五↓六↓七↓八↓九↓一↓二↓三↓四↓入中，這就是九星順飛的軌跡。請看下圖之中央，即是為元旦盤，也可以說是基本盤，八宅飛星就是從此元旦盤化出。

由紫白九星運行所形成的星盤，表示了天地運行在地面所造成的氣場。不同方位的氣場，就以不同的飛星來表示，九星的分佈，就是統一氣場在不同方位的表現。九星中以紫星與白星為吉星，用後天八卦方位飛佈九星，這種飛佈九宮陽宅法，稱為紫白飛星，紫白星雖為吉星，還是要與中宮論生剋，所產生的結果也未必全是吉。由於生剋的關係，就有大吉、小吉、吉中小凶等分別。

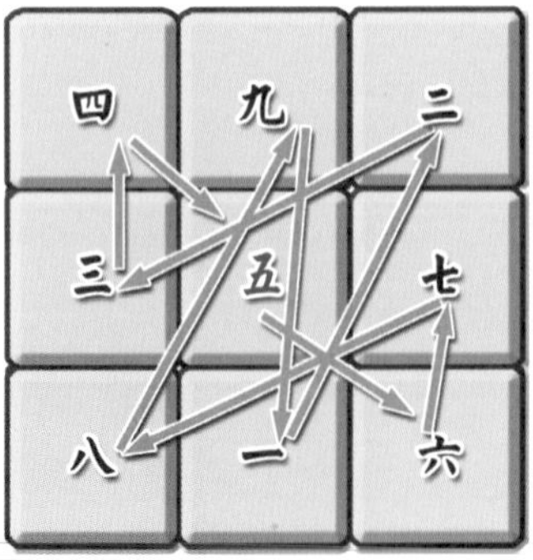

元旦盤及九星順飛的軌跡。

八宅的五種吉凶方位

八宅都以本宅之坐山數飛入中宮，順佈八方。中宮為「主」，八方為客，再用主與八方的後天八卦五行，相互比對產生生剋，計有生氣、旺氣、煞氣、退氣、死氣五種吉凶方位。

生氣：星來生宮，生我也。飛到各方之星來生中宮之星。父母印綬生我之星。

旺氣：星宮相同，比合。飛到各方之星同中宮之星的五行。旺氣即兄弟，與我比肩也，木見木，水見水，土見土，金見金，火遇火，是旺氣星方。

退氣：宮去生星，我生也。中宮之星去生各方之星。逢之自然不吉，洩氣之方若出現一白、六白、八白、九紫，可視為凶中帶吉。

殺氣：星來剋宮，剋我也。飛到各方之星來剋中宮之星。殺氣方宜靜不宜動，門開在此即是動，此方位如屋外天橋、高塔、電塔、煙囪皆不宜。逢一、六、八、九吉星，其勢也不能免。

死氣：我剋，宮去剋星，中宮之星去剋所屬方位之星。大門開在此方，或神位、臥室在此，皆非所宜。

坎宅坐北向南佈局擇要論釋

紫白飛星，亦即洛書九星，九星各有五行，一白水；二黑、五黃，八白土；三碧，四綠木；六白，七赤金；九紫火。以排山掌訣，飛佈入方。

如坐北朝南，為坎宅，一白入中順飛，二黑入乾，三碧入兌，四綠艮，五黃離，六白坎，七赤坤，八白震，九紫巽。八宅均以本宅所屬飛星入中宮，照此飛去。八方飛星來生中宮為生，乾宅遇二黑、五黃、八白土，是與中宮為生氣。乾宅遇七赤金，比和，為旺氣。乾宅一白水，是中宮去生八方，為退氣；乾宅遇九紫火，是八方來剋中宮，為殺氣。乾宅遇三碧四綠木，是中宮去剋八方，為死氣。基本上以生氣、旺氣為吉方位。

坐北朝南，為坎宅，一白入中順飛，一白屬水，入中宮，順佈八方。中宮為「主」，八方為客，再用「主」與八方的後天八卦五行，相互比對產生生剋。

坎宅（坐北向南）九宮飛星圖。

生氣：西南方，數為七，七赤屬金，飛星來生中宮。北方，數為六，屬金，飛星來生中宮。六、七星皆來生中宮一水。故為生氣。

退氣：西方，數為三，三碧屬木，中宮一水生飛星三木。東北方，數為四，四綠屬木，中宮一水生飛星四木。故為退氣之方。

殺氣：西北方，數為二，東方，數為八，兩者皆屬土，飛星二土資八土皆剋中宮一水。

死氣：中宮一水剋東南方九火。中宮之星去剋所屬方位之飛星。

住宅飛星之吉凶，即是以這種生剋關係論斷。

紫白飛星首先要測量出房屋的中心點，若坐山位於337.5°~22.5°，為坐北朝南，稱為坎宅。每一宅向在二十四山占三山。

坎宅在羅盤上又細分為壬、子、癸三山：

坐山位於337.5°~352.5°，為壬山丙向。

坐山位於352.5°~7.5°，為子山午向。

坐山位於7.5°~22.5°，為癸山丁向。

1、坐北向南－西北方佈局

（1）飛星二黑到西北方，乾卦位，二黑土剋中宮一白水，殺方。

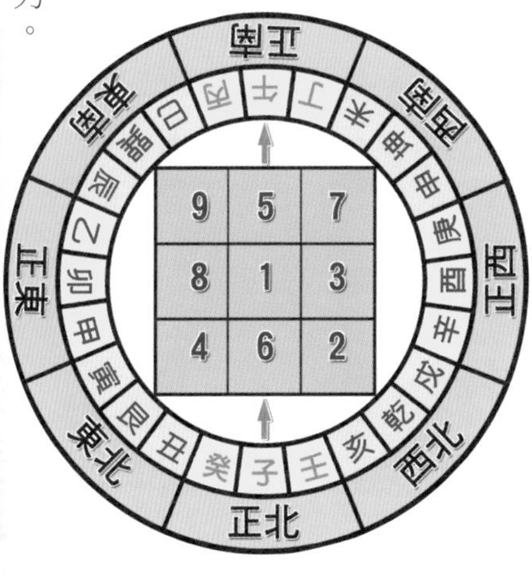

坎宅（坐北向南）九宮飛星圖。

（2）因為是殺方，不可在此方位開門。名為走破天門，西北方，乾卦位，乾為長者、主人、老父，為一家之主的卦位，故不宜在此方位作浴廁。有這種現象的住宅不可久居。

（3）如安床，吉，先天二黑屬陰，後天六白屬陽，陰陽配合，發丁旺財。

開運吉祥物：

在西北方為戌乾亥，乾卦的範圍，飛星二黑屬土，土剋中宮坎宅的一白水，而琉璃天祿百福聚寶盆圓形屬金，如此形成土生金，金生水，化解二黑，為貪生忘剋，還可發丁旺財。

2、坐北向南－西方佈局

（1）飛三碧到兌，三碧屬木，中宮水生木，退氣方。

（2）作灶雖云木生火，兌為女，主其家女多男少。

（3）安床，女多男少。

（4）內明堂中西方有大樹，名為退財木。

（5）井在西方，名退曜。

（6）有獸頭，名白虎入明堂，主口舌。

開運吉祥物：

此方位適合擺設魚缸，因為三碧木飛到兌宮為金剋三碧木，故應以兌宮之金生魚缸之水，水又

琉璃天祿百福聚寶盆

生三碧木，並和中宮一白水成比旺。

3、坐北向南－東北方佈局

（1）飛星四綠到艮，東北方，四綠木，中宮一白水生四綠木，故為洩氣方，但四綠木又剋艮宮之土。

（2）四綠是文昌星，佈置為書房，主科甲，利於考試，升遷。尤其是流年一白、四綠又臨宮。

（3）東北方不可作浴廁，名汙穢文昌，不利科甲。

（4）寅方作灶，平平。

（5）有池水魚缸，水來生木，主文秀。

（6）安香火，安床，平平。

（7）開門在東北方，八運吉。

開運吉祥物：

在此文昌位擺設琉璃魁星踢斗，不但可以增進學生學習及開智慧的靈動力，還具有旺官運助升遷的功效。

4、坐北向南－南方佈局

魚缸

琉璃魁星踢斗

(1)飛五黃到離，五黃關方。

(2)宜開門。

(3)不宜作灶、廁，南方為離卦，佈局不合理氣，容易有頭部、眼睛方面的疾病。

(4)如外門高，內門低，名朱雀開口，多口舌是非。

(5)此方見神廟，二黑、五黃到，尤為不利。

開運吉祥物：

宜在此方位放置琉璃九頭靈獅，或琉璃乾坤九龍寶璽，或琉璃九宮八卦龍印寶璽陣，來化解五黃煞、二黑病符星以及流年之煞氣。

5、坐北向南－北方佈局

(1)飛六白到坎，六白屬金，六白金生中宮水，故而以北方為生氣方。

(2)理論上在此方位開門，吉。但是坐北向南的住宅，北方開門，就是開住宅後門，走後門是不合巒頭法則，是故，以開小門納吉氣即可。都會區大樓開此門尚可考慮。

琉璃九宮八卦龍印寶璽陣

琉璃乾坤九龍寶璽

琉璃九頭靈獅

（3）北方有火星沖射，雖是火落水宮，易犯血症；此門犯之，不可開。

（4）作灶，水火既濟，旺丁財。

（5）井在壬癸方，與南離配，亦為水火既濟。

（6）北方地勢略高，或有高山土阜而不高壓，則大發財丁；如一層一層低下，出惛愚，久住退敗，人丁少。

開運吉祥物：

飛六白到坎，六白屬金，六白金生中宮水，此方位金水旺之區域，琉璃火焰聚寶盆為火金相成，火煉金，以及水火既濟之功，所以此方位宜選擇吉日，擺設琉璃火焰聚寶盆來旺財。如神位正好也在北方坎卦位，琉璃火焰聚寶盆可置於神桌上左右兩側。

6、坐北向南－西南方佈局

（1）飛七赤到西南方，坤卦位，七赤屬金，七赤金生中宮一白水，故西南方為生氣，吉方位。

（2）水土長生在申，開門作灶，大利。

（3）大樹，不宜，為木入金鄉，女權高張。

（4）尖峰屬火，火剋七赤金，西方之屋易火災。

琉璃火焰聚寶盆

(5)安床，西南為坤，陰卦位，故生女的機率比較大。

(6)碓磨、井、廁，不沖本屋，大利。

開運吉祥物：

安床於坤方，欲求男丁，宜擺設琉璃麒麟送子。麒麟送子必須開光加持，還需以房屋的坐向方位及夫妻的八字和房床的納氣配合中天人倫法安床判定吉祥的位置，請命理師以玄空大卦及奇門天星九天玄女一二〇甲子擇日法為您佈局與諏選良辰吉日，如此才能得到求子的功效。

7、坐北向南－東方佈局

(1)飛星八白到東方，震卦位，八白屬土，剋中宮一白水，殺方。

(2)開門，凶。井，在局上不吉。山峰、碓磨、神廟、樹、廁、水來沖，是殺方不利。

開運吉祥物：

震卦為長男之卦位，飛星屬土，剋中宮水，家中可在此方位置放琉璃精製藥師如來佛基，東方世界在宇宙的磁場是代表東方的能量，藥師如來為佛教東方淨土琉璃世界之教主。

琉璃麒麟送子

琉璃藥師如來佛基

8、坐北向南－東南方佈局

(1)飛九紫到東南方，巽卦位，九紫屬火，中宮一白水剋火，死氣方。
(2)巽方屬木，木生九紫火，其火太旺，不能剋火，反被火傷，財丁不旺。
(3)大樹、神廟，必招刑，名火燭。
(4)巽方高起，出寡、少丁、敗絕。
(5)為臥房，巽方四綠屬陰，九紫屬陰，二陰共處，多女少男。
(6)作為書房或客房，吉。

開運吉祥物：

巽方元旦盤為四綠星，四綠星原屬文昌星，如流年再逢一白星，即為一四同宮，準發科甲，逢此年於巽方設書桌，書桌上放置經過加持開光的琉璃魁星踢斗及琉璃玉書麒麟。（參看二〇八、二〇九頁之圖）有升遷機會的人還可在此放置琉璃馬上封猴。

琉璃馬上封猴

艮宅坐東北向西南佈局擇要論釋

坐山位於東北方，羅盤 22.5°~67.5°，就稱為艮宅。

艮宅在羅盤上又細分為丑、艮、寅三山。

坐山位於 22.5°~37.5°，稱為丑山未向。

坐山位於 37.5°~52.5°，稱為艮山坤向。

坐山位於 52.5°~67.5°，稱為寅山申向。

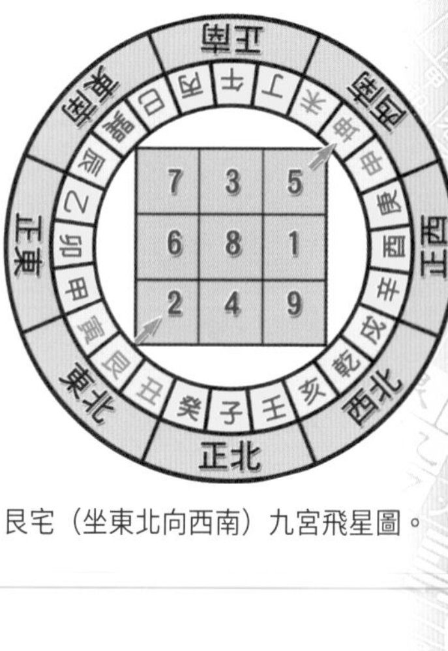

艮宅（坐東北向西南）九宮飛星圖。

1、坐東北向西南－西北方佈局

（1）飛星九紫到西北方，乾卦位，九紫屬火，火生中宮八白土，生氣方。

（2）此宅屬八白土，九紫喜慶星飛臨西北，主文明之象，大吉利。富貴多丁。

（3）九紫火星主炎症，容易帶來眼病、頭部及心臟血壓等疾病。

（4）若在此開門，有財，但是身弱。

開運吉祥物：

宜在客廳的九紫位擺放琉璃龍馬奔騰，可以帶來制小人增貴人的靈動力，有助增加人緣，事業財運順暢。此方亦可安床，生男機會多，可選擇催丁吉課擺設琉璃送子觀音以寄寓求子之意。

2、坐東北向西南－西方佈局

（1）飛一白到兌，一白屬水，中宮土剋水，是為死氣方。

琉璃送子觀音

琉璃龍馬奔騰

（2）開門，上元水見水，吉；下元土剋水，不吉。

（3）大門、窗戶設在西方，為當旺的方位，十分適合，這有助催旺財運、人緣。主文貴、人緣、財富。

（4）路沖，不利。

（5）作灶，受剋凶。碓磨、廁，不宜。

開運吉祥物：

此方宜擺設琉璃龍瓶催旺財運及人緣。因為龍瓶若與水配合便會顯得格外生猛，若想在家中招財，可將龍瓶安置在財位或近水之處（窗口），亦可安放在魚缸上或魚缸兩旁，所以如果魚缸擺放的位置能得到好風水的吉祥感應，可將水氣化為財氣，財氣化為人氣，如此您將生意興隆，財源如水滾滾而來。

3、坐東北向西南－東北方佈局

（1）飛二黑到艮，二黑屬土，山方比和，旺方也。

（2）作灶，火土相生，吉。

（3）開門，在寅上，可。

（4）庭院東北方有樹木，不宜。

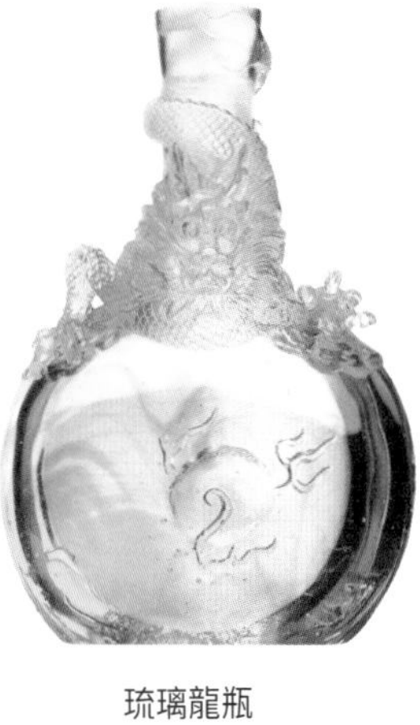

琉璃龍瓶

（5）二黑為病符星，飛臨東北方。如又逢流年五黃亦在東北方。要注意疾病傷痛、脾胃疾病，小心飲食，否則容易感染疾病或突發性健康變化。

（6）若開門，或房門，或睡床設在此方，流年五黃到此方則不可不防。

開運吉祥物：

吊掛經過開光的開運葫蘆、小羅盤或六帝古錢獅咬劍風鈴，增強陽氣排除陰氣，調和陰陽之氣，使家宅平安，同時化解病氣與穢氣。

4、坐東北向西南－南方佈局

（1）飛星三碧到南方，離卦位，三碧屬木，木剋艮宅之土，為殺方。三碧，是非之星。官非、鬥爭、是非、肝膽疾病。影響家人情緒容易激動、脾氣暴燥、容易為一點小事而吵鬧不休。

（2）住宅大門、窗臺方位向南，先富後貧。

（3）作灶，為木火相生，一發即敗。

（4）井，不妨。

（5）安床，不宜。

開運吉祥物：

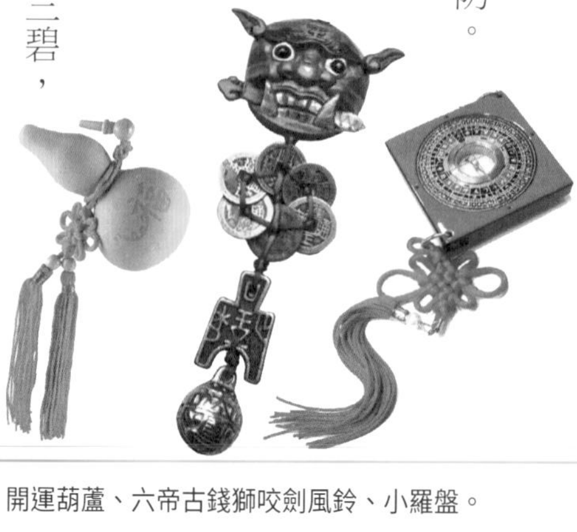

開運葫蘆、六帝古錢獅咬劍風鈴、小羅盤。

可在正南多用紅色物品，紅色水晶球，也可用琉璃精製之龍馬奔騰以壓制三碧盜賊小人星，用以化煞為權，藉權為用，以利開拓貴人及財氣，化解小人星。

5、坐東北向西南－北方佈局

（1）飛星四綠到方，坎卦位，四綠屬木，木剋中宮土，殺方。

（2）作灶，木生火，有丁無財。

（3）井，屬壬癸水，可。

（4）廁，為汙穢文昌，不利科考、升遷。

（5）北方做書房，水木相生，發貴。

（6）安床，旺丁，出文秀。此星主文昌、科名、晉升，並招來人緣及桃花。

開運吉祥物：

在此方位處理文件、寫作等，亦能頭腦靈活，可安置琉璃魁星踢斗，書房及辦公桌在此處，有利上班一族，會有更好的機遇。

6、坐東北向西南－西南方佈局

（1）飛星五黃到西南方，坤卦位，五黃屬土，是為關方。

（2）井、池在關方，不利。

琉璃龍馬奔騰

琉璃魁星踢斗

(3)廁，主目疾。

(4)有青煙對門，財好，患目疾。二五交加必損主、孤寡、母多病、傷病。不利女主人。

(5)住宅這個方位多半是客廳，以客廳立極再作八方佈局。

(6)開門，宜注意外局的來水方、出水方，原則上天門宜開，地戶宜閉。

開運吉祥物：

可在此方位放置十二個龍銀元和龍神符咒以及六帝錢，可以化解陰邪、二黑病符、五黃煞以及不正混雜之氣場。

7、坐東北向西南－東方佈局

(1)飛星六白到東方，震卦位，六白屬金，本山屬土，土生金，退氣方。

(2)六白金星為三吉星之一，只要適當運用，皆可促成心願，求謀求財，稱心如意。

(3)作灶，火剋金，女人易犯血症。

(4)開門，不當運，則是有丁無財。

(5)安床、井，平平。

開運吉祥物：

可在此方位放置琉璃精製之五路財神聚寶盆加上吸金石，可使正業成功發富，招來財運。聚寶

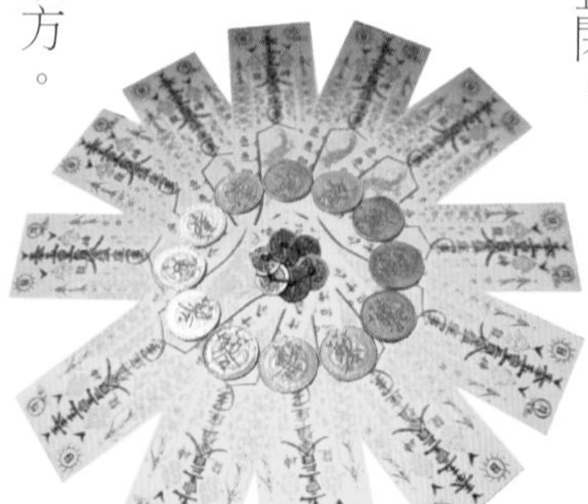

十二個龍銀元和龍神符咒以及六帝錢。

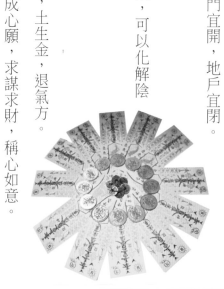

盆為金黃色，黃屬土，土生金之意。

8、坐東北向西南－東南方佈局

（1）飛星七赤到東南，巽卦位，七赤屬金，此破軍星吉凶無常，宜生不宜剋，土生金，為退氣方。飛星但看生剋之象如何以定吉凶。此方佈局不合理氣，則不利長女。

（2）七赤臨於巽卦四綠方，陰神滿地，婦人當家，男女多桃花，歲星加臨當有桃花劫。

（3）作灶，火剋金，女人易犯血症。

（4）開門，不當運，則有丁無財。

（5）安床，女多男少。

（6）井，平平。

開運吉祥物：

在此方位放置葫蘆、小桃木六帝古錢獅咬劍風鈴（參看二三八頁之圖），以化解小人、糾紛、官非、破耗之象。擺放琉璃龍鳳呈祥來化解桃花之劫，讓事業感情穩固而立足發展，可得吉祥喜慶而納財福，並可心交心，龍能變化，鳳能治亂，故龍鳳在一起便可撥亂為正，反敗為勝，轉危為安，

琉璃五路財神聚寶盆加上吸金石。

使男女感情更加穩固，家和萬事興，和諧圓滿的傾向。

巽宅坐東南向西北擇要論釋

坐山位於東南方，羅盤 112.5°~157.5°，就稱為巽宅。

巽宅在羅盤上又細分為辰、巽、巳三山。

坐山位於 112.5°~127.5°，稱為辰山戌向。

坐山位於 127.5°~142.5°，稱為巽山乾向。

坐山位於 142.5°~157.5°，稱為巳山亥向。

《三白鉤元》：「巽宅是四綠、四宮，文曲星入中宮，管長女…喜巽、坤二方為吉，忌艮、乾與兌三方為凶。」巽山四綠入中宮，屬木，乃木宅也。中宮如安香火，主出科第。前有水，要南方有橫界之水，此為坎向之水，遇戊子運屬木，與坎水相生，發科甲。」中宮可佈置為書房，書香綿遠，科考得利。

1、坐東南向西北－西北方佈局

（1）飛星五黃到乾，五黃屬土，關方。

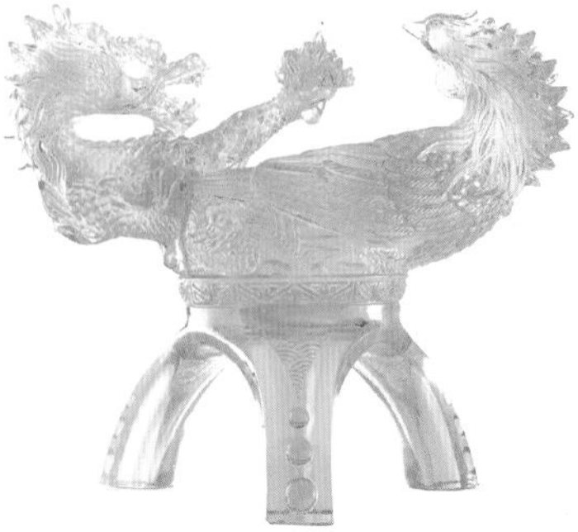

琉璃龍鳳呈祥

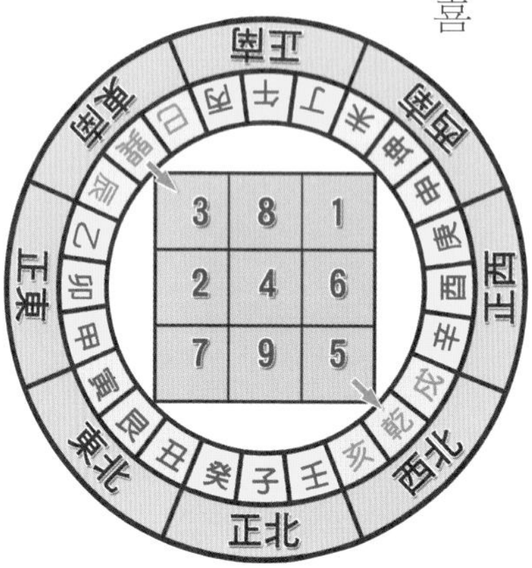

巽宅（坐東南向西北）九宮飛星圖。

(2)開門，進財多，男人掌家。我剋者為財。其中宮四綠木，文曲映照坐山三碧木，森森之木亦盛。可奪巍科而登天府。

(3)碓磨，不宜。

(4)作廁，為「汙穢文昌」，出人愚鈍。不利男主人。

(5)安床，多男少女。

開運吉祥物：

可在西北方略為靠近中宮的地方放置琉璃精製之飛天躍馬，因為馬在風水學上有生旺、馬到功成、捷足先登、升遷進爵之功效，需經由法師開光請神加持過。此為中宮之文昌位，配合西北乾卦，乾為天，陽剛之氣勢，有志者事竟成。

2、坐東南向西北－西方佈局

(1)飛星六白到兌，六白屬金，金剋中宮木，殺方。

(2)安床，有丁無財。

(3)開門，不吉。六七相會，名交劍殺，官非、不和、口舌分爭、部屬造反、皮膚病、手腳受傷。

(4)廟、井，平平。

琉璃飛天躍馬

（5）廁，不宜。

開運吉祥物：

此方位金氣過旺，宜置用開光加持請神過之琉璃水月觀音及八卦獅咬劍以鎮之，可以避邪魔、化煞轉禍為福、消除年災魔難，還可以化解陰煞、官非、口舌之災。

3、坐東南向西北－東北方佈局

（1）飛七赤到艮，七赤屬金，金剋中宮木，殺方。

（2）安床，有丁無財。

（3）開門，不吉。官非、不和、血光。

（4）廟、井，平平。

（5）廁，可。

開運吉祥物：

可放置琉璃精製之雙龍戲珠，以龍生旺氣可收制煞、納財、招貴之用，或是擺放琉璃福祿壽三仙，可使來財順利而旺，對身體健康福壽綿延有著非常顯著的功效。

琉璃福祿壽三仙

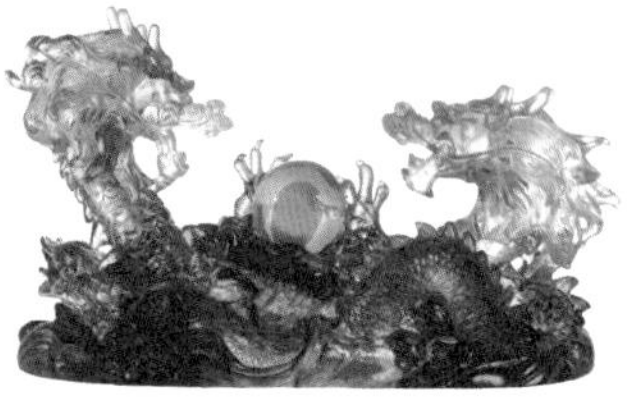

琉璃雙龍戲珠

琉璃八卦獅咬劍

琉璃水月觀音

4、坐東南向西北－南方佈局

（1）飛星八白到離卦位，南方，八白屬土，中宮木剋土，死氣方。飛星八九，當其旺，喜事重來，富堪敵國，位列朝班；當其衰，火炎土燥，鼻眼多疾，腹熱便血，筋骨臂折。

（2）安床，財丁兩盛。

（3）神位，不利。

（4）作灶、廁、平平。

（5）開門，平平。

開運吉祥物：

可用琉璃精製之九頭靈獅或三D立體山海鎮，以吸收八白吉星之財福，是為古法今用之妙應法則。

5、坐東南向西北－北方佈局

（1）飛星九紫到坎，九紫屬火，中宮木生火，洩氣方。

（2）開門，洩氣方不宜開門。

（3）作灶，可。

（4）安神位，不宜。婦人不和。

琉璃九頭靈獅及三D立體山海鎮

（5）安床、池、井、水，俱不利。四九相會，木火通明，主出聰明人士、惜乎名實不符。
（6）廁、碓磨，不宜。

開運吉祥物：

可於北方置放琉璃精製之玉書麒麟（參看二〇九頁之圖），可以開啟先天潛藏的智慧，提升良好的考運和思考能力，如此當可得到木火通明，思慮細密判斷正確的決策，也能使財源廣進。

6、坐東南向西北－西南方佈局

（1）飛一白到坤，一白屬水，水生中宮木，生氣方。
（2）開門，吉。
（3）作灶，水剋火，平平。
（4）安床，一白為吉星，發丁旺財。
（5）廁，不宜。
（6）安神位，得生氣，吉。

開運吉祥物：

在此方位放置琉璃福祿壽聚寶盆或琉璃彌勒佛聚寶盆，可歡喜笑納五方財，而達到旺財聚寶的效果。

琉璃福祿壽聚寶盆

琉璃彌勒佛聚寶盆

7、坐東南向西北－東方佈局

（1）飛二黑到震位，正東方，二黑屬土，中宮四綠木剋二黑土，死氣方。

（2）安床，東方震卦，為長男之位，有添丁之喜。

（3）開門、碓磨、池、井，不宜。

（4）安神位，不宜。

開運吉祥物：

在此方位安床，欲求生子，宜擺設琉璃麒麟送子。麒麟送子必須開光加持，還需以房屋的坐向方位及夫妻的八字和房床的納氣配合中天人倫法安床判定吉祥的位置，請命理師以玄空大卦及奇門天星九天玄女一二〇甲子擇日法為您佈局與諏選良辰吉日，如此才能得到求子的功效。

8、坐東南向西北－東南方佈局

（1）飛星三碧到巽，三碧屬木，與中宮四綠成比和，為旺氣方。

（2）作灶，大利，因木生火。

（3）四綠同宮，發秀。三四正配，多生貴子，「貴比王謝」，事業財運正常發展。

（4）池、井，不宜。

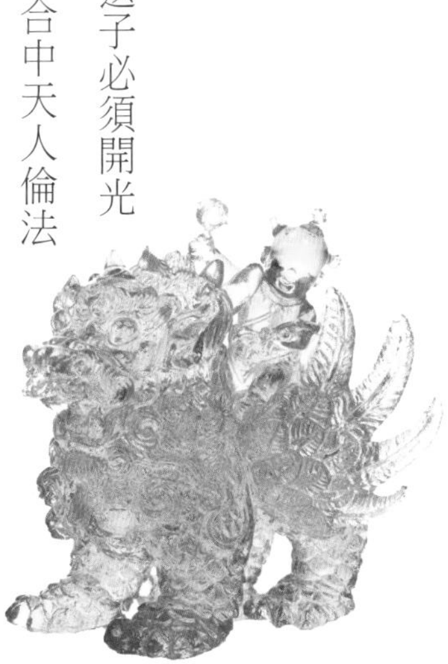

琉璃麒麟送子

（5）開門，利。當令，主文上有喜，貴人助，有名聲。

開運吉祥物：

可以在客廳的東南方掛置琉璃五福臨門。五福臨門中間五隻蝙蝠，象徵富有幸福，它寓意幸福會像蝙蝠那樣從天而降。五個蝙蝠分別代表了：「福、祿、壽、喜、財。」以及「長壽、富貴、康寧、好德、善終」所以三碧到巽，三碧屬木，與中宮四綠成比和，為旺氣方。在此方位懸掛五福臨門可以帶來財源廣進，福壽雙全，好運連連。

琉璃五福臨門

離宅坐南向北佈局擇要論釋

若坐山位於南方，羅盤 157.5°~202.5°，就稱為離宅。離宅在羅盤上又細分為丙、午、丁三山。

坐山位於 157.5°~172.5°，稱為丙山壬向。

坐山位於 172.5°~187.5°，稱為午山子向。

坐山位於 187.5°~202.5°，稱為丁山癸向。

離宅是九紫、九宮，離山九紫入中宮，丙午丁山，乃火宅，管中女。火宜實而忌虛，實則人財兩旺，虛則犯火官非。如火太旺，

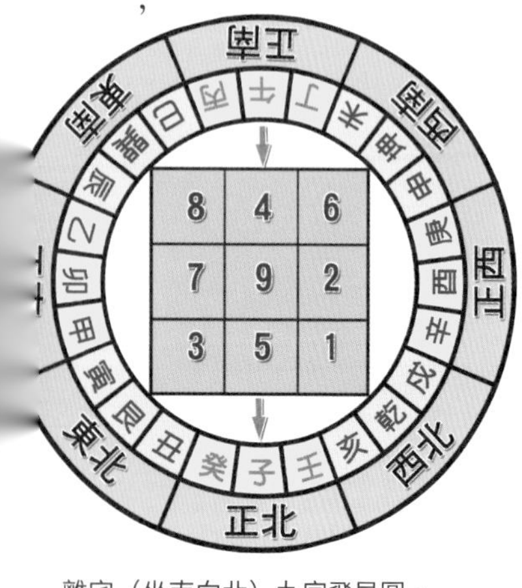

離宅（坐南向北）九宮飛星圖。

則又宜泄不宜生旺，生旺則犯火，主傷人官非，離宅屬火，喜河洛之木運為生，火運為旺，金運為退氣，土運為洩氣，木運為殺氣，寅午戌年應禍。

1、坐南向北－西北方佈局

（1）飛星一白到乾，西北方，一白屬水，水剋中宮火，殺方。

（2）開門，財丁兩敗，蓋外氣剋內宮，主外來剋剝，又為「走破天門」，故凶。如合於元運，則西北方開門反而為吉。如逢八運，開門尤吉。

（3）作灶，為火燒天門，財丁皆弱。

（4）安床，以一白之星臨於六白之方，此為一六共宗，主發丁。

（5）安神位，可。當其旺，得先天生成之數，啟八代文章，書香之家。作為主人的書房，吉。鳳池身貴，大利文才學業，發官貴。

開運吉祥物：

可在此方位設置琉璃精製之飛天躍馬，主晉見貴人、升官發財、馬到成功，西北屬乾卦位，乾為父、為馬、為長者。馬在風水學上有生旺、馬到成功、一馬當先、捷足先登之義。能讓有志難伸，有才華無用武之地之人，得逢機運迎向成功的未來，雄風大展可使。

琉璃飛天躍馬

2、坐南向北－西方佈局

（1）飛星二黑到兌，二黑屬土，本山火生土，洩氣方。

（2）二黑星飛臨。二黑為病星，亦主是非，二黑屬土，容易有傳染病流行，飲食、腸胃、皮膚等疾病。

（3）作灶，平平。西方為七赤星所管，七赤破軍星主盜賊，遇二黑病星，則主腹瀉，故《飛星賦》云：「臨，云泄痢。」

（4）安床，有丁。

（5）開門，洩氣，並非所宜。

（6）神位，不利。二黑主官非、是非，七赤主鬥爭及盜賊，使人易因一時衝動而犯官非，或逢盜竊。

開運吉祥物：

宜於此方放置安放琉璃福祿壽三星得以化解二黑病符星的煞氣，在大門懸掛八仙彩，使屋宅帶來熱鬧非凡的祥和之氣，並且能化解孤寒陰寒之煞氣，還能達到收妖除魔之功效。

琉璃福祿壽三星

八仙彩

3、坐南向北－東北方佈局

（1）飛星三碧到艮，東北方，三碧屬木，木生中宮火，生氣方。三碧又名蚩尤，主是非、鬥爭、官非，三碧星飛臨東北，三八為朋合木，故不礙而反為吉。

（2）開門，利財。

（3）池、井如在屋旁，主發秀。

（4）作灶，木火相生，財丁並茂。

（5）安床，宜。

（6）安神位，吉。

（7）作廁、碓磨，無妨。

開運吉祥物：

宜於東北方放置綠色、藍色等物件，或是放上富貴竹及琉璃精製之神龍大龜，以柔剋剛，以減少三碧星之霸氣，正財偏財皆能通通歸宅而安居財庫，三碧也有偏財之訊息。

4、坐南向北－南方佈局

（1）飛星四綠到離，四綠屬木，木生中宮火，生氣方。

（2）開門，利。四綠木星飛臨。南方為九紫星所管，四九相加，主吉慶。

（3）作灶，出文秀之人。

（4）安神位，吉。

富貴竹及琉璃神龍大龜

（5）安床，利。四綠木星飛臨。南為九紫星所管，主吉慶。若睡房、書房位於此方，可主吉運。

（6）書房，對學業及事業有所幫助。四綠稱為文曲星，然此星須當運時才能發揮其特殊功效。

（7）廁，主目疾。

開運吉祥物：

可放置富貴竹一盆，可增進讀書、考試、工作效率。（參看二五一頁之圖）

5、坐南向北－北方佈局

（1）飛星五黃到坎卦，北方，五黃屬土，中宮火生土，為關方，又洩氣方。

（2）北方為一白坎水所管，受五黃土星的剋制。

（3）開門，丁有財少。

（4）床，不宜。輕則陰處生瘍，重則腎腰衰竭。

（5）廁、碓磨，俱不宜。

（6）神位，平平。

開運吉祥物：

可將開運葫蘆掛於大門。（參看二三八頁之圖）

6、坐南向北－西南方佈局

(1)飛星六白到坤，西南方，六白屬金，中宮火剋金，死氣方。

(2)開門，火剋金為剋。不利。老父多病，貪財忘義，迷於佛道，父子不和，賓主爭執。

(3)作灶，頭部、腸胃、婦科病。

(4)安床，飛星二六，官非糾纏，家人常有頭痛、情緒之病。

(5)井、廁，不利女主人。

開運吉祥物：

以其火旺，加強金氣，為火煉金。可在此方放置琉璃五福聚寶盆，可以招財進寶，廣納四方之財，不論是正財偏財皆可財源滾滾。

7、坐南向北－東方佈局

(1)飛星七赤到震，東方，七赤屬金，中宮火剋金，死氣方。門、灶、床、井、池等項，與坤方同斷。

(2)開門，火剋金為剋。不利。長男多病。

(3)作灶，頭部、腸胃、婦科病。

(4)安床，飛星三七，官非糾纏。易破財、官非、劫盜。當令有進財之喜，但易生疾病，不

琉璃五福聚寶盆

利成年之子，閨幃不睦。

（5）井、廁，不利長男。

開運吉祥物：

宜在此方位置放琉璃龍印寶璽或琉璃九宮八卦龍印寶璽陣（參看二三二頁之圖），具有掌握權柄，押煞制小人的無形能量，有如君臨天下、臨制八方、威風凜凜，可讓您仕途順遂，升官如願及增強號召力和向心力，還可以化解官非之煞氣。

8、坐南向北－東南方佈局

（1）飛星八白到巽，八白屬土，火山生土，洩氣方。

（2）飛星八四相會，有進田莊之喜、利田產、利橫財。

（3）惟失令損財、傷少男、多生風疾、風濕病、小產、招來不正常桃花。

（4）灶、碓磨、廁，利。

（5）床，家人有山石之癮，或喜好往之山林，為隱士。

（6）開門，不宜。當運，賢婦教子，頗積山林之財。

開運吉祥物：

宜設置琉璃龍山於此方位。龍由於具有尊貴的性質，所以可利用龍山來求取改運、納財、招貴

琉璃龍印寶璽

之效，使您的事業飛黃騰達。

坤宅坐西南向東北佈局擇要論釋

坐山位於西南方，羅盤202.5°~247.5°，坐西南向東北的住宅，就稱為坤宅。坤宅在羅盤上又細分為未、坤、申三山。

坐山位於202.5°~217.5°，稱為未山丑向。

坐山位於217.5°~232.5°，稱為坤山艮向。

坐山位於232.5°~247.5°，稱為申山寅向。

《陽宅秘旨》：「未坤申山，乃土宅也。土宜厚而忌窄，厚則人財兩旺；窄則人財雖有，不甚興旺。」土宜旺不宜剋，剋則土崩，主退財，男婦浮黃。

坤宅是二黑、二宮，巨門星入中宮，管宅母，純陰山。震、坤二方為吉，忌艮、兌、乾三方為凶。」

1、坐西南向東北－西北方佈局

（1）飛星三碧到乾，西北方，三碧屬木，剋坐山之土，為殺方。

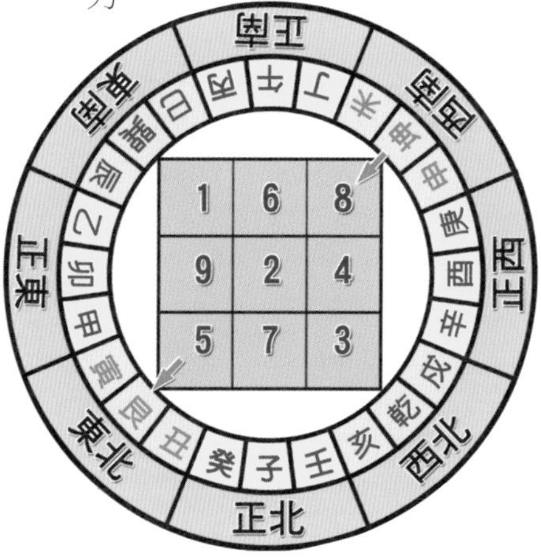

坤宅（坐西南向東北）九宮飛星圖。

琉璃龍山

（2）開門，不宜。或因跌撲、刀、金器傷手足，或時有耳鳴、肝病。

（3）作灶，木火通明，發福不久。

（4）安床，有丁。

（5）廁，不利。

（6）神位，家人多有爭執，災禍連連。

開運吉祥物：

以天星配合奇門遁甲九天玄女一二〇甲子擇日法，西北方可置放琉璃精製藥師如來佛基，佛基以生辰八字、大運、喜忌、流年、吉凶等，補其五行之不足，再配合藥師如來之光明透徹及清靜無染，可助旺造福基者元辰旺盛，生機盎然。

2、坐西南向東北－西方佈局

（1）飛星四綠到兌，西方，四綠屬木，木剋坐山中宮土，殺方。

（2）安床，生聰明文秀之女。

（3）神位，不宜。婦人當家，諸多口舌。

（4）浴廁，可。

（5）開門，為殺方，故不宜。姑媳不和、易受刀傷。

琉璃藥師如來佛基

開運吉祥物：

宜置琉璃龍瓶於此方位，以解飛星七四之剋。

琉璃龍瓶

3、坐西南向東北－東北方佈局

(1)飛五黃到艮，東北方，五黃屬土，關方也。

(2)當運時，關方有水來，當其旺，有田莊地產之富，主家發財。

(3)安神，不宜。

(4)床位，住者多病，筋骨酸痛，運氣衰滯。

(5)浴廁，可。

開運吉祥物：

此方位放置琉璃乾坤九龍寶璽或琉璃九宮八卦龍印寶璽陣，具有掌握權柄，押煞制小人的無形能量，有如君臨天下臨制八方威風凜凜，可讓您仕途順遂，升官如願及增強號召力和向心力，還可以化解五黃煞、二黑病符星以及流年三煞之煞氣。（參看二三三頁之圖）

4、坐西南向東北－南方佈局

(1)飛星六白到離，六白屬金，中宮土生六白金，為洩氣方。犯牙病、腦病、勞苦、肺病、血病、火災。

（2）開門，為火照天門，「丁丙朝乾，耄耋之壽」，丁有，財平平。

（3）安床，略可。

（4）灶，不利。火燒天門，家生不聽教之兒。

（5）碓磨、廁，可。

開運吉祥物：

可選擇吉日，在此方擺放琉璃精製之金蟾百福聚寶盆，主旺財、守財、生財、入財。

琉璃金蟾百福聚寶盆

5、坐西南向東北－北方佈局

（1）飛七赤到坎，正北方，七赤屬金，坐山西南為二黑屬土，土山生七赤金，洩氣方。六事與離方六白同斷。

（2）開門，丁有，財退。

（3）安床，女多男少。飛星一七，出儒雅、秀麗之人，為「金水相涵」，有桃花之運。

（4）灶，不利。女人易患婦科疾病。

（5）碓磨、廁，可。

（6）安神位，不宜。玄空秘旨云：「金水多情，貪花戀酒。」

開運吉祥物：

此方位放置琉璃火焰聚寶盆，一七為金水相生，得火焰，形成水火既濟之功。（參看二三三頁之圖）

6、坐西南向東北－西南方佈局

（1）飛星八白到坤，西南方，八白屬土，與中宮土比和，旺方也。

（2）開門，八白左輔星為一吉星，有利。

（3）作灶，火生土旺，宜。

（4）安香火，吉。

（5）池、井，不利，主老母多疾。

（6）安床，飛星二八合十，吉。

開運吉祥物：

龍是中國古代的四靈之首，龍有著它獨特的神性變化，代表權威，也是富貴吉祥的象徵，可於此方位房間的龍邊安置琉璃龍印寶璽來增加祥瑞之氣。

琉璃龍印寶璽

7、坐西南向東北－東方佈局

（1）飛星九紫到震，東方，九紫屬火，火生中宮土，生方也。九紫右弼星為吉星，代表喜慶、有利桃花、姻緣、職場升遷。

（2）開門，平平。

（3）池、井，不宜。

（4）作灶、安香火，大利。

（5）安床，主旺丁。

開運吉祥物：

可擺放琉璃精製之愛神邱比特，可以增強異性緣，求得天賜良緣，加強濃濃情意，如果再加上龍鳳呈祥更能讓新的戀情如鸞鳳和鳴一般甜蜜，但是這些吉祥物都必須開過光，才能產生吉祥或化煞的良好效應。

8、坐西南向東北－東南方佈局

（1）飛星一白到巽，東南方，一白屬水，受中宮土剋，死氣方。一四同宮，鳳池身貴，大利文才學業，子女讀書聰明成績奪魁，喜事臨門。惟此方為死氣方，略有折扣。

（2）安床，後天四綠屬陰，一白屬陽，陰陽配合。丁旺，財利平平。

（3）井、樹，不利。

（4）作灶，不利。

琉璃龍鳳呈祥及琉璃愛神邱比特

（5）開門，出文秀。

開運吉祥物：

於家中此方位擺設書桌，書桌上放置琉璃精製之玉書麒麟及琉璃魁星踢斗以達金榜題名、升官開運之功效，再配合天星奇門遁甲九天玄女一二〇甲子擇日秘法及玄空大卦六十四卦之卦氣卦運來選擇催官日課，則能達事半功倍之效。（參看二〇八、二〇九頁之圖）

震宅坐東向西佈局擇要論釋

若坐山位於東方，羅盤67.5°~112.5°，就稱為震宅。

震宅在羅盤上又細分為甲、卯、乙三山。

坐山位於67.5°~82.5°，稱為甲山庚向。

坐山位於82.5°~97.5°，稱為卯山酉向。

坐山位於97.5°~112.5°，稱為乙山辛向。

震宅，為坐東向西，甲卯乙山，乃木宅。震宅是三碧、三宮，三碧入中宮，為木山，長男管事，木宜深而忌淺，深則發財旺人，淺則田土退敗，家人常多疾，木宜生不宜剋，剋則木折，不惟退田

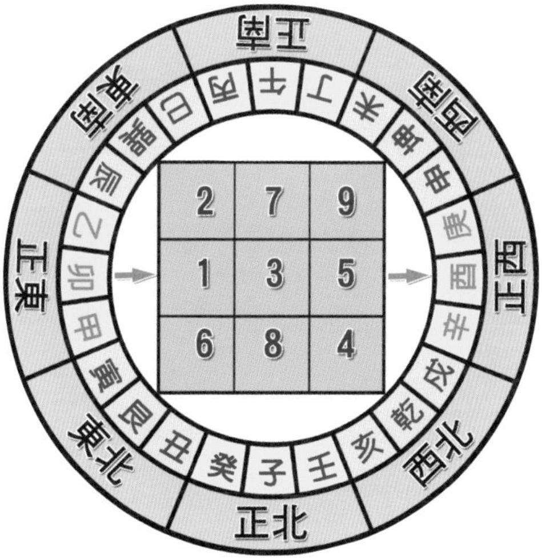

震宅（坐東向西）九宮飛星圖。

產，家人多主受傷。喜乾、震二方為吉，忌艮、離、兌三方。

1、坐東向西－西北方佈局

(1)飛星四綠到乾卦位，西北方，四綠屬木，與中宮比和，旺方也。

(2)開門，此為文昌方，故而出秀，主科第。

(3)井，利。

(4)作灶，平平，出文人雅士。

(5)安床，四六合十，生聰明女。

(6)廁，不利宅中男主人，不吉。

(7)樹，無妨。

(8)安香火，家境和氣，頗俱財祿。

開運吉祥物：

紫白訣云：「蓋四綠為文昌之神，職司祿位。」故四綠主文昌文曲，利讀書、考試，小朋友可以利用此方位擺放琉璃玉書麒麟及琉璃魁星踢斗或琉璃鰲魚筆筒，會比較努力讀書。惟此方位不適合小朋友安床。四綠也主人緣，可於此方放四支萬年青，插入有水的花瓶中，有利於人際關係順遂，提高晉升機會。

2、坐東向西－西方佈局

（1）飛星五黃到兌，正西方，五黃屬土，鬬方也。

（2）開門，放水，可。

（3）浴廁，俱不宜。

（4）安床，多病，不宜。

（5）五黃廉貞星五行屬土，再逢流年凶星相會，代表投機、病毒、混亂，是為五黃煞，主血光、脾胃、毒瘡。

（6）五七相會，是非口舌、官非不斷，或破財，或因女色而惹官司。或少女多病。

（7）陽宅在此方位有缺角、形煞或不平之處，或修造沒有配合奇門天星及玄空大卦擇日法來選擇吉日，在此方位胡亂興工動土，家人會有疾病纏身之象，容易發生無妄之災。

琉璃鰲魚筆筒

開運吉祥物：

可在此方位放置琉璃精製之乾坤九龍寶璽、琉璃九宮八卦龍印寶璽陣、琉璃九頭靈獅（參看二三二頁之圖）或隨身配戴九頭靈獅項鍊及戒子，可統領四方，化煞為權，藉權為用，有押解五黃煞、五鬼煞之靈動力，還可以穩定心神，將祥瑞之氣引進家宅，加強官威或屋主之陽氣，讓正財與旺，對於爛賭這種惡習有遏止的良好功效。

3、坐東向西－東北方佈局

（1）飛六白到艮，東北方，六白屬金，剋山之木，此方位為殺方。

（2）作灶、開門，俱主家中女子經脈不調。

（3）植樹木，謂之木入金鄉，不宜。

（4）池，當運吉。

（5）安床，亦不宜。

（6）神位，不宜。

（7）六白金剋木，容易遇上金錢損失或金屬相關之意外，亦需注意少男不利，及手臂受傷的相關疾病。

開運吉祥物：

可在東北方安奉琉璃自在觀音，六白金剋中宮木，容易發生頭鳴傷足，父子不和，安奉自在觀音，使金生水，水生木，可化解之。

4、坐東向西－南方佈局

（1）飛七赤星到離卦，正南方，七赤屬金，剋山之木，為殺方。

（2）作灶，少丁財。

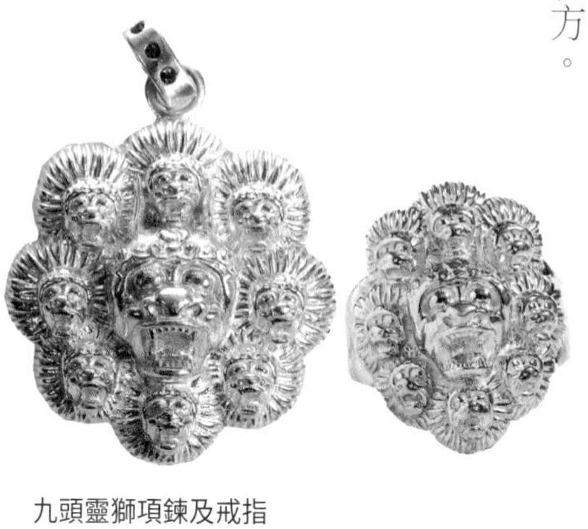

九頭靈獅項鍊及戒指

琉璃自在觀音

（3）開門，金剋木，不吉。當運，則不懼剋，反吉。

（4）有池，泄本方之氣，得時運，可。

（5）廁，平平。

（6）安床，女多男少。

（7）神位，不宜。

（8）七赤星，屬金又名破軍星，是為盜賊星，當其旺，發武權，丁財兩旺，小房發福；當其衰，家出盜賊，或投軍戰死，牢獄口舌，火災損丁，或出貪花戀酒之徒。

（9）此方為九七相會，配置不合卦氣、卦運，易得目疾、皮膚病，是非，官災，回祿之災。午酉逢，江湖花酒，出浪蕩子。

開運吉祥物：

在此方位放置雄黃雌黃同體，主驅邪除穢氣、淨化環境磁場增添祥瑞、增加財運，守財聚財，可化解流年三煞之煞氣，還可掃除家中的負面能量。

5、坐東向西－北方佈局

（1）飛八白到坎卦位，正北方，八白屬土，坐山屬木剋八白土，死氣方。

（2）安床，利。

雄雌黃同體

（3）廁，平平。

（4）安香火，不宜。

開運吉祥物：

將經過法師開光、請神、加持過後之琉璃精製的九龍聚寶盆，放置於此方位可助旺財氣，招財納寶，並於農曆之生日當天，捐血一袋，行善助人三件事，可得三才和順、萬事順遂。

6、坐東向西－西南方佈局

（1）飛九紫到坤卦，西南方，九紫屬火，坐山木生火，洩氣方。

（2）開門，運氣蹇滯。

（3）作廁，不利女主人。

（4）池、井，水剋火，凶。

（5）安床，木生火，宜子孫。

（6）安神位，火炎土燥，易有血光之災。家人易患腸胃病，運氣蹇滯。

開運吉祥物：

琉璃精製之龍鳳杯放在西南方的位置，可達圓圓滿滿的良好磁場，同時增強夫妻和合家庭圓滿的良好運勢，把吉祥的能量從此處放射到住宅四面八方。（參看一九六頁之圖）

琉璃九龍聚寶盆

7、坐東向西－東方佈局

（1）飛一白到震，東方，一白屬水，水生中宮木，生氣方。此為吉方位。

（2）作灶，木火相生，可。

（3）開門，為生氣方，吉。《玄髓經》云：「木入坡宮，風池身貴。」

（4）安香火，吉。當其旺，長子得貴或有利於三木命人，旺丁財。

（5）井、廁、平平。吉方盡量不作浴廁。

（6）安床，旺丁。風水斷事一定要瞭解兩星相會所反映的事物，方可作出準確的推斷，此為一三相會於東方震卦，長子得貴。

開運吉祥物：

夫妻求子，此方安床，可用琉璃麒麟送子或琉璃送子觀音來增加靈動力。（參看二三四、二三六頁之圖）

8、坐東向西－東南方佈局

（1）飛二黑到巽，東南方，二黑屬土，本山木剋土，死氣方。二黑飛臨這個方位，無論流年小運，容易染上時尚疾病。

（2）安床，尚可。

（3）作灶，平平。

（4）開門，不宜。主要是家裏的女性朋友，因為這個方位屬於女性，主要是家中排行第一的女性。易生情緒病、抑鬱等。

（5）安香火，不利。容易造成婆媳不和，咎當主母。腹病，胃病。

開運吉祥物：

可以採用捐血的方式化解血光之災，或吊掛經過開光的開運葫蘆、小羅盤或六帝古錢獅咬劍風鈴，或在家中的東南方擺放琉璃精製之九頭靈獅，增強陽氣排除陰氣，調和陰陽之氣，使家宅平安，同時化解二黑病符星之煞氣與穢氣。（參看二三二、二三八頁之圖）

兌宅坐西向東佈局擇要論釋

若坐山位於西方，羅盤 247.5°~292.5°，就稱為兌宅。

兌宅在羅盤上又細分為庚、酉、辛三山。

坐山位於 247.5°~262.5°，稱為庚山甲向。

坐山位於 262.5°~277.5°，稱為酉山卯向。

坐山位於 277.5°~292.5°，稱為辛山乙向。

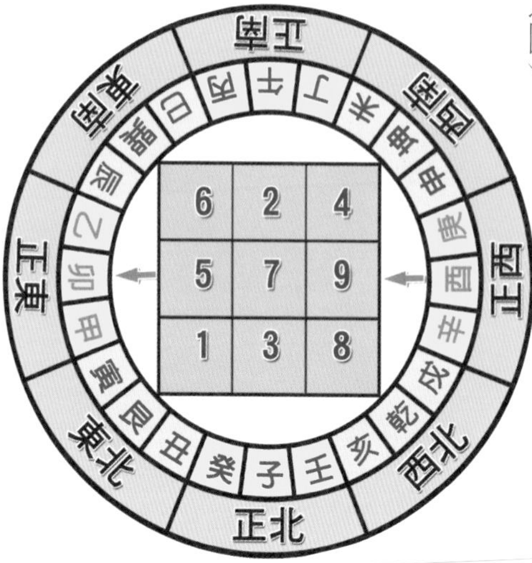

兌宅（坐西向東）九宮飛星圖。

兌宅，是七宅、七宮，七赤星入中宮，為金山也。管少女，喜乾、巽、離三方為吉，忌震、兌二方為凶。《陽宅秘旨》：「酉庚辛山，乃陰金也。不宜太明，太明則女掌男權，恐有傷夫之厄。金宜生不宜剋，剋則金輕，不惟田土退敗，且出瞽目少亡。七赤屬金，九星喜土為生，金為旺，木為退，水為泄，火為殺。

1、坐西向東－西北方佈局

(1)飛八白到乾，八白屬土，生中宮金，生氣方也。

(2)作灶，尚可，但不可在乾上。

(3)開門，吉利，富貴可許。

(4)安床，飛星八六，男丁多女少。出文明之能士。

(5)廁，不可。

(6)安香火，生氣方，吉利。飛星八六相會當其旺，文

(7)職武權，功名利祿齊來，家業興盛，子孫受蔭。

開運吉祥物：

在此方位放置琉璃精製之納財寶盆加上吸金石，可使正業成功，為發富之象，興旺有餘，可置不動產、房地產買賣，大發利市。

琉璃納財寶盆加上吸金石

2、坐西向東－西方佈局

（1）飛星九紫到兌，西方，九紫屬火，火剋中宮金，為殺方。

（2）開門，人財皆不利。

（3）安床，不利。

（4）作灶，屬火，同爍兌金。肺部經脈不利。

（5）有井，剋火宮，會損小口。

（6）安香火，不宜。凶星加臨，則易引發火災。

開運吉祥物：

此方位為九七相會，有火氣過旺的性質，擺放琉璃雙龍戲珠，亦能調和五行之火，所以雙龍戲珠象徵幸運、美德、和平及長壽。是高貴、尊榮的象徵，又是幸運和成功的標誌，同時也象徵了守護神。如此當可使您得到思慮細密判斷正確的決策，進而使財源廣進，又可避開一切橫來之災難，使家庭和樂，健康長壽。（參看二四四頁之圖）

3、坐西向東－東北方佈局

（1）飛一白到艮，東北方，一白屬水，中宮金生東北方一白水，退氣方。

（2）開門，合於元運，故可用。土剋水，犯耳疾、傷中男，或中男外出不還鄉、亦不利小兒。

（3）作灶，水剋火，主冷退。

（4）安床，可。

（5）安香火，平平。流年一白、四綠星到方發秀出貴。

開運吉祥物：

在此方位放置琉璃精製之魁星踢斗，可旺文昌、考試、升官，或因藝文而得財得名，以為名利雙收。也可以擺放馬上封猴，以達升官開運之功效。（參看二三一、二三五頁之圖）

4、坐西向東－南方佈局

（1）飛二黑到離，二黑屬土，生中宮金，生氣方。

（2）開門，吉，生氣方，又逢元運之利。

（3）作灶，火土相生，可。

（4）安香火，有利。飛星二九相會，當其旺，文筆生輝，田財巨積，利遷移。

（5）池、井、平平。

（6）安床，吉利，女多男少。

開運吉祥物：

在此方擺放琉璃龍龜，有載福、載壽、載寶、歸庫及滿載而歸之靈動力。堂室中可懸掛賞琉璃精製之五福臨門掛飾或是福祿壽三星。擺放琉璃福祿壽三仙對求取功名利祿、升官發財以及求取富貴福吉。（參看二四四、二四八頁之圖）

5、坐西向東－北方佈局

（1）飛星三碧到坎卦，北方，三碧屬木，山星之七赤剋北方三碧木，退氣方。三七合十。

（2）作灶，上元可用。

（3）池、井，不宜。

（4）安香火，平平。流年七赤加臨，長房落敗，或有官司之累，或有肝足之病。

（5）安床，發丁財。

開運吉祥物：

於此方位安置琉璃龍印寶璽，龍掌開運，印璽是行使職權時的徵信器物，融入書法篆刻，成為一門藝術與傳統權威與美感和創意的極度精緻之王者象徵，帝出乎震，三碧木屬震卦，而且三七合十，安置龍印寶璽猶如具備天子之威，統率三軍、君臨天下，具有掌握權柄、壓煞制小人的無形能量，讓您霸氣十足、尊貴無比，仕途順遂、升官如願。（參看二五四頁之圖）

6、坐西向東－西南方佈局

琉璃龍龜

(1)飛星四綠到坤，西南方，四綠屬木，中宮金剋木，死氣方。

(2)安床，出秀。惟門路配置不當，則家嫂掌權，悍婦欺姑之兆。

(3)池、井，水來生木，木剋土，不宜。

(4)安香火，平平。門路不合局，婆媳不和，咎當主母。腹病，胃病。有水，股病，膽病，讀書聰明，利於掌文職，而財帛不聚。

(5)四綠，名催官星，下元不利，故僅可出秀。

開運吉祥物：

可於此方位置放琉璃精製之龍鳳呈祥，藉由龍鳳化煞的威力，讓家中陰陽調和同時又可得貴人的幫助，避免不倫的桃花劫出現。放置琉璃金雞母可以調和易惹是非口舌、工作不順、腸胃不適、食慾不振之狀態。

琉璃龍鳳呈祥

琉璃發財金雞母

7、坐西向東－東方佈局

(1)飛星五黃到震，東方，五黃屬土，關方也。

(2)可開中門卯方。偏則不宜，震數三，與五黃相會：

（3）動靜太大多主不吉、傷脾胃、溫病、長男不安。但當令主田莊之富。

（4）安床，不宜。

（5）安香火，門路合，則尚可。

開運吉祥物：

於此方位門上懸掛小桃木六帝古錢獅咬劍風鈴，藉由房門開關時所引動鈴噹之聲響來化解五黃土之是非糾纏。（參看二三八頁之圖）

8、坐西向東－東南方佈局

（1）飛六白到巽卦位，東南方，六白屬金，金見金比和，旺方也。

（2）此方宜作灶，以制二金之剛，火煉金，亦為絕處逢生，用之發丁旺財。

（3）安香火，大利。家境和氣，頗俱財祿。

（4）池、井，不宜。

（5）安床，大發財丁，出武職之人。六白到位，有鐘鼓聲，主發富，後旺丁。

開運吉祥物：

在此方位放置琉璃精製之五路財神聚寶盆加上吸金石或穩賺有餘聚寶盆，可使正業成功為發富之象，興旺有餘，可從事不動產、房地產買賣，大發利市。（參看二四一頁之圖）

乾宅坐西北向東南佈局擇要論釋

坐山位於西北方，羅盤292.5°~337.5°，稱為乾宅。乾宅在羅盤上又細分為戌、乾、亥三山。

坐山位於292.5°~307.5°，稱為戌山辰向。

坐山位於307.5°~322.5°，稱為乾山巽向。

坐山位於322.5°~337.5°，稱為亥山巳向。

戌乾亥三山，屬於乾卦範圍，乾宅，是六白、六宮，武曲地尊星入中宮，管宅長，六白，乃金宅也。喜乾、坎、兌三方為吉，忌艮、巽二方。東北艮方飛星三碧星，受金剋，東南巽方飛星九紫，剋六白金，為煞方，故不利。

金宜明而忌暗，明則出人聰明，多主秀氣；暗則出人愚魯，而損陽人。金宜生不宜剋，剋則金輕，不利田產，退敗。

1、坐西北向東南－西北方佈局

(1)飛星七赤到乾，西北方，乾為天門，六白，屬金，七赤也是屬金，金見金比和，為旺方。

(2)開門，有利。六七，比和。當其旺，「武曲峰當庚兌，職掌兵權」，文官武赫，大權在手，財運亦好。

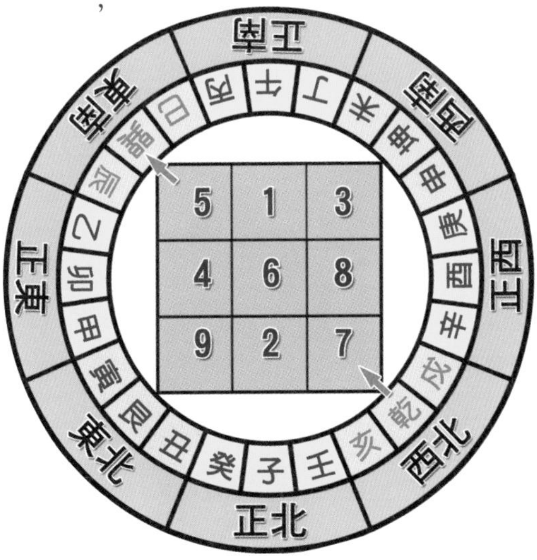

乾宅（坐西北向東南）九宮飛星圖。

(3)廁、碓、不宜。可方不宜作為浴廁。

(4)水池，平平。

(5)作灶，不宜。平常上班族偶而才會用到廚房，也就是說使用機率小，則此方可以作灶。

(6)此方有水，合於元運，利於財。

(7)安香火，文財武庫，官祿雙收。

開運吉祥物：

在此方位放置琉璃精製天祿百福聚寶盆或琉璃金蟾百福聚寶盆加上吸金石，能夠達財源廣進、百福具臻、旺財、守財、生財、入財之靈動力，或是用十二個龍銀元或七星打劫二十四方位旺財六帝古錢，放在屋宅中央之處以旺財氣，使正財興旺。（參看二五八頁之圖）

2、坐西北向東南－西方佈局

(1)飛星八白到兌，西方，八白屬土，土生中宮金，生方也。

(2)碓磨、廁、不宜。

(3)灶，平平。

(4)開門，利。飛星七八相會，生入。當其旺，連連升官，財神助富，

琉璃天祿百福聚寶盆

七星打劫二十四方位旺財六帝古錢

書云：「積千箱之玉帛」。

（5）安床，可。家庭和睦，子女康順。

（6）安香火，利求名、男女多情、大旺少房。

開運吉祥物：

八白左輔星五行屬土，代表財福星，飛入兌宮西方，而八白左輔主偏財、貴人及財富。八白少男，兌宮代表少女，男女多情。適婚年齡的少男、少女，安床於此方，設置琉璃龍鳳呈祥。再配合玄空佈局，以及天星選擇、奇門方位，有助長姻緣之功效。適有升官求名機會到來時，在客廳的此方加強佈局，擺設琉璃步步高升，則有助於願望之達成。

3、坐西北向東南－東北方佈局

（1）飛星九紫到艮，東北方，九紫火剋中宮六白金，此為殺方。

（2）開門，為熒星入白，主火盜、損少丁、犯血症。

（3）作灶，火旺剋金，不利於丁。

（4）井、池，水剋本方九紫火，可。

（5）安床，不宜。

琉璃步步高升

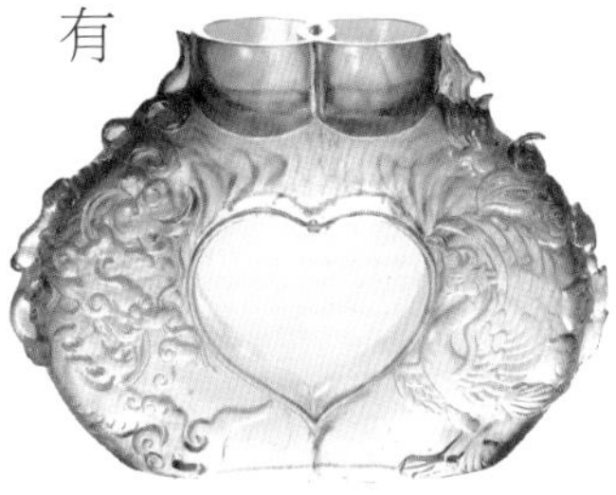
琉璃龍鳳呈祥

（6）安香火，火炎土燥，家人鼻眼多疾，熱腹便血，筋骨臂折。

開運吉祥物：

在此方位可用開光加持請神過之琉璃水月觀音或或八卦獅咬劍以鎮之，可以避邪魔、化煞轉禍為福、消除年災魔難，還可以化解陰煞，亦可隨身配戴千手千眼觀音項鍊，或桃柳檀木劍雷令福袋組以斬除小人。（參看二四四頁之圖）

4、坐西北向東南－南方佈局

（1）飛星一白到離，南方，一白水，中宮六白金生之，故此方位為洩氣方。

（2）廁，不宜。

（3）作灶，水火既濟，平吉。

（4）安香火，平平。佈局門路卦氣不合，則易犯風濕心病，夫妻反目。

（5）安床，平吉。《竹節賦》：「中男合就離家火，夫婦先吉而後有傷。」

開運吉祥物：

桃柳檀木劍雷令福袋組

琉璃千手千眼觀音項鍊

龍馳九霄，千變萬化，神馬駿逸，威震山河。飛星得一九合十，如龍馬精神，也正是代表著天行健，君子以自強不息的意涵，所以放置琉璃河圖龍馬會產生祥瑞、太平的靈動力。

5、坐西北向東南－北方佈局

(1)飛星二黑到坎卦位，北方，二黑土，生中宮六白金，生方也。

(2)浴廁，可。

(3)安床，吉。子女順和，家業興盛。

(4)開門，吉。飛星二六，相生。當真旺，乾坤交泰，富併陶朱。

(5)安香火，吉。可為行醫濟世之家，或為武職權官。

開運吉祥物：

可在家中客廳的北方懸掛一幅琉璃五行五靈圖，五行五靈圖具有催生旺氣、鎮宅化煞、招財納福之強大靈動力。

6、坐西北向東南－西南方佈局

(1)飛星三碧到坤，西南方，三碧木，中宮六白金剋之，死氣方。

(2)安床，三碧屬震，長男之位，丁有。

(3)開門、不宜。或因跌撲、刀金而傷手足，或時有頭部疾病。

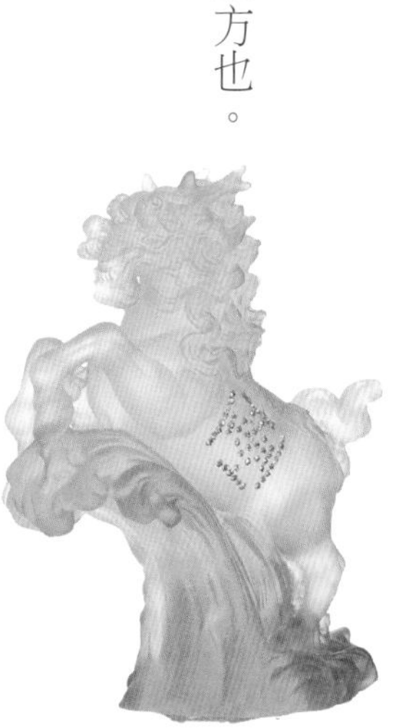

琉璃河圖龍馬

琉璃五行五靈圖

(4)作灶，以木生火剋金制之，平平。

(5)池、井，平平。

(6)安香火，不宜。金木相剋，家人多有爭執。

開運吉祥物：

於西南方上放置琉璃精製之穩賺有餘，可增加正財、偏財，淨化磁場。

琉璃穩賺有餘

7、坐西北向東南－東方佈局

(1)飛星四綠到震，東方，四綠木，中宮六白金剋之，死氣方。

(2)四綠為文昌星，應出文秀。開門，宜。

(3)池、井，少利。

(4)作灶，木生火，旺丁。

(5)安香火，平平。

(6)安床，四六合十，書房，出秀。腦神經衰弱，煩惱事多，先合後散。是非纏繞。

開運吉祥物：

可於書桌右前方放置經過加持開光的文昌筆或琉璃精製之魁星踢斗，用功學業時在書桌左前方點燃一純中藥精製之小微盤香，可淨化心神、提神醒腦、集中精神，而使學習效率提高之功效。（參

看二三二頁之圖）

8、坐西北向東南－東南方佈局

（1）飛五黃到巽卦，東南方，五黃廉貞星，五行屬土，飛臨之所為關方。

（2）池、井，不宜。

（3）安香火，合於門路、元運則有利。

（4）作灶，家人多病。

（5）安床，此方位胡亂興工動土的話，家內會發生無妄之災，如車禍、重症、毒瘡、敗血症、皮膚病。

小微盤香

開運吉祥物：

放置經法師開光點眼加持過的琉璃精製之龍印寶璽、琉璃九頭靈獅可統領四方，化解五黃之凶，以化煞為權，藉權為用。除此之外更可將祥瑞之氣引進家宅，長保宅安人慶，加強官威或屋主之陽氣，增添神聖吉祥之瑞氣。

吉祥物佈局合宜，家人正財興旺，對事業極有幫助，而且對於家人之惡習有遏止的功效，置放於家中東南方，有押解五黃煞、五鬼煞之靈動力，必需配合奇門天星及玄空大卦擇日法，再合於天星合周天度數，取吉星準確飛臨擺設吉祥物之地平方位，其效乃彰。（參看二三二頁之圖）

玄空飛星取用三元九運

玄空飛星採用三元九運以定地運旺衰，每二十年一運，也與天文現象有關，據古人觀察，每二十年木星與土星會相會一次，其相會時的引力牽引，會對地球產生影響，也就是說會引起氣運的變化。

三元的開始，據說是古人觀察天文現象時，發現每隔一段時間，就會出現七政齊一的現象，三元是指上元、中元、下元，每一元由甲子年開始，至癸亥年結束共六十年，三元共一百八十年。九運是指每一元又分成三運，即上元一二三運，中元四五六運，下元七八九運，每一運是二十年，三運六十年，九運共一百八十年。也就是說，日、月、金、木、水、火、土這七大行星會運行到一條直線上，於是以該年為甲子年。根據史料所載，西元前二六三七年觀察到第一個七政齊一的天文現象，此時約當黃帝時代，於是就以該年為第一個上元甲子年，依此逐年往前推，此後元運周流不息，直到西元一九八四年共經歷了七十九個甲子年。

每六十年一循環的六十甲子，逢甲子年行星會運行到一條直線，所謂的七政齊一嗎？其實這是對不懂天文的人可以這樣說，只要有一點天文常識的人都知道，七大行星會運行到一條直線上，不會剛好在甲子年，尤其是三元九運每一小運二十年的分界點一般都設定在立春，而實際上從天文行星推算，分界點的這一天更不可能剛好在立春，因為行星有時會有逆行，即使是太歲星木星，其誤差的範圍有時會在半年以上，筆者認為所以三元九運可能是宇宙間能量的變化趨勢，不應將之列為天文現象。

玄空學運用之第一步驟，即定天心立太極，所謂之天心即主宰宇宙的力量，天心變動，其他八宮亦跟著變動。天心化育萬物之「氣」，亦即三元玄空學係站在宇宙萬物皆成於氣之觀點，詳細考量陰陽兩氣之對立與統一，運用先天八卦與河圖，以辨明陰陽之交媾。

再以後天八卦與洛書，判斷氣運即天運運行之生、旺、退、殺、死變化。謹慎地擇定陰陽宅之氣即天運之變動而對陰、陽兩宅穴場作出吉凶之判斷，以及作為選擇及造作之原則。

三元九運的旺氣與衰氣

隨著三元九運，每一元運的周而復始的變化，在每一運中會有一顆當運的星來主導，此星就具備了最旺之氣，又稱「主氣」、「當令之氣」。以此旺氣之星為準，和其他八顆星作比較，元運尚未到來的，和元運已經過去的星，各自具備不同強弱、不同衰旺程度的能量。當令者旺，未來者生，功成者退，已過者衰，過久者死。

近代各元運的起始紀年

上元

一運：一白水星（貪狼）管事，1864－1883年。

二運：二黑土星（巨門）管事，1884－1903年。

三運：三碧木星（祿存）管事，1904－1923年。

中元

四運：四綠木星（文曲）管事，1924－1943年。

五運：五黃土星（廉貞）管事，1944－1963年。

六運：六白金星（武曲）管事，1964－1983年。

下元

七運：七赤金星（破軍）管事，1984－2003年。

八運：八白土星（左輔）管事，2004－2023年。

九運：九紫火星（右弼）管事，2024－2043年。

當運之星是「旺氣」，乃當令之吉氣，山逢之，身體健康，地位提升。水逢之，營業致富，驟然速發。與未來將到臨之運相同者，叫做「生氣」、「進氣」。亦為吉氣可用。

剛剛過去之運叫做「退氣」，基本上無吉無凶，但會漸漸退敗，能保持平安現狀就很好了。已經過去很久的運相同的星，叫做「衰氣」、「死氣」。山逢之，人會消極沒有活力，體弱多病，智慧不開。水逢之，家業驟敗，為生活辛苦奔波，財運閉塞，一籌莫展。

當天心正運入中後，衍化八方，四正四隅各有運星，依當年值「元」何運，用九宮飛星飛佈於各卦，此為「運盤」或稱「地盤」。再以山、向之運星數入中，依其陰陽、順逆原理挨排飛佈各宮，左為山星，其挨排出之星盤稱為「山盤」，右為水星，其挨排出之星盤稱為「水盤」，下於各卦，此法謂之「挨星」。山盤亦稱「地卦」，水盤即向盤亦稱「天卦」。五入中為五運盤又稱「元旦盤」，即二十四山本來之陰陽與星數，所謂：「山管人丁，水管財。」就是此理。

玄空飛星零正法則相當重要，零、正、催、照須配合收山出煞，方得顯示真正吉凶。《天玉經》：「明得零神與正神，指日入青雲；不識零神與正神，代代絕除根。」水裡龍神與零神（五黃飛入）配合，若有三叉水口、聚水，則發財最速且大，稱之為「真零神水」。

三元玄空根據建築物坐向，建物完成遷入之年份決定「元運」，再依此畫製三元玄空盤，並由元運、山盤、水盤飛星之組合決定究係三元玄空四大局一旺山旺向、雙星到坐、雙星到向、上山下水。當運正神方為坐山，旺方應高，但有水，則形局不合，山管人丁，水管財，故損丁。

正神之相對位衰方零神，衰方應低，有水，則形局符合，則旺財。運之合生成之方即催吉方，有水，出貴；運合生成方之對方即催煞方，有水，吉凶不一。吉照方有水，遠方亦可，發財，凶照方有水，遠方亦同，主敗財。

自甲申年至癸卯年為下元八運，近期之八運是自西元二〇〇四年陽曆二月四日十九時五十八分起至二〇二四年二月四日十六時二十八分止。

八運六旺山

依三元玄空的旺山旺向及到山到向來看，八運之星盤有六個星盤是符合此宅向的旺宅，下列是二〇〇四年至二〇二四年的六種旺宅。

計有：乾山巽向、巽山乾向、丑山未向、未山丑向、巳山亥向、亥山巳向。

八白艮土之意象

基本涵義：艮為山，為西北，為火，為壽，為貴，為鳥面，為祖，為臣，為角，為弟，為小子，為君子，為童，為童蒙，為僮僕，為閽，為時，為豊，為星，為鳥，為鴻，為鶇，為簪，為拘，為鬚，為臣妾，為啄，為豚，為豕，為壽，為邦，為床，為金，為觀，為光，為明，為視，為龜，為見，為邑，為面，為負，為斯，為光明，為天，為刀劍，為枕，為牛，為夫，為鳥巢，為終日，為穀，為門庭，為宗廟，為社稷，為背，為腓，為小狐尾，為虎，為慎，為制，為執，為多。

天象：為雲、為霧、為星、為煙。氣象為冬春之間，又名左輔，先天卦序為七，後天卦數為八。

地象：位居東北，為山，為岩礔，為丘陵，為墳墓，為山居近石，為近路之宅，為門闕。

人象：為少男，為小房，為君子，為書僮，為山夫，為閒人，為親僕，為保人。其性安而止、靜而住，為進退不決，為濡滯多疑，為優柔不斷。於人體器官，為手、指、背、鼻、肋、脾、胃、骨。

物象：其色為白，為黃，其形如矮丘。於屋宅，為閽寺，為門闕，為山徑、牆巷、丘圓、寺廟、山屋、土廬、岩壑。於動物，為狗、為鼠、為虎、為牛、為狐、為黔喙之獸。於植物，為堅硬多節之木，為藤瓜，為馬鈴薯。於器物，為犁具，為兵甲，為陶冶瓦器，為鍋釜磁器，為盒子布袋。

生旺時：主出忠臣、孝子，文人秀士、大儒，富貴雙全。

剋煞時：主小兒殘疾，損小口，得傳染病。

玄空飛星相會吉凶斷

八白又稱左輔星，為第二吉星。號為財星，其色杏白；值生旺則富貴功名，旺田宅發丁財，出忠臣孝子，富貴壽考。當運之時，孝義忠良，富貴綿遠，小房洪福。大利文才學業，利文職升遷，尤利地產置業。

失運之時，小口損傷，瘟癀膨脹。玄空秘旨：「家有少亡，只為沖殘子息卦」。又云：「艮傷殘而筋枯臂折」。又云：「離鄉砂見艮位，定遭驛路之亡」。

《談氏三元地理大玄空路透》云：「艮卦位居東北，五行屬土，星屬左輔，數屬八，轄甲申、甲午二十年，為八白運；以九紫為生氣，八九一、八七六為「三般卦」之用神；用於旺運，可旺田宅、多忠良之臣；其失時也，小口欠寧，或出僧尼；當其主宰之時，國家昇平，文風亦盛。」

八一：

◎八白左輔星為艮，為少男，五行屬土。一白貪狼星為坎，為中男，五行屬水。八白土剋一白水，為剋出。

◎當運之時，發地產，發運輸，發金融。

◎失運之時，易患貧血耳病，兄弟不和，合夥背逆，或婦人不育，或小兒溺水。

八二：

◎八白左輔星為艮，為少男，五行屬土。二黑巨門星為坤，為老婦，五行屬土。八白二黑皆屬土，為比和。

◎當運之時，有田莊地產之富，當令出官貴。

◎失運之時，有腸胃病，有小口損傷，或被犬咬傷。若外有反背之砂，則離鄉背井，出家為尼，或客死他鄉。

八三：

◎八白左輔星為艮，為少男，五行屬土。三碧祿存星為震，為長男，五行屬木。三碧木剋八白土，為剋入。

八四：

◎當運之時，有地產之財，驟增權力，得先天生成之木數，合作良好。

◎失運之時，破財傷官，削職丟權。若在家，小口四肢受傷，或有肝胃之疾。

◎八白左輔星為艮，為少男，五行屬土。四綠文曲星為巽，為長女，五行屬木。四綠木剋八白土，為剋入。

◎當運之時，主婦掌握，有地產田莊之富。

◎失運之時，有小口之損，婦奪夫權，夫妻不和。在外恐有車舟之禍，或為山林隱士。

八五：

◎八白左輔星為艮，為少男，五行屬土。五黃廉貞星為中宮，五行屬土。八白五黃皆屬土，為比和。

◎當運之時，主旺田產，大發財祿，富貴壽考。

◎失運之時，破財損傷，小口病厄，運勢破壞。或有腸胃疾病之苦，或食物中毒。

八六：

◎八白左輔星為艮，為少男，五行屬土。六白武曲星為乾，為老父，五行屬金。八白土生六白金，為生出。

◎當運之時，發跡文職，尊榮不次，富貴福德。

◎失運之時，父子不和，頭痛骨酸之病。

八七：

◎八白左輔星為艮，為少男，五行屬土。七赤破軍星為兌，為少女，五行屬金。八白土生七赤金，為生出。

◎當運之時，文職武權，財祿兩得，夫妻和睦，兒女安康。

◎失運之時，無媒苟合，財產易散，夫妻成仇，少丁有損。

八八：

◎八白左輔星為艮，為少男，五行屬土。八白土遇八白土，為比和。

◎當運之時，大利文才學業，大發田莊地產，雙吉臨門，事業興旺。

◎失運之時，事業衰敗破財，常有肩骨酸痛之苦有斷丁之危。

八九：

◎八白左輔星為艮，為少男，五行屬土。九紫右弼星為離，為中女，五行屬火。九紫火生八白土，為生入。

◎當運之時，喜事重來，富堪敵國，位列朝班，田園富盛，子孫繁衍。

◎失運之時，火炎土燥，鼻眼多疾，熱腹便血，筋骨臂折，易有火災之厄。

1、八運壬山丙向下卦：

(1)八白令星88會合坐山，為雙星會坐山之局，有三叉水、開闊，及來龍、有山有水在坐山，均主大發。

(2)向首衰氣，切忌見水；有山，97為生氣得力，尚能主吉。

(3)內門、房門、宜開坎宮、震宮亦可，旺文書；其次則坤宮；在兌宮者，孕婦、血症。

(4)艮客、震宮，飛星16，水天需，一是一白坎水；六是六白乾金。一六共宗是河圖數，主吉。

(5)玄空秘旨：「虛聯奎壁，啟八代之文章。」宜擺設書桌、辦公桌，有催官的作用。

2、八運子山午向、癸山丁向下卦：

(1)八白令星88會合向上，為雙星會向之局，有三叉水、開闊，及來龍、有山有水在向上，均主財丁兩旺，大發之格局。

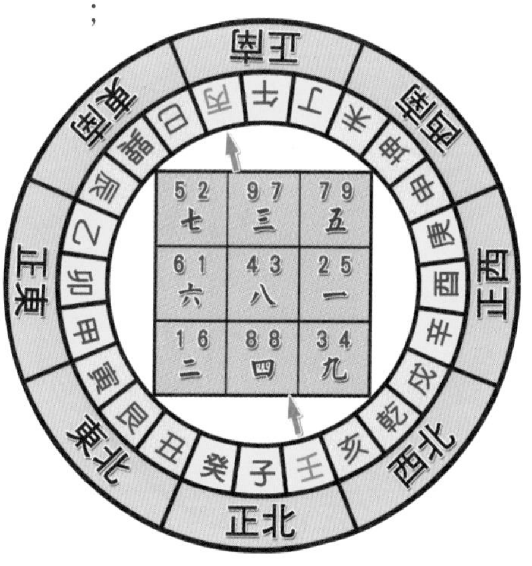

八運壬山丙向下卦。

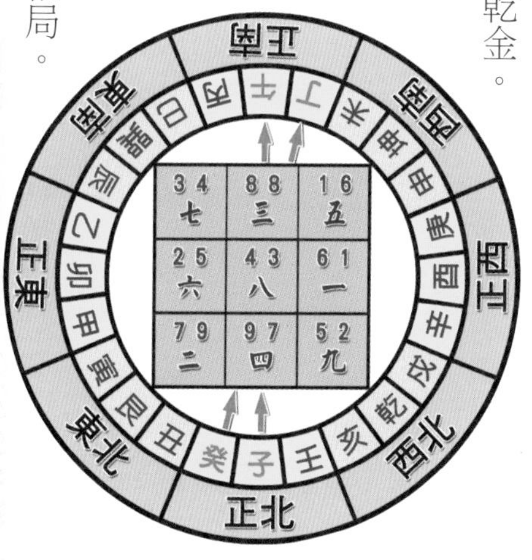

八運子山午向、癸山丁向下卦圖。

（2）坐山衰氣，切忌見水；有山，97為生氣得力，尚能主吉。兌宮為飛星61，會合武曲，有明堂、三叉水、有見文峰聳立而不高壓者，旺財發丁，又兼出文秀。

（3）內門、房門、宜開離宮、兌宮亦可，旺文書；其次則坤宮；在乾宮者，多病染時疾。

（4）坎宮97見水、艮宮79見山，是九七穿途，常遭回祿之災。此兩方尤不可作灶。

3、八運丑山未向下卦：

（1）挨星合旺山旺向之格局，向首58會合，如有清純之水，財源大發。坐山有來龍、山崗者，人丁大發。

（2）乾宮飛星14，有水散漫亂流，主男女桃花敗財；水反弓，漂泊無依。有文筆、拜笏山，主出文秀，科甲功名，文才冠世。

（3）旺山旺向要能發富貴，要坐實朝空，山水形勢端秀。內門、房門、開巽宮為最利，發財，人口興旺。

（4）若坐空朝實，排龍、城門不合，亦成為上山下水之局，敗丁損財。

（5）中宮25是不利的組合。宜靜不宜動，否則主災病，主損人口。

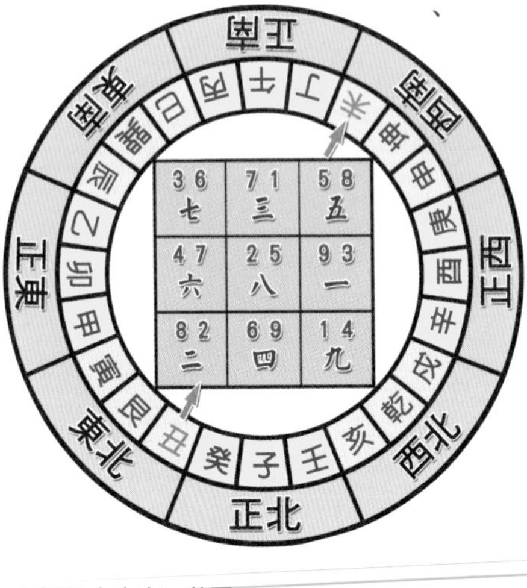

八運丑山未向下卦圖。

4、八運艮山坤向、寅山申向下卦：

（1）八白運為上山下水，令星顛倒，坐空朝滿之地方可立穴。宜前有山，後有水之住宅。用得其所，丁財大旺。

（2）如向首有水，疾病連綿、膨脹、宅母不利。坐後有山峰者，孕婦、宅母遭殃。

（3）此局若依一般背山面水建造普宅，即是《玄空秘旨》所云：「丑未換局多出僧尼。」飛星58，玄機賦：「艮非宜也，筋傷骨折。」

（4）中宮52，忌高尖，陽宅忌陰暗，要採光充足，否則主鬧鬼邪，住房於此，家人多暗悶疾病、個性孤獨。

（5）內門、房門均宜開在艮宮，離宮。開門於巽宮，必多文人秀士，餘宮避之為吉。

5、八運甲山庚向下卦：

（1）八白令星88會合坐山，為雙星會坐山之局，有三叉水、開闊，及來龍、有山有水在坐山，均主發丁、發財。

八運艮山坤向、寅山申向下卦圖。

八運甲山庚向下卦圖。

(2)向首衰氣三碧、四綠是本運的殺氣、難星，見山水逼近，飛星34，切忌見水；有山亦皆不宜，飛星賦：「同來震巽，昧事無常。」主出不明事理之人。

(3)內門、房門、不宜開離、乾宮，主多病纏綿。

(4)坎宮飛星16，文武交作，有山龍者，或高聳，並主文人秀士。玄空秘旨：「車驅北闕，時聞丹詔頻來。」宜擺設書桌、辦公桌，有催官的作用。

(5)坤方不宜安床，容易被誤診或食物中毒。

6、八運卯山酉向、乙山辛向下卦：

(1)八白令星88會合向上，為雙星到向之局，有三叉水、開闊，為吉。

(2)向首有三叉、明堂、或是迴龍顧祖者，有山有水均主發丁、發財。飛星88，比和。當其旺，大利文才學業，大發田莊地產之富，雙吉臨門，事業興旺。

(3)艮、坎、坤、巽四宮均屬死氣，動主不利。須經吉祥物化之，堪保平安。

(4)坎、巽方，飛星25、52，不宜安神，或為臥室。主多病纏綿。

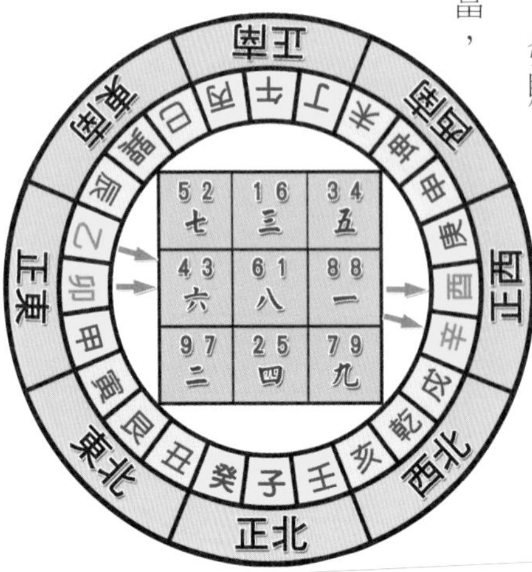

八運卯山酉向、乙山辛向下卦圖。

（5）離宮宜文筆在遠方呈秀，挨星一六生成配。山水合宜均主貴。

7、八運辰山戌向下卦：

（1）八白令星顛倒，山飛星68，向上飛星81，旺氣的山星到向上，旺氣的水星到坐山，謂之上山下水，此為坐空朝滿之吉局，住宅佈局，則玄武方不應過高。

（2）此局若形成坐實向空，即住宅後有山，前有水，則為丁財俱弱之局。

（3）陽宅宅外山水用神，巽宮飛星68，內門、房門、灶門，開在巽宮者旺財。

（4）乾宮飛星81，內門、房門在乾宮者，可產文人秀士，發福悠久；離、坎、兌、艮四宮，宜避之可免災殃。

8、八運巽山乾向、巳山亥向下卦：

（1）八白令星顛倒，山飛星68，向上飛星81，旺氣的山星到向上，旺氣的水星到坐山，謂之上山下水。

（2）此局若形成坐實向空，即住宅後有山，前有水，則為丁財俱弱之局。而此山向卻是為坐空朝滿之吉局，住宅佈

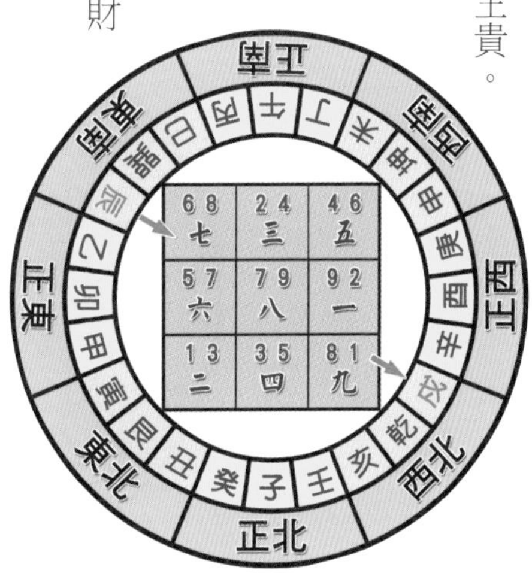

八運辰山戌向下卦圖。

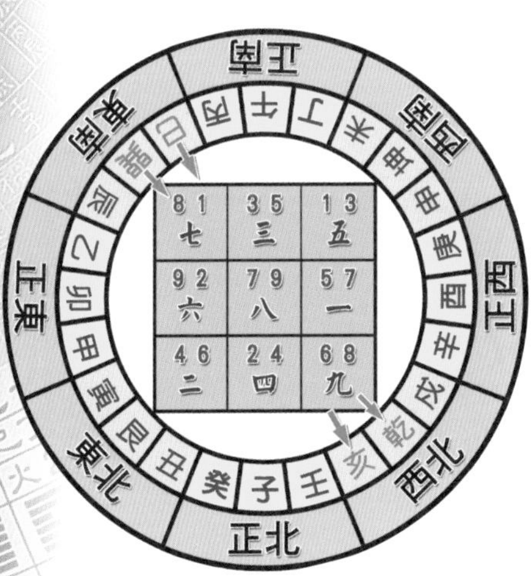

八運巽山乾向、巳山亥向下卦圖。

局，則玄武方不應過高。

(3)住宅外山水用神，乾宮飛星68，內門、房門、開在巽宮者旺財。

(4)巽宮飛星81，內門、房門在巽宮者，可出文人秀士，發福悠久；離、坎、兌、艮四宮，宜避之可免災殃。

9、八運丙山壬向下卦：

(1)八白雙令星到向會於北方，北方為當運旺氣，但山星犯下水，北方宜有高樓，來路來水則當運旺財。

(2)此宅之門宜開在北方，內門、灶門、房門開於北方者，丁財大發，諸事太平。艮宮可產文士，財亦大旺。震宮亦吉。巽、坤、兌、乾避之為吉。

(3)陽宅門在離宮飛星79積汐成塔久之富，門在艮宮飛星61貴人助苦中得富，門在震宮飛星16貴有富小。

10、八運午山子向、丁山癸向下卦：

(1)八白令星88會合於坐山，坐後有聚水、三叉水、案山者，丁財大發，並產文人秀士。

(2)向首九紫生氣，不宜大水，有小水為吉，有案山過高者，易遭火。

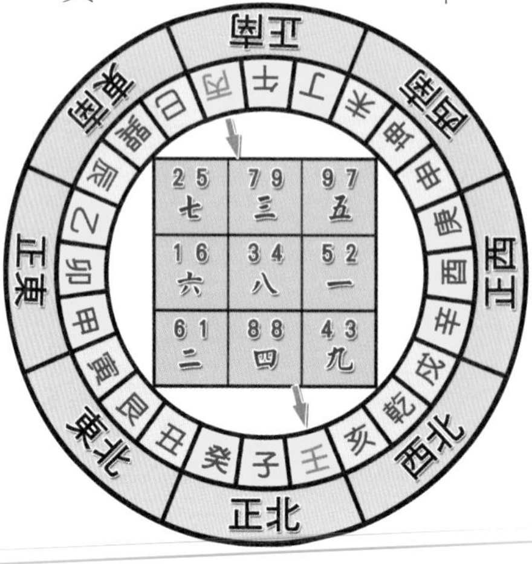

八運丙山壬向下卦圖。

（3）坤宮有小水，兼或秀峰，發福悠久。坤方16為文昌位元，宜開窗口納氣，可設書房，讀書人在坤方住，利於讀書。宜置吉祥物文昌塔以旺文昌。

（4）乾25、震52、中宮34不宜安神或臥房。房門、大門亦不宜開於此卦。見形見氣，則凶禍連綿。

11、八運未山丑向下卦：

（1）山盤：山上飛星8到山，向星5，當旺丁星8，飛至西南方。此方略高，有高山或高建築物，居住者身體健康，兒女成行。向盤：向上飛星8到向，山星2，當旺財星8飛至東北方。

（2）旺星8到山、到向，山管人丁水管財，形局相合，主財丁興旺，屋內或屋外丑方若有水放光，發財更加快速，如果有長流水則財源不斷。如住宅地勢前高後低，格局反而不吉。

（3）乾卦位元飛星41，宜開窗口納氣，可設文昌房，在此方住或作為書房，利於文書、科考、升等考試。

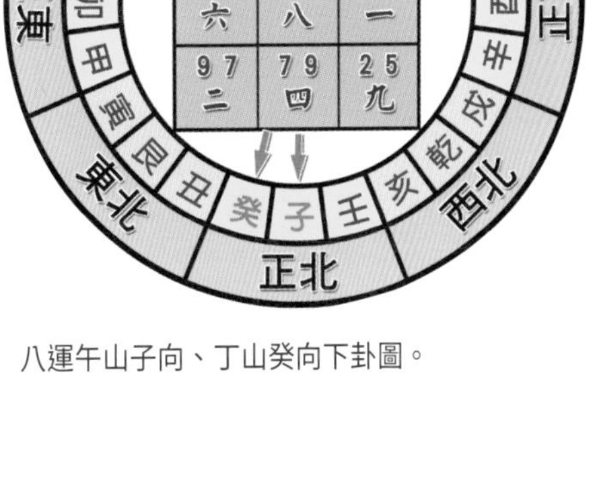

八運午山子向、丁山癸向下卦圖。

八運未山丑向下卦圖。

12、八運坤山艮向、申山寅向下卦：

（1）八運當中，當元旺星八白，生氣吉星九紫，再生氣一白。山上飛星2到山，向星8，當旺丁星8飛至東北方。

（2）28比和。當其旺，有田莊地產之富。當其衰，有腸胃之病，有小口損傷。向盤向上飛星5到向，山星8，當旺財星8飛至西南方。

（3）本局犯上山下水，宅後有山，宅前有水，主破財損丁，財丁兩敗。若地勢前高後低，而高低落差不會很多，這種住宅格局反而大吉，財丁兩旺。

（4）西南方8尤其宜取用，無論屋內魚缸或屋外此方若有水池，再配合催財日課，則進財更加迅速，或有長流逆朝水則財源不斷。巽方飛星41為文昌，亦可善加利用。

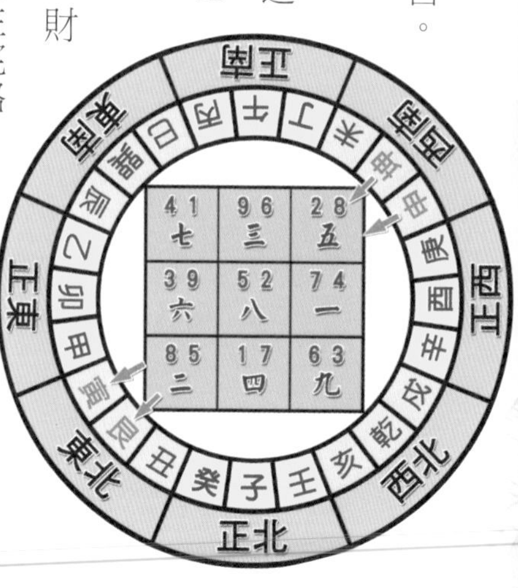

八運坤山艮向、申山寅向下卦圖。

13、八運庚山甲向下卦：

（1）八運當中，八白令星會合向首，雙星會向之局，又合運盤武曲，主武科發富，財富萬倉。

（2）前方須有秀水、山龍則應，城市住宅必須是宅前空間略大，不遠處有高樓，如此則為合局，旺財丁。否則宅運以平平論之。

(3)坤宮生氣，有三叉，靜水為吉，住宅內可置小水缸或置放飲水機。

(4)坎宮悠久之氣，聯珠相逢，貴比王謝，有空地更佳。離、艮、乾三宮，有形有氣，多主疾患。

(5)宅之內門、房門，開在震宮者，財源大發，諸事如意，開在坎宮者，主出文秀。

14、八運酉山卯向下卦、八運辛山乙向下卦：

(1)本山向八白令星88會合坐山，雙星會坐之局，兼得運盤一白之功，有高山、秀峰、明堂、三叉者，定卜丁財大旺。坤、震、巽三宮，均屬衰氣，避之為吉。

(2)向首挨星34，山水皆不當運，正值煞氣相加。《玄空秘旨》：「震巽失宮而生賊丐」。見探頭、破屋、橋洞、反背、反弓，流年一到方，或合，或沖即見剋應。

(3)《飛星斷》：「同來震巽，昧事無常」。見山、見水，或園藝造景，在震方作水池，主反復無常、不明事理、肝

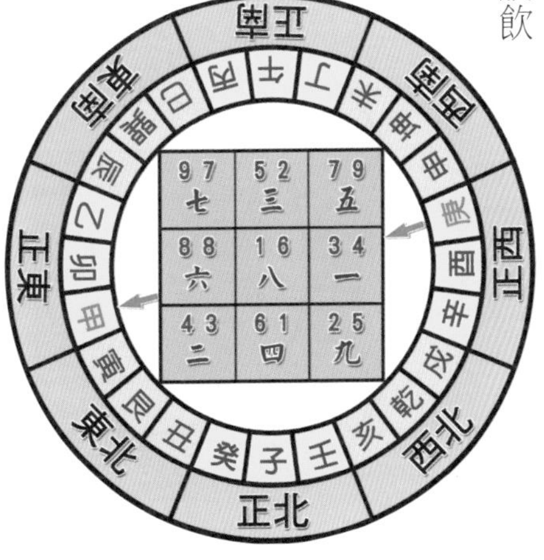

八運庚山甲向下卦圖。

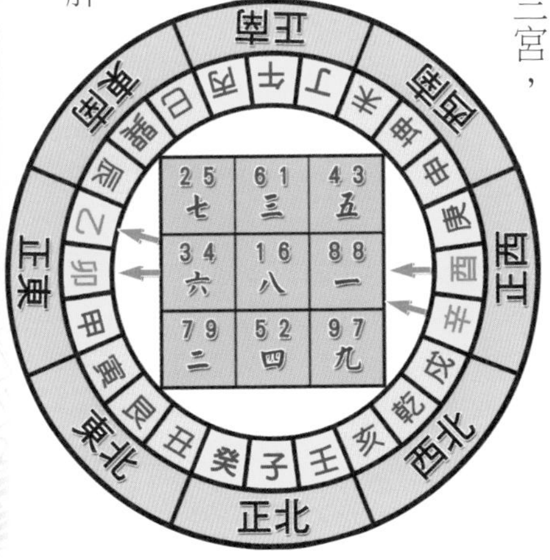

八運酉山卯向下卦、八運辛山乙向下卦圖。

膽病、破產。如有噴泉，則其凶應更甚。

（4）內門、房門，開在兌宮者，可主旺丁發財；在離宮，則出文人秀士；艮宮生氣，或開窗，亦能召吉納財。

15、八運戌山辰向下卦：

（1）八白運為上山下水，令星顛倒，在龍空之地方可點穴。宜前有山，後有水之住宅。用得其所，丁財大旺。

（2）離宮死氣，切忌有水，定主破敗。坎宮亦宜靜而無形。坤宮亦然。

（3）內門、房門、灶門均宜開在乾宮，財帛大旺，必產秀士；艮、兌兩宮，亦能召吉；餘宮避之為吉。

（4）離宮水星二黑，山星四綠，皆為煞氣，有凶山惡水，多主肝癌、子宮癌、乳癌、胃癌。若有硬直而來的丘陵岡阜、樓房沖穴，主出悍婦，婆媳不和。有水路，主家產冷退、六畜不旺、田產不收，多患脾胃病。

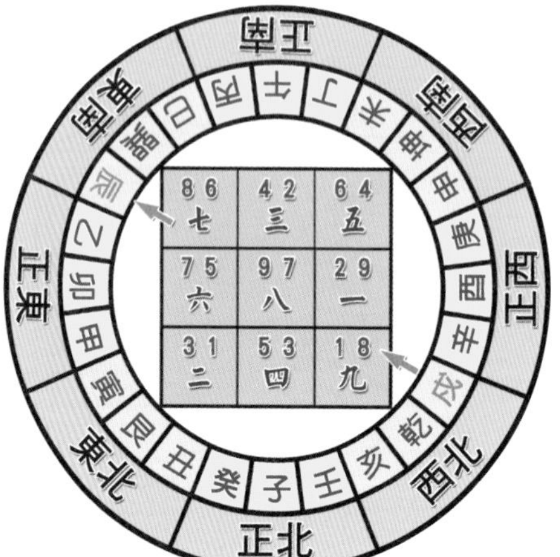

八運戌山辰向下卦圖。

16、八運乾山巽向、亥山巳向下卦：

（1）挨星合旺山旺向之格局者，僅二運與八運有之。

（2）向首18會合，如有清純之水，高秀之山峰者，出豪傑，財源大發。震宮29，小水為利。宜池水圓亮，主發財，忌見粗惡之山水及陰暗，主出愚丁。

（3）旺山旺向要能發富貴，要有下列條件：坐實朝空，山水形勢端秀。內門、房門、開巽宮為最利，定可發財，人口興旺。

（4）若坐空朝實，排龍、城門不合，成為上山下水之局，敗丁損財。坎方不宜為臥室，《玄空秘旨》：「山、地被風，還生風疾。」「風行地而硬直難當，室有欺姑之婦。」

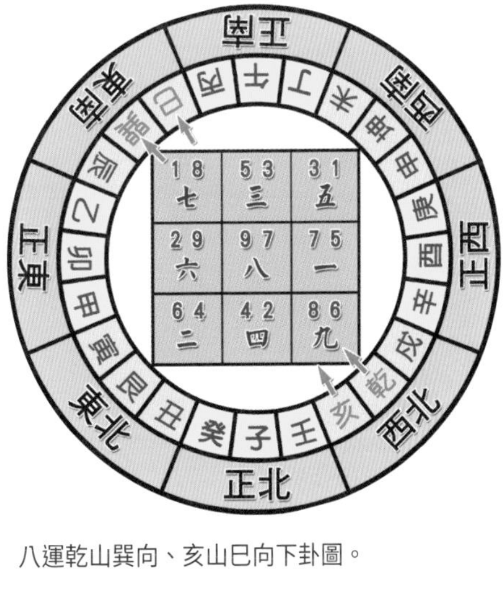

八運乾山巽向、亥山巳向下卦圖。

安門法的風水概念

陽宅法於明末清初即有南北兩大主流勢力，北派以《三元玄空相宅法》為主流，南派則以《八宅遊星相宅法》為主流，《陽宅大全》、《陽宅十書》、《八宅明鏡》等諸書之脈絡，亦應歸屬於南人南派之相宅法。

大小遊年變卦法之源由

南派陽宅學以大小遊年變卦之遊星法推求理氣吉凶，雖然類似於北派之三元九星挨星法，但以其由來已久，僅見其當然而不見其所以然，徒留下不符古代向上正中開門建築習俗的大缺失，悖情違理的無法自圓其說，實際運用起來受限過多，既受北派陽宅學習所垢病，亦為後來南派學者之後學所疑惑。

南派《八宅遊星相宅法》雖有瑕疵缺失，後學習之者眾倍於北派《三元玄空相宅法》，微疵小瑕不能盡蔽其學術義理準驗成就之光彩，如果仔細專心於南派陽宅學，不難從《八宅明鏡》書中的《飛宮訣》、《九宮所屬》發現南派陽宅學之風水理氣，與北派《三元九星挨星法》殊途同歸，實同一理。

縱然如此，於清初康熙前後《象吉通書大全》中流傳著〈天機木星安門法〉，適足以補佐大小遊年不能向上正中開門之瑕疵，因其淺顯易知，是附錄之為參考利用，以便讀者及有心研習者易懂易學。

天機木星安門法之簡論

天機木星安門法，廖禹傳魯楊支字，云：「天機四十八殺斷禍福有準。大抵穴不宜作干向（不宜天干字上開門），水不宜流支辰（黃泉煞在乾坤艮巽四維方上），以十字木星加臨斷之尤驗。」及在左五右三開門折水路，取吉方位行之。

假如正屋子癸山午丁向，以子山為主，用子加木星，將羅經下於門上格定，午丁方作午丁木星向，門路從左取橫路出，作卯乙向木星門路出。又從左邊掉轉取路橫過，有未坤天財方，作午丁向木星門。或轉左取太陰方作午丁門為之，轉動木星門路出，或作一字短明堂，就右邊未坤方作未坤向天財門，或從當中正出，作午丁向木星門路。略舉此以為矜式，後學術者詳審活用之。

法以坐宮論山起木星，前後左右四正方位上俱得木星，因以門之「木星十字」，依次順佈木星、燥火、太陽、孤曜、掃蕩、天罡諸星。

八宅法一般用法，其中生氣、五鬼、延年等吉凶星的排列，以四十五度為一單位，依照八宅法，分成九宮之後，陽宅區分成九宮，九個單位，從中央分出，每一單位為四十五度，而其中只有一半是吉方位，其餘方位為半凶，或凶，故而在空間利用就產生很大的浪費，如能大小遊年法合用，則可在土地規劃運用上更顯得心應手，空間能利用到最佳狀況。

八宅大小遊年及天機木星開門旺氣法

簡單的以指南針判斷分房吉凶方的方法要領，原則上房宅皆分八方八卦，乾兌二太陽卦與坤艮二太陰卦屬西四卦，離震二少陰卦與巽坎二少陽卦屬東四卦，所以陽宅風水又有「八宅法」之說，但學風水地理之人，不應拘泥單一學術理論，則將有失偏頗，應是參酌易經六十四卦奇門卦象、龍門八局、三元九星玄空法、及賴布衣消砂法及慎酌三合之局，如此方能面面俱到而不失偏頗。

原則上「八宅法」亦不外於八卦廿四山之廿四個方位適當與否的判斷，因為陽宅風水以開門納氣入論，所以要判斷宅外之方位，首先就必須從宅內中心確定開門之方位，再從門向推演「大遊年變卦」，藉以明白宅內吉凶氣之飛星流佈。

若論宅外四周環境事物之方位，卻又須從座落方位上推演遊星，一般陽宅風水師大多採用大遊年變卦推論遊星，而筆者認為其相當於陰宅之用，須用小遊年變卦推論宅外方位之遊星為當，假如不放心，不妨審慎一點的二者兼用判斷之，則將不會有失偏頗之慮。

有關於大小遊年變卦的翻變方法，因為涉及專業性的知識問題，不是三言兩語就能說清楚，即使筆者能用最簡短的說明解釋，諸位朋友也不一定能夠馬上接收而毫無疑惑，所以我先詳示大小遊年變卦圖說，以便大家奠定基本性的認識。

一、宅外遊星圖說

現代陰陽宅法，以三元法為主流，鑑相陽宅大多重三元運氣旺衰及大遊年遊星理氣，很少人主張並使用小遊年遊星法及注意到迴風返氣之變化，所以有些地理風水師不甚注意陽宅內外形煞。

二、小遊年變卦

小遊年變卦，青囊經謂之九曜，亦名翻卦。從乾卦翻者，為天父卦；從坤卦翻者，為地母卦；皆由天地定位卦翻變而出，地理家之淨陰淨陽，三吉六秀，八貴十二龍皆本於此，後世藉以為男女生命合婚之用，故名遊年。因陽宅又有遊年變卦之法，故此為小遊年。

大遊年變卦訣曰：

乾六天五禍絕延生，
坎五天生延絕禍六，
艮六絕禍生延天五，
震延生禍絕五天六，
巽天五六禍生絕延，
離六五絕延禍生天，
坤天延絕生禍五六，
兌生禍延絕六五天。

九星禍福訣曰：

伏位天乙無禍殃，生氣延年見吉祥，
五鬼廉貞凶要見，定損人口見災殃，
六煞文曲壬癸水，見傷六畜在宅中，
絕命定損人口苦，禍害見之定不祥，
此是九星定禍訣，後學廣覽細參詳。

興廢年日：

生氣輔弼亥卯未，
延年絕命巳酉丑，
天乙祿存四土宮，
五鬼凶年寅午戌，
六煞應在申子辰。

星卦生剋斷訣：

宮生宮人口昌，宮剋宮人口戕；
宮生星田宅進，宮剋星田財亡；
星生宮六畜旺，星剋宮六畜傷；
內剋外凶猶可，外剋內凶莫當；
外生內發福速，內生外家亦康；
陽剋陰女受禍，陰剋陽男遭殃。

《陽宅十書》的說法，未建吉宅屋之先，先作設計圖，而按大遊年變卦之宅氣吉凶以為高大低小之不同高低的建築設計，理論上無可厚非，但事實上古今建築設計師大多未具陽宅風水學涵養，很少而且難得看見一宅之中各別高低不同之建築，因此在等高的建築狀況下，皆以尊卑與使用的主次要以為分別高大低小。

此一違悖於建築學習慣的說法，自然不受古今建築師及建築業者所注意與接受，因此建築自為建築，陽宅風水自為陽宅風水，建築師與業者不拘於陽宅風水吉凶而為建築學之空間利用而建築，陽宅風水師則徒然感嘆古今建築不符宅法吉凶而無可奈何，甚至大嘆古今建築變異而使相宅、斷宅更為艱難，幾乎找不出一間符合宅法吉凶的富貴吉宅來。

譬如《八宅明鏡》之定遊星法曰：「先從座上起遊星到門上，後從門上起遊星還本位。飛得吉星到本位，忌開後門後窗以洩氣。座後不忌天井，但天井之後，必有牆垣，牆垣上不宜開門與窗耳。凶門飛凶，得凶星到本位，則宜開後門後窗以洩凶氣，則減凶矣。如一宅有高房，即從高房起遊星，數至門上係何星飛，如新造之宅，從宮吉數至門也。」凡從宅座上（坐山）起遊星，理論上不以大遊年遊星而須向小遊年遊星，如前文所述，否則當依人生年命卦做坐山入用。

大概由於陽宅叢書隱晦難解，陽宅學者大多忖臆而忽略古代建築，凡市集皆於向上正中開門之事實，如無高大低小之可辨者，小遊年遊星吉凶不於向上正中開門者多，於情於理不通，所以應於坐山起小遊年，門上起大遊年為當。

天機木星開門旺氣法暨八宅大小遊年合併使用圖：

壬山丙向開離門

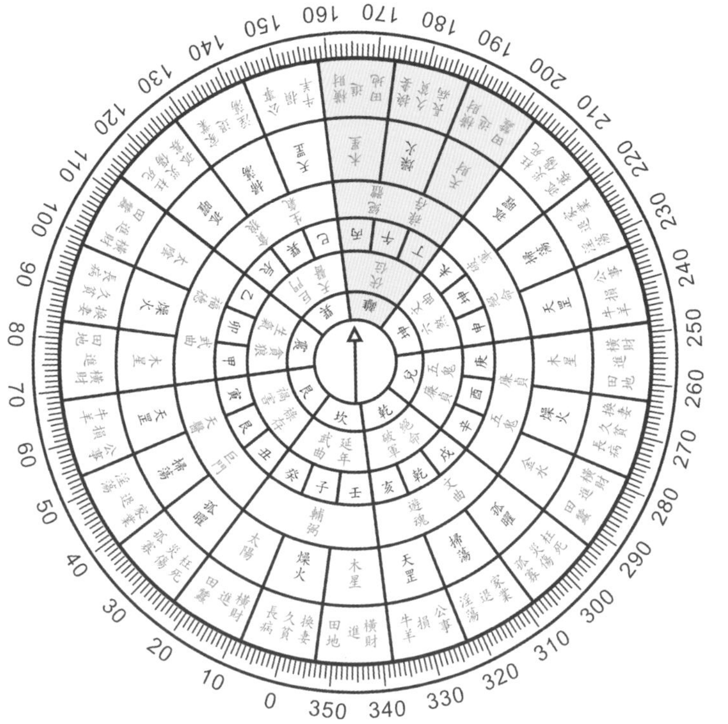

壬山丙向開巽門

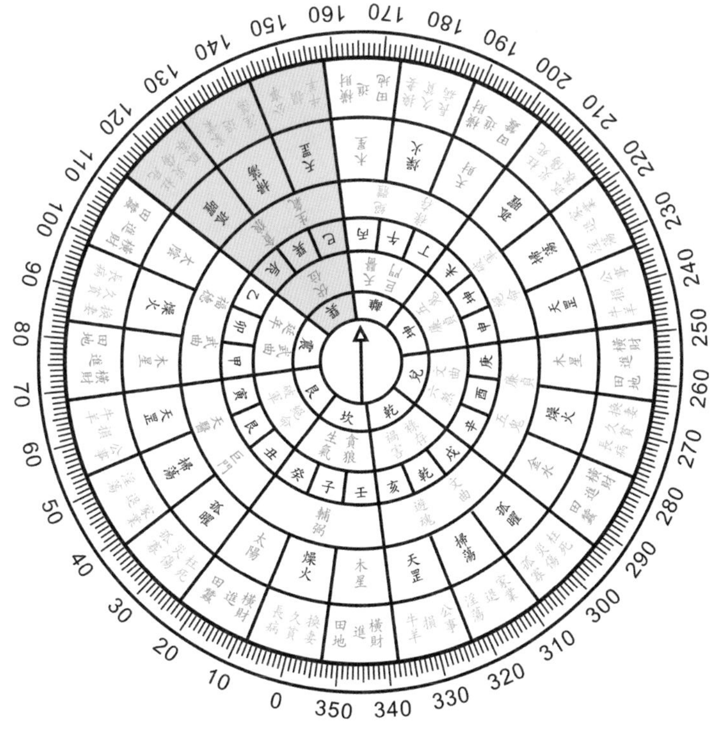

壬山丙向開坤門

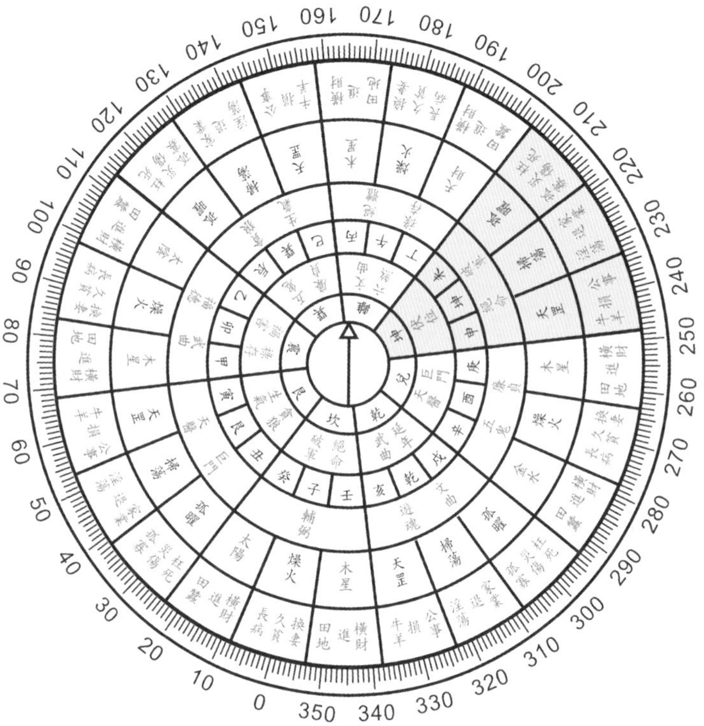

子山午向開離門

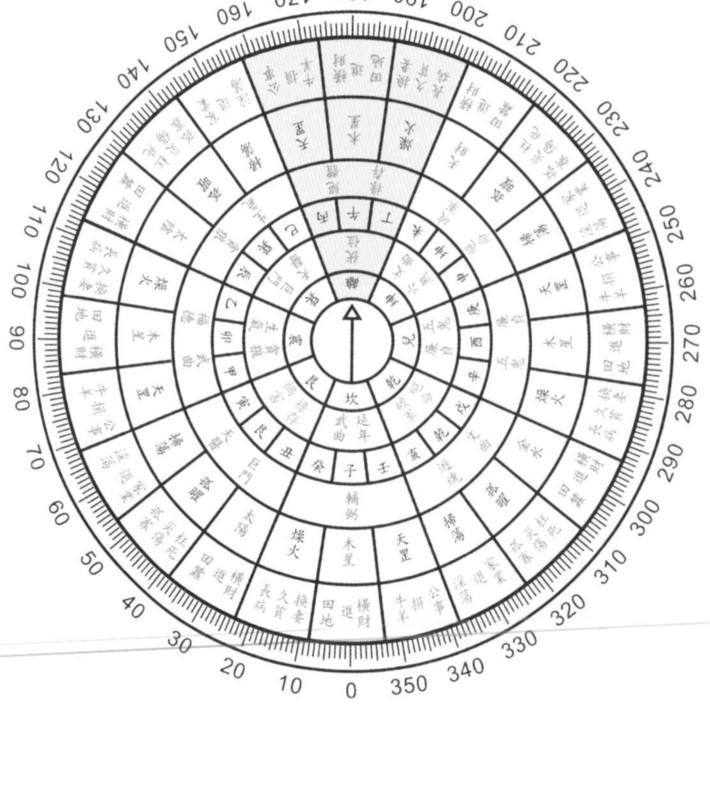

子山午向開巽門

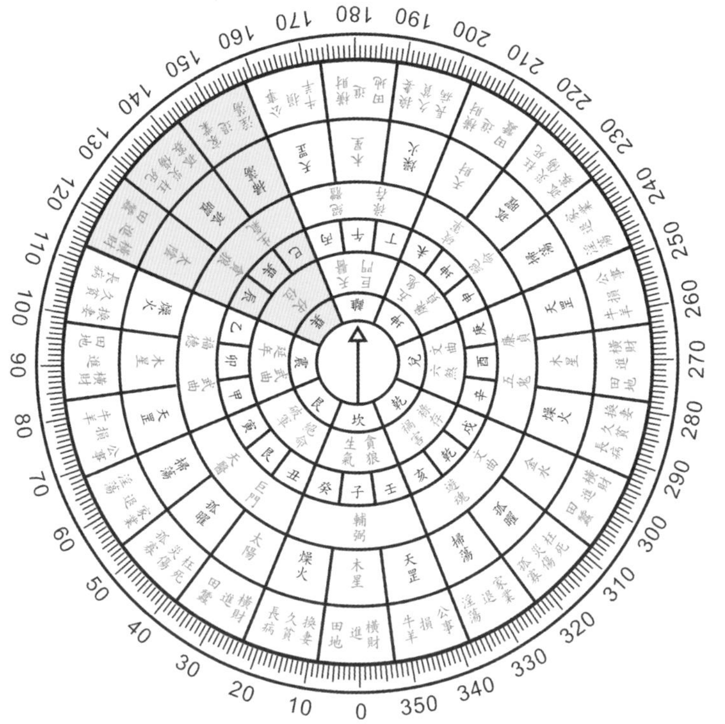

子山午向開坤門

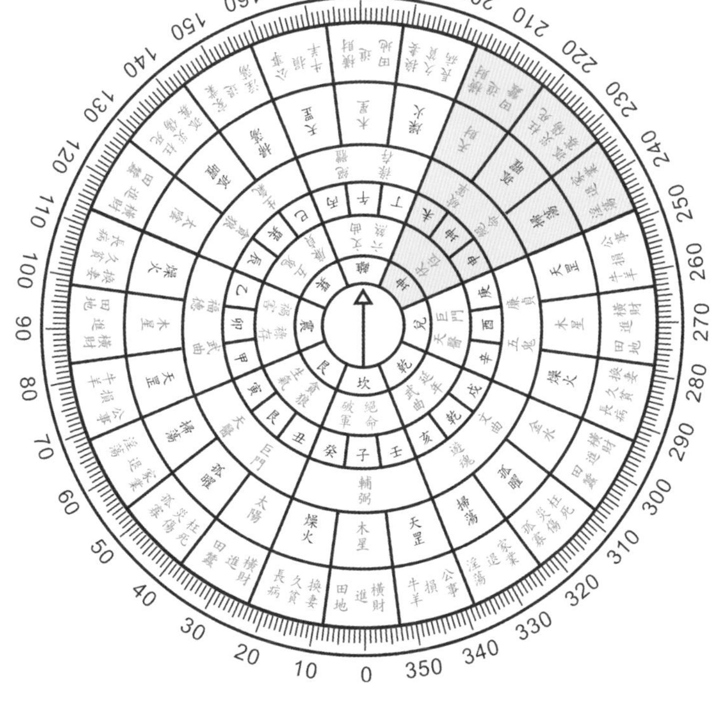

癸山丁向開離門

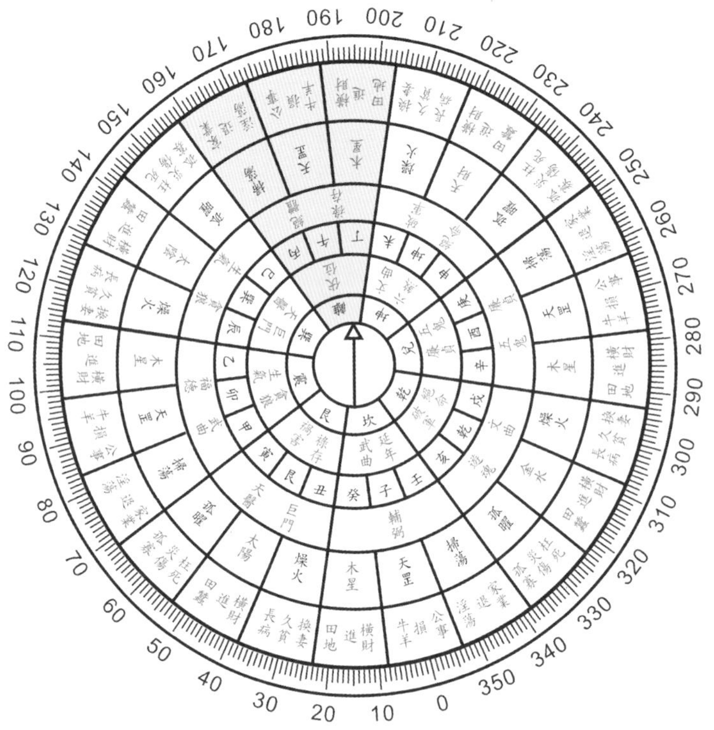

癸山丁向開巽門

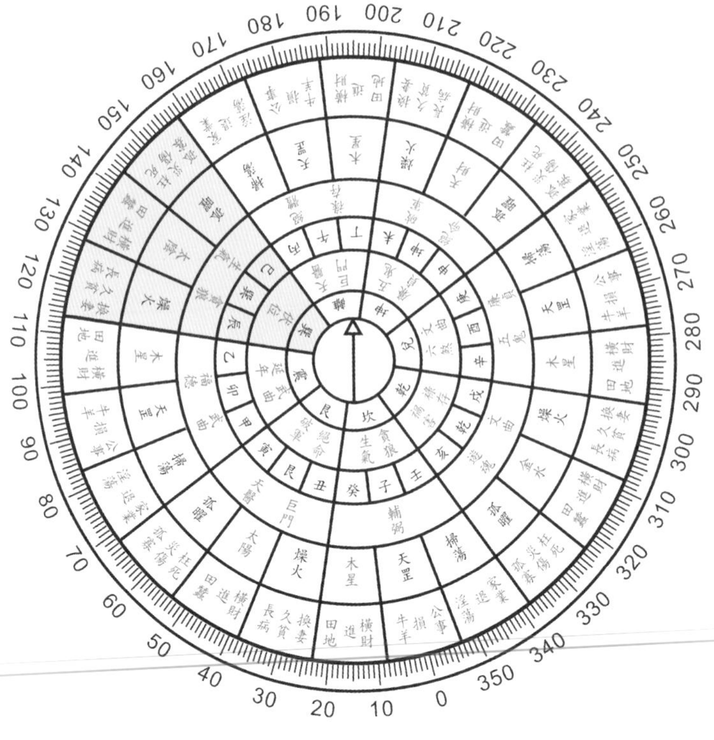

癸山丁向開坤門

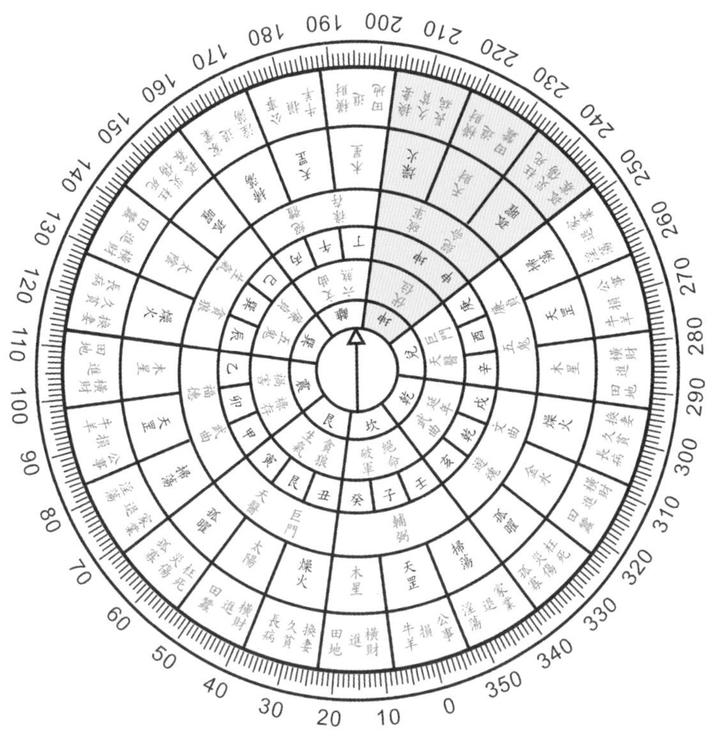

丑山未向開坤門

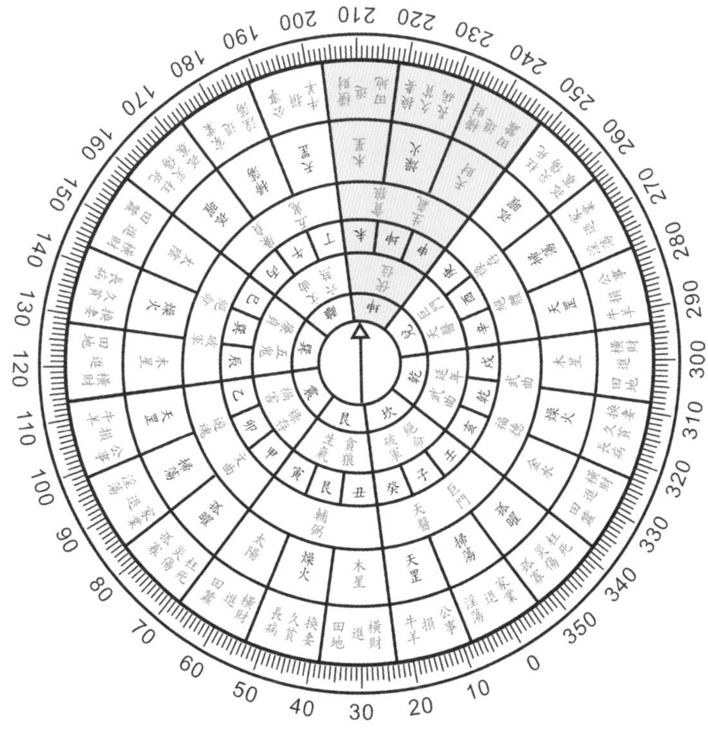

丑山未向開離門

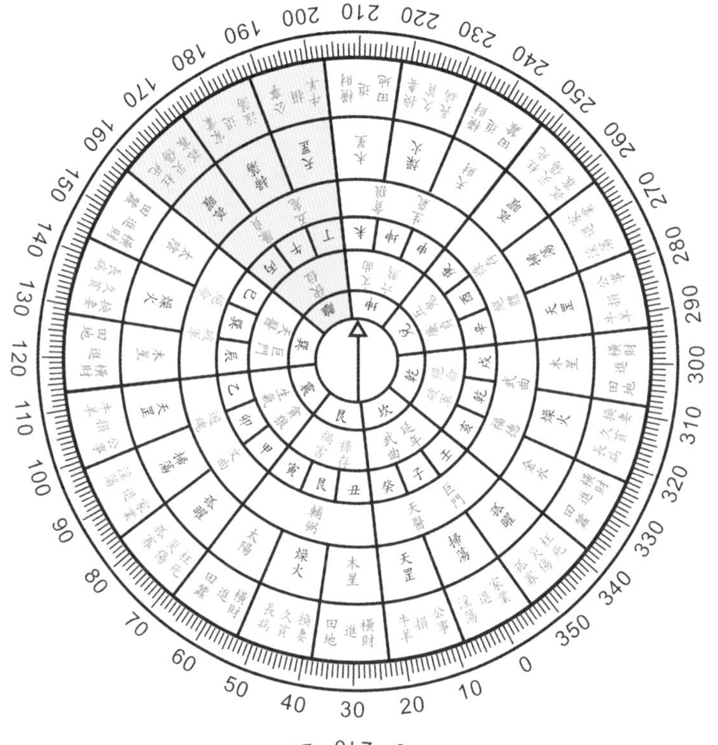

丑山未向開兌門

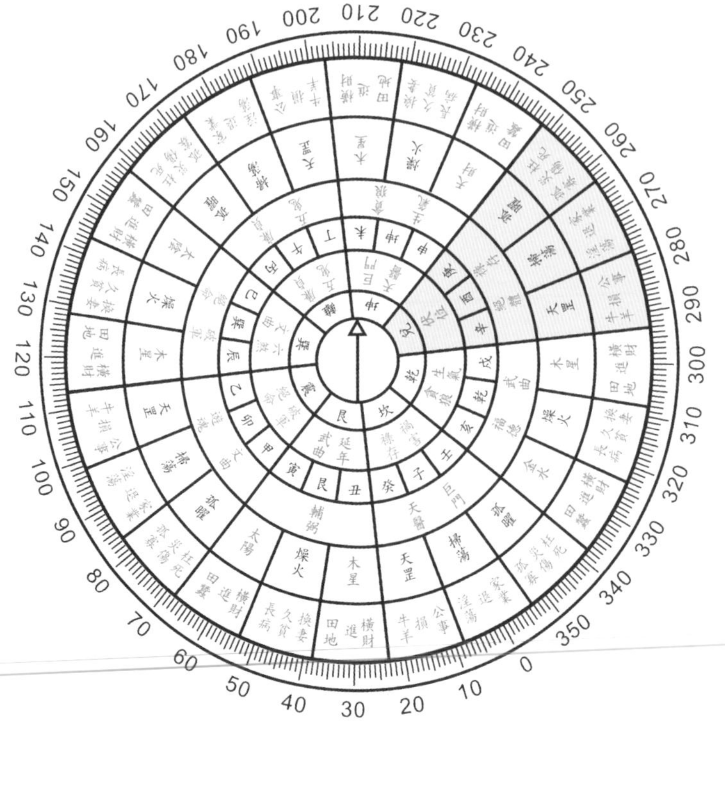

艮山坤向開坤門

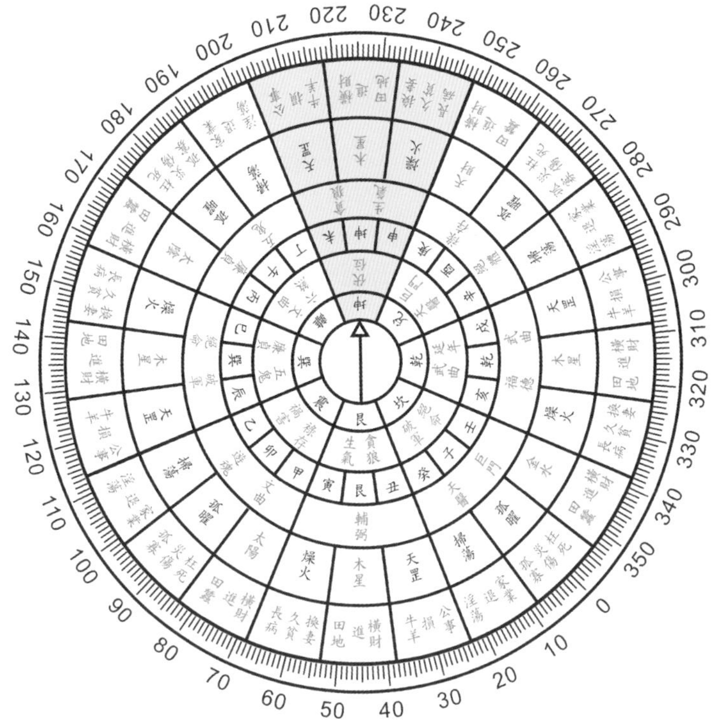

艮山坤向開離門

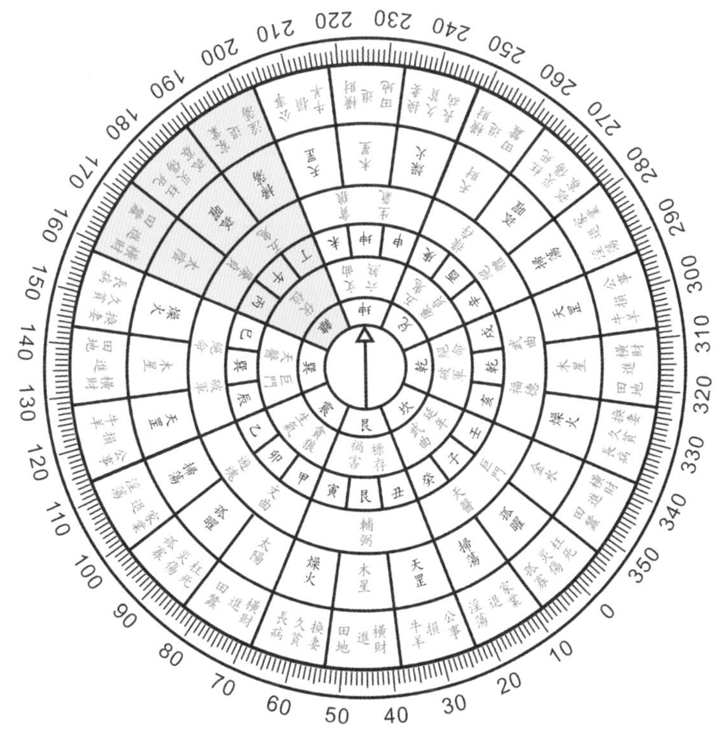

艮山坤向開兌門

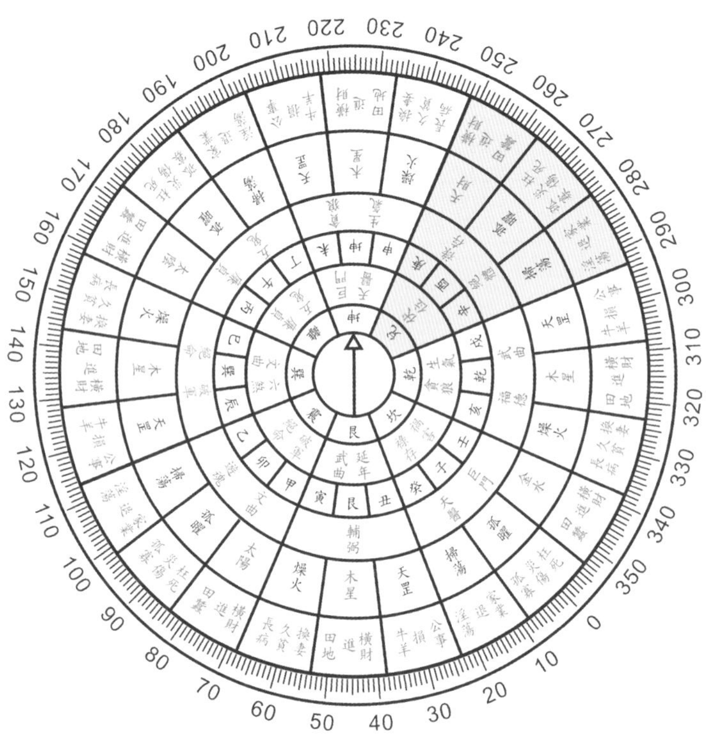

寅山申向開坤門

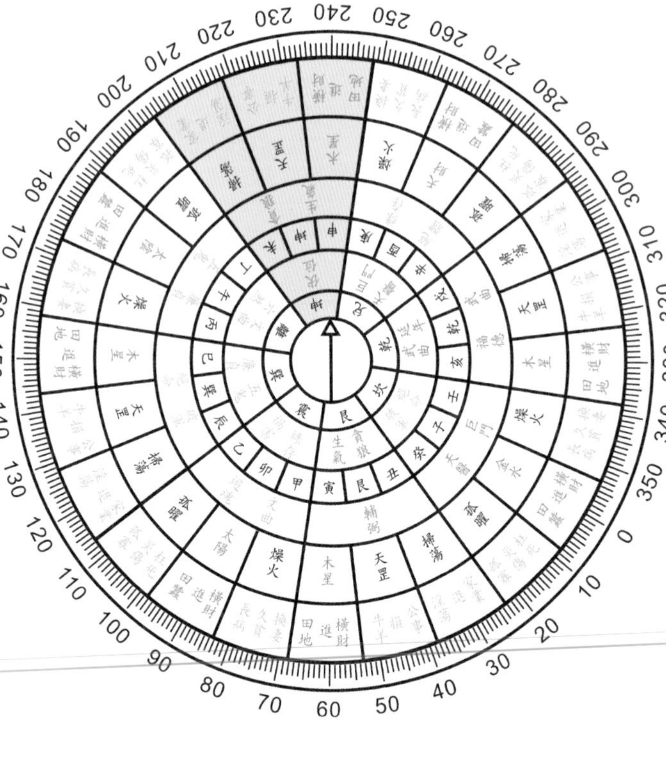

寅山申向開離門

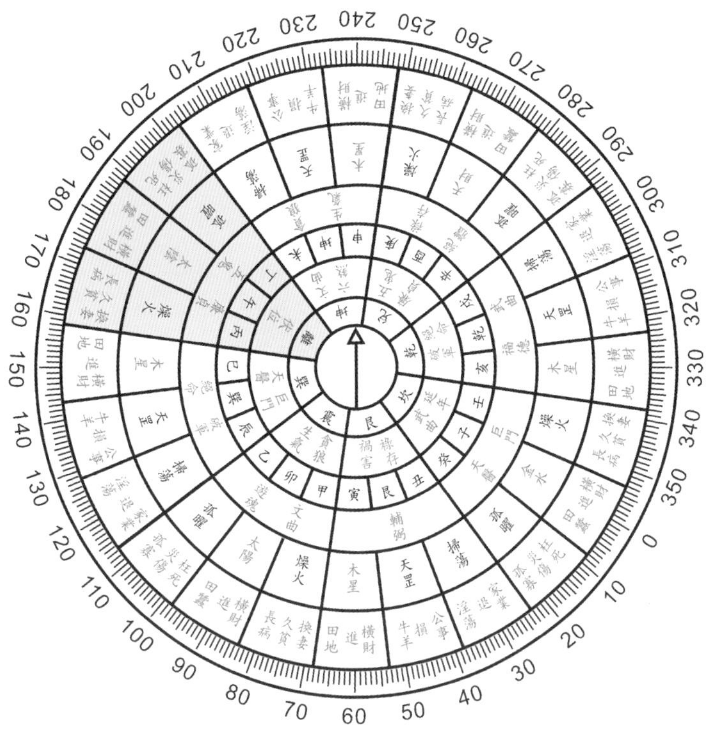

寅山申向開兌門

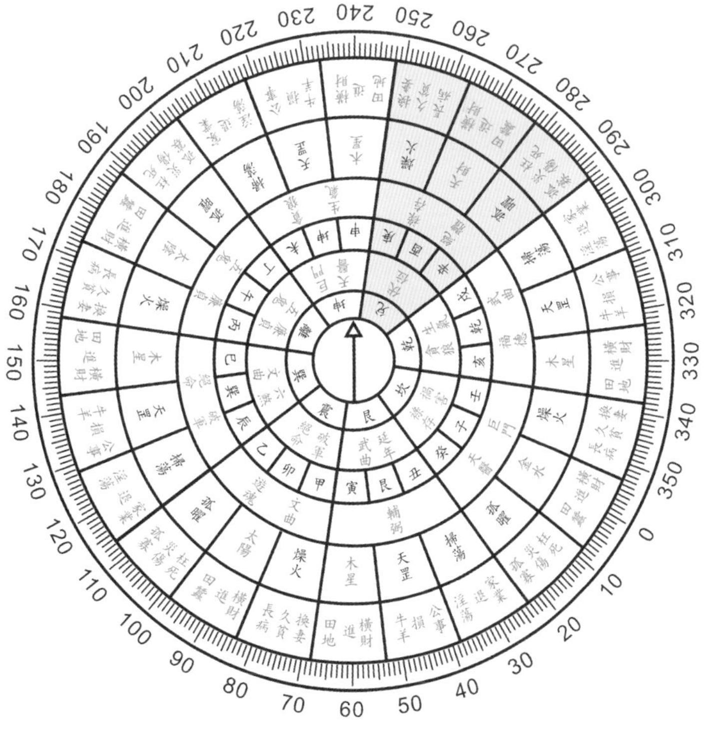

甲山庚向開兌門

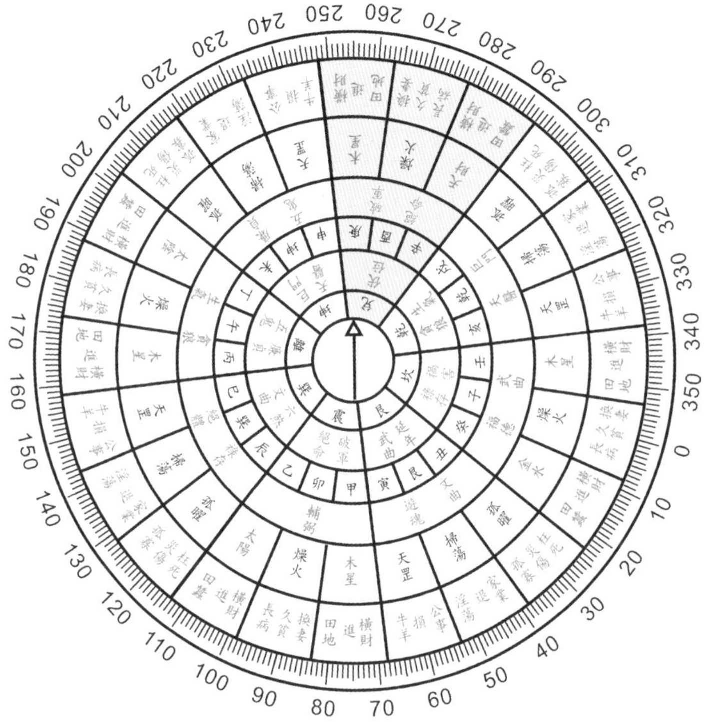

甲山庚向開坤門

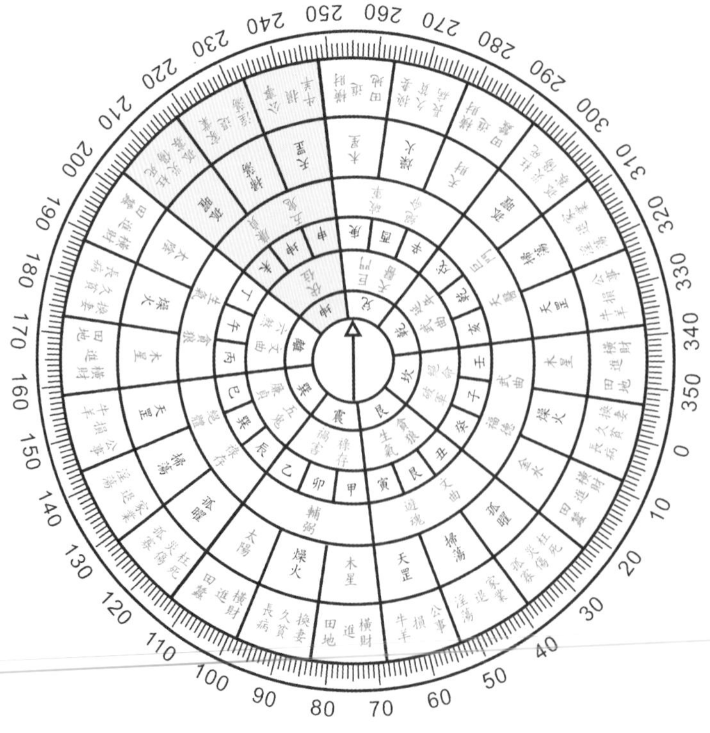

甲山庚向開乾門

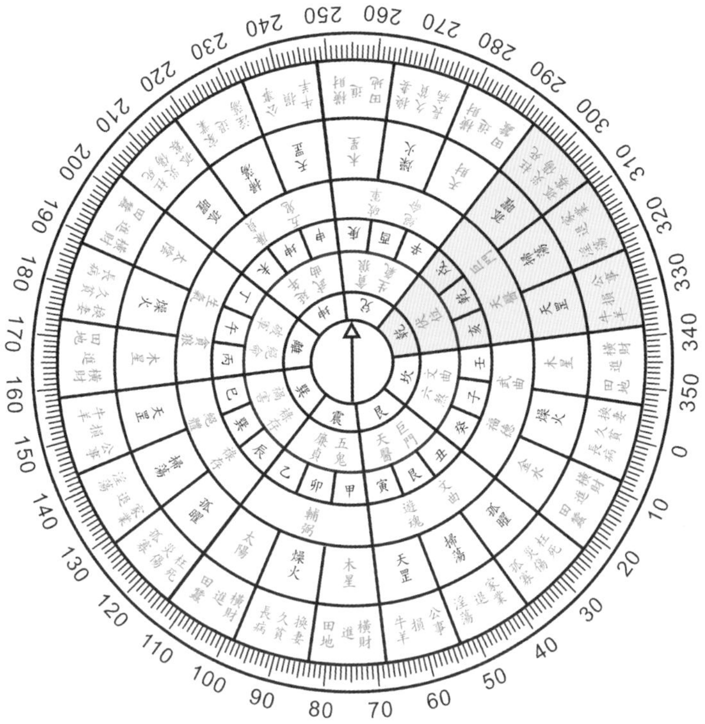

卯山酉向開兌門

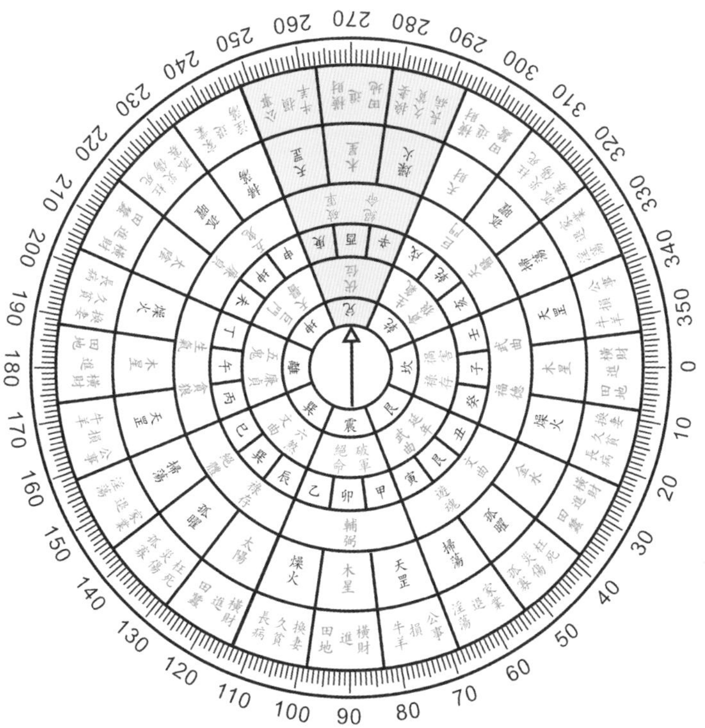

卯山酉向開坤門

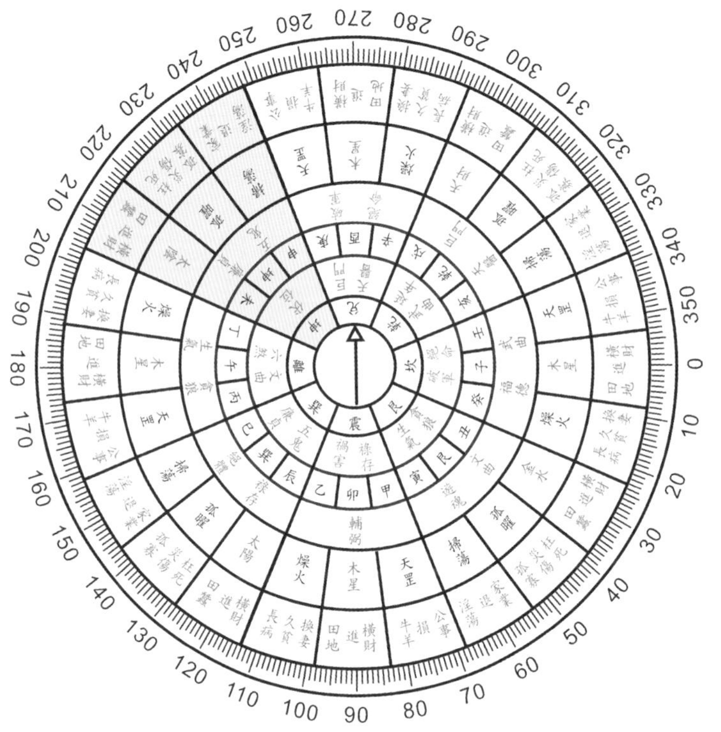

卯山酉向開乾門

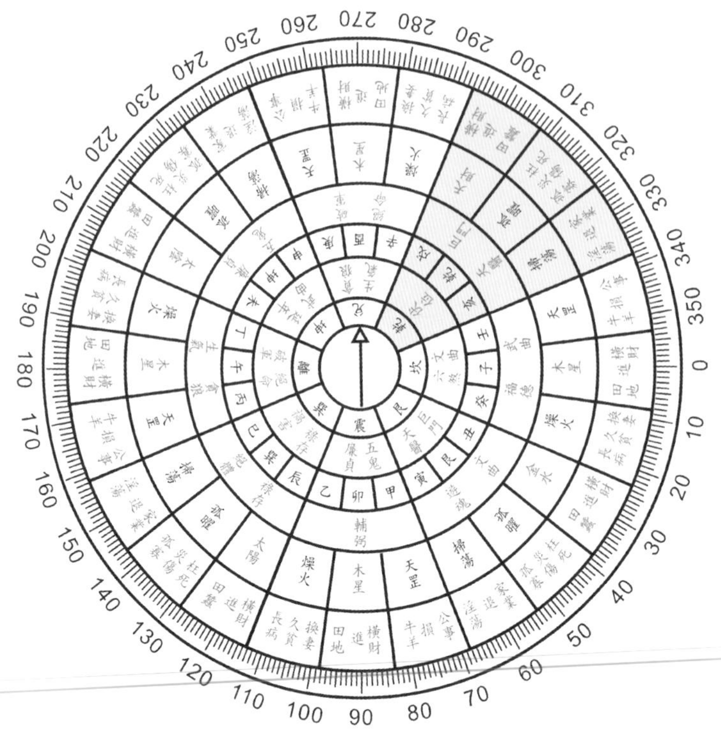

乙山辛向開兌門

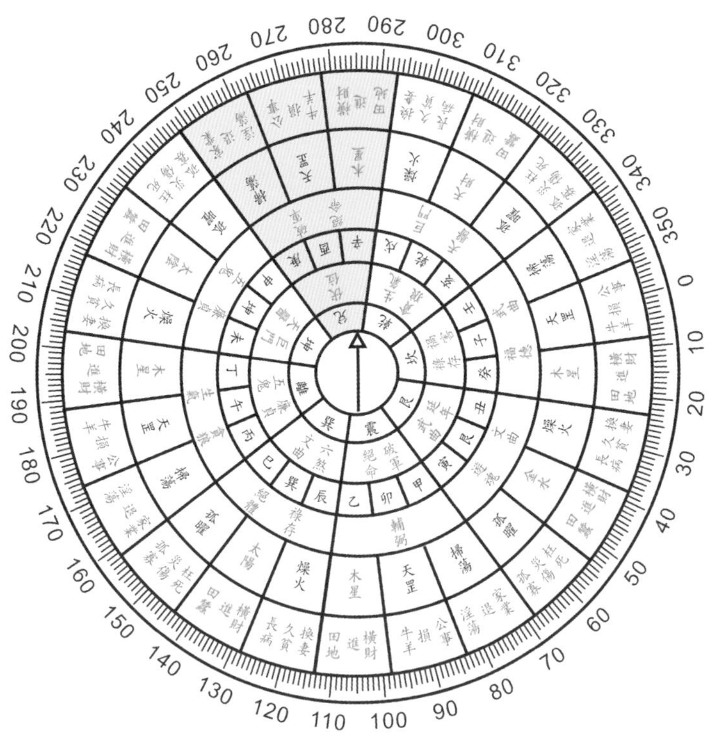

乙山辛向開坤門

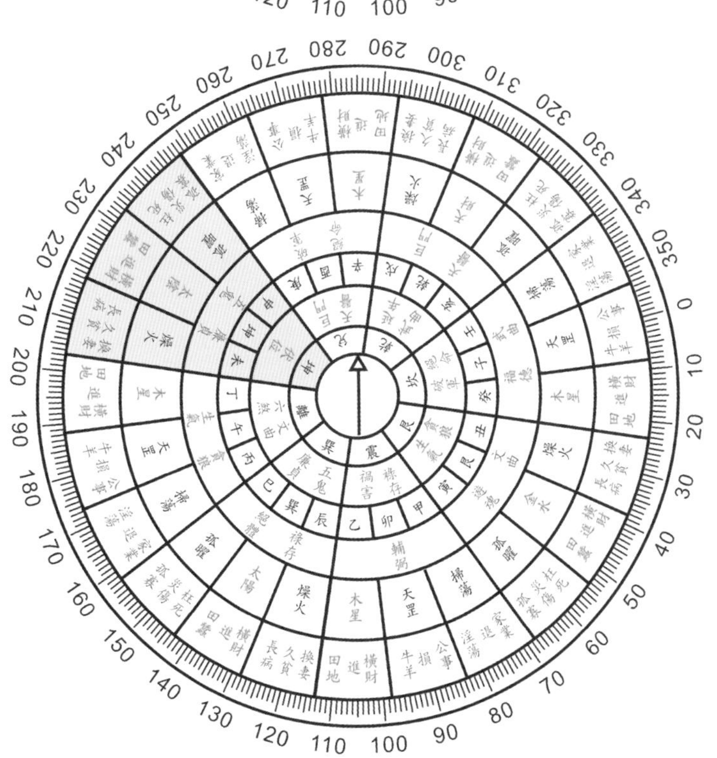

乙山辛向開乾門

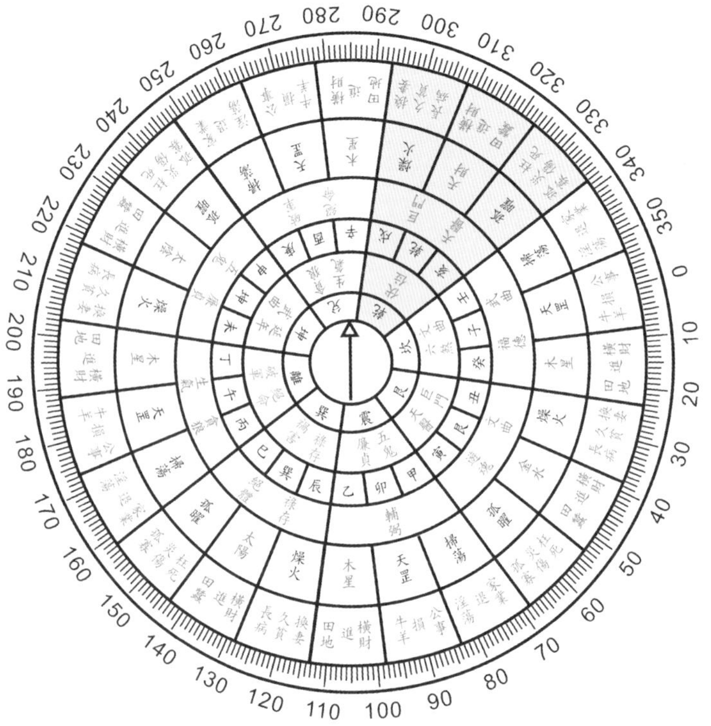

辰山戌向開乾門

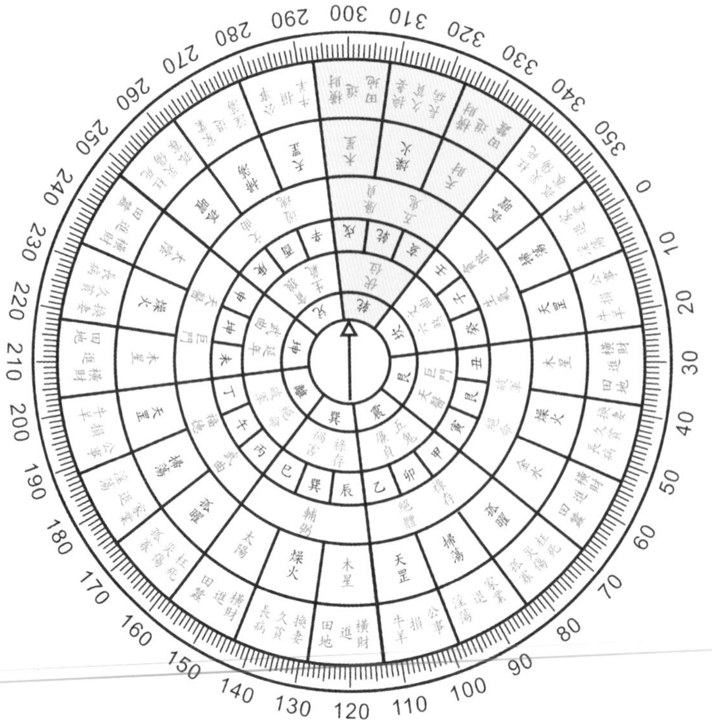

辰山戌向開兌門

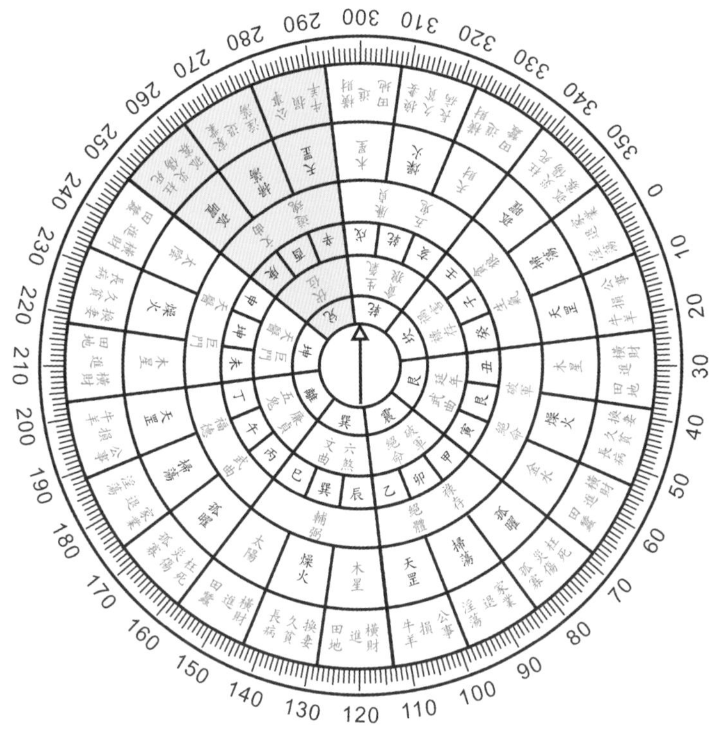

辰山戌向開坎門

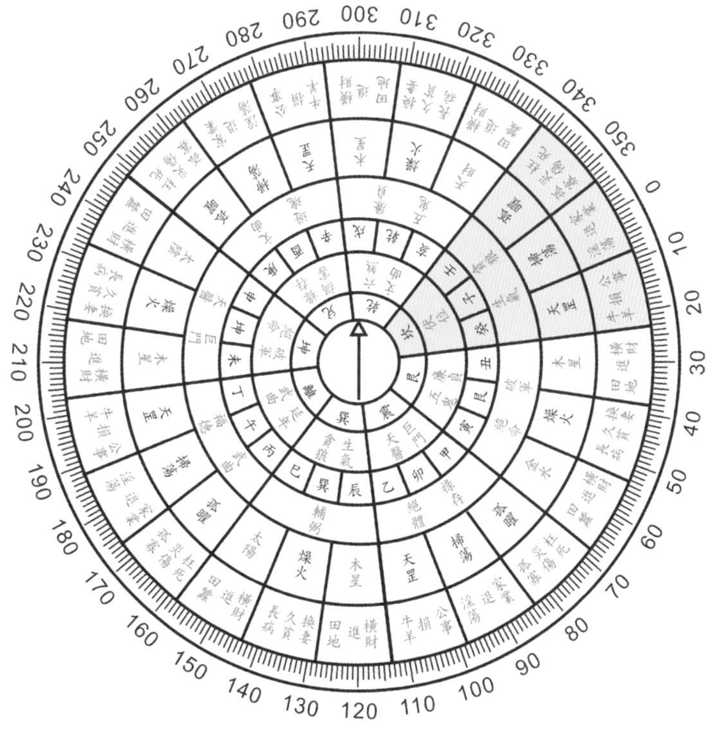

巽山乾向開乾門

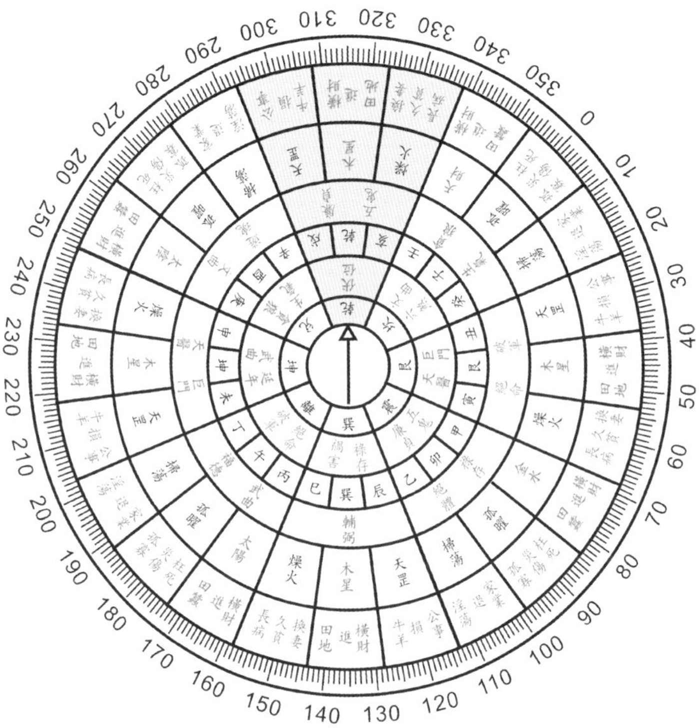

巽山乾向開兌門

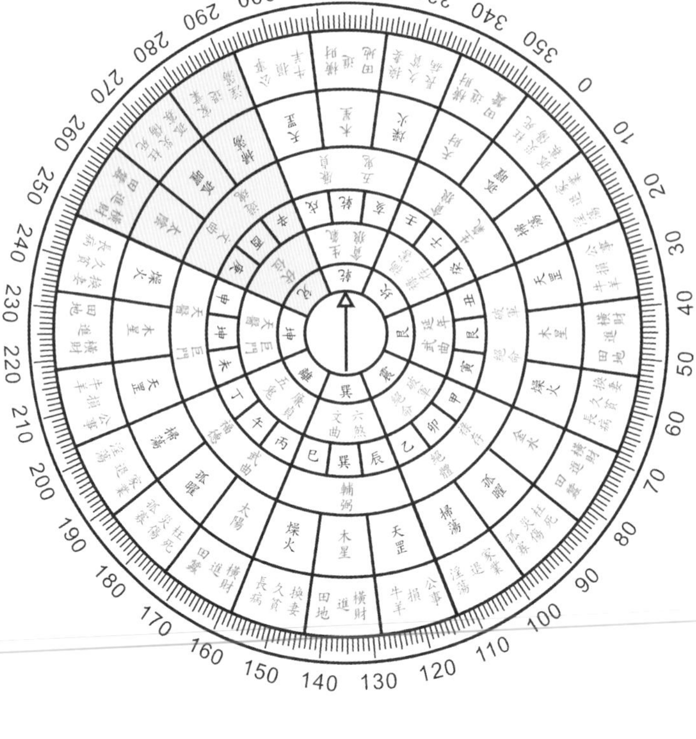

巽山乾向開坎門

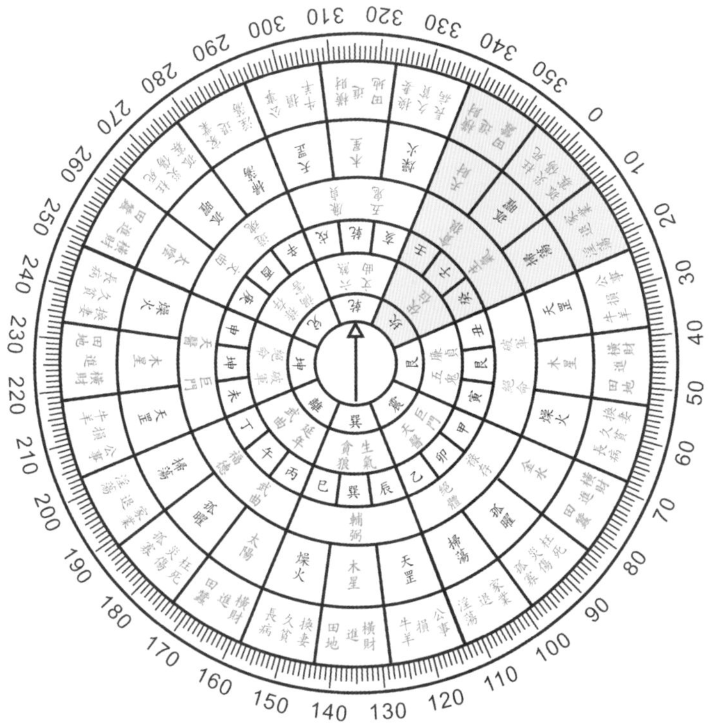

巳山亥向開乾門

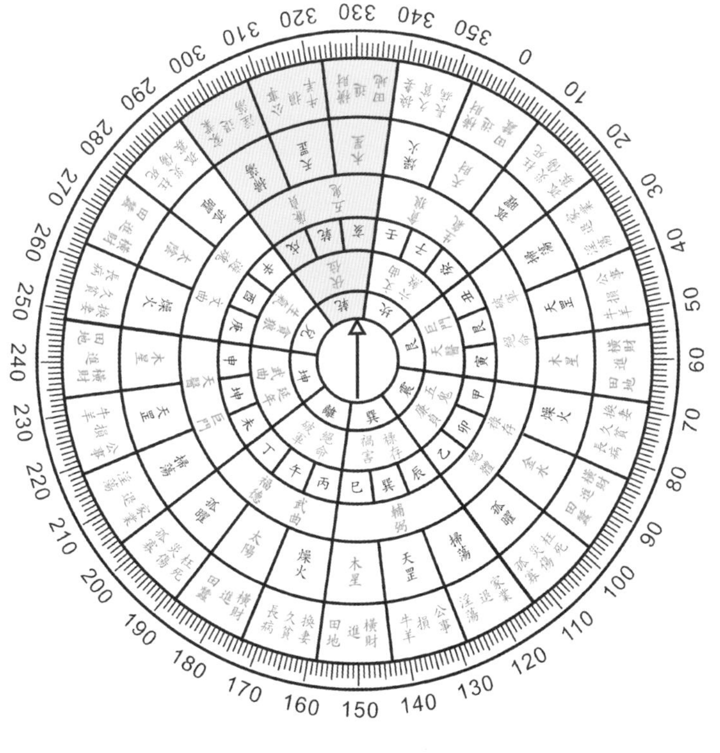

巳山亥向開兌門

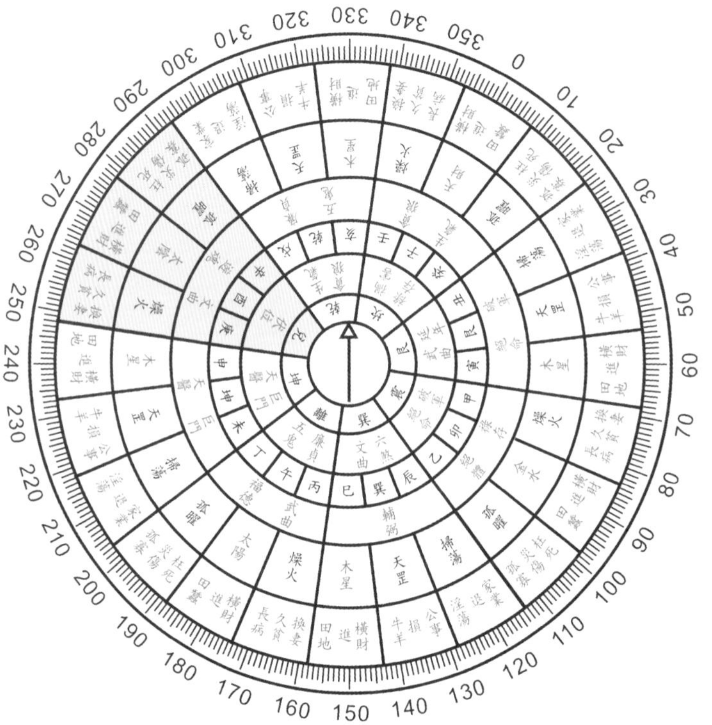

巳山亥向開坎門

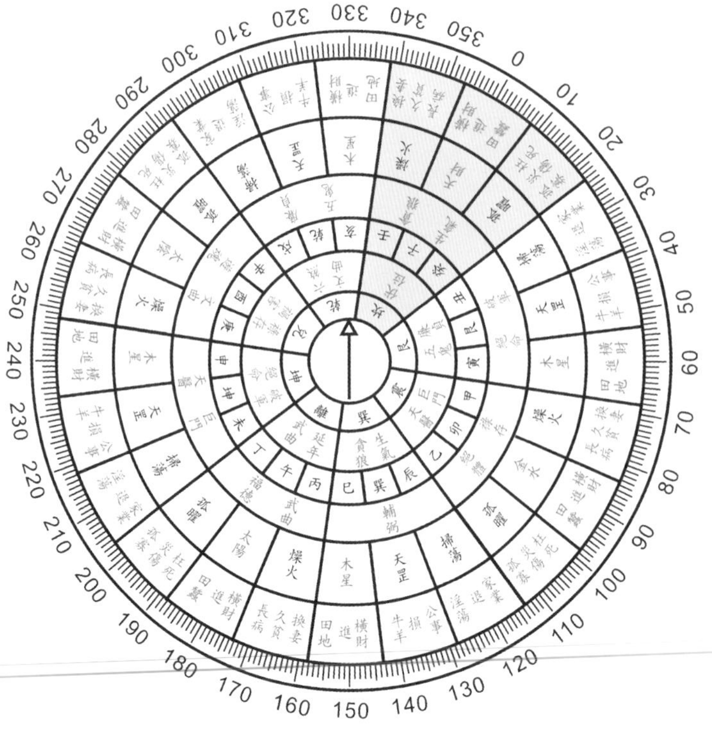

丙山壬向開坎門

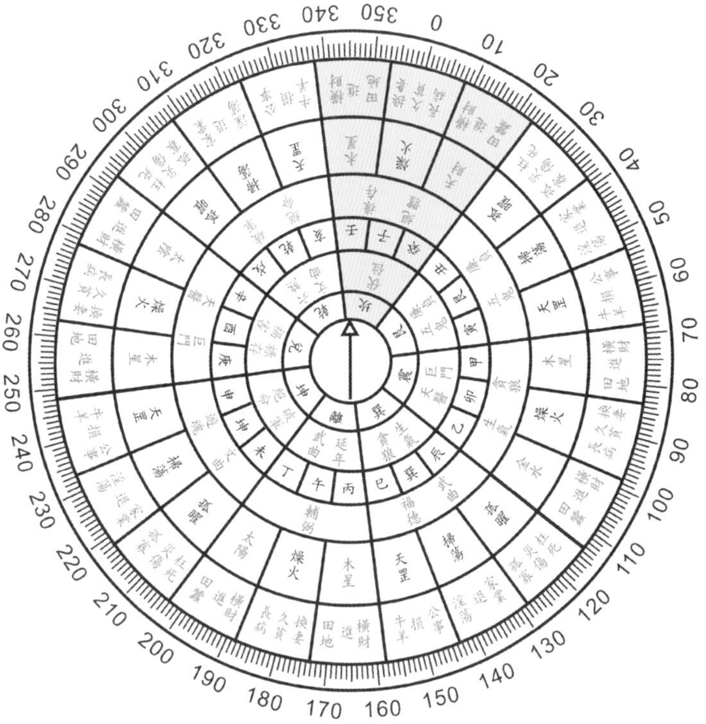

丙山壬向開乾門

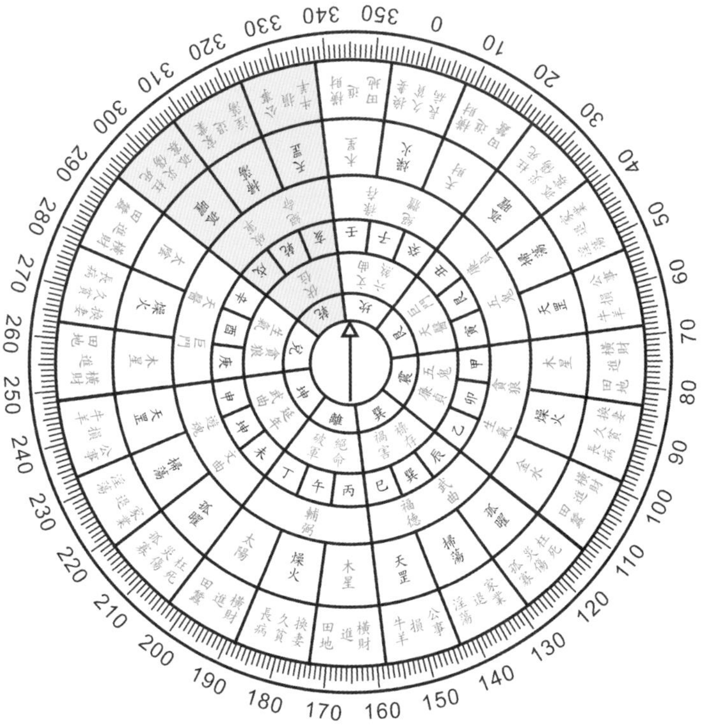

丙山壬向開艮門

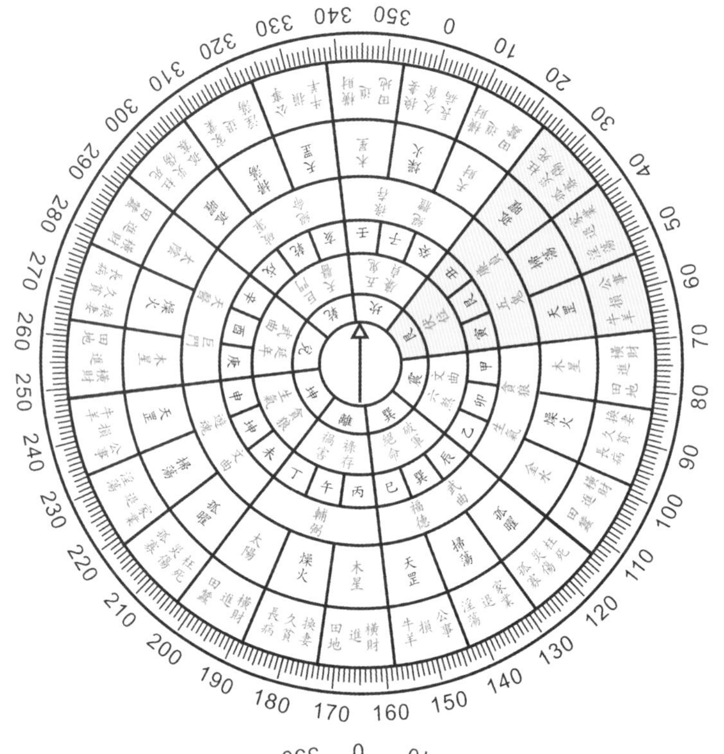

午山子向開坎門

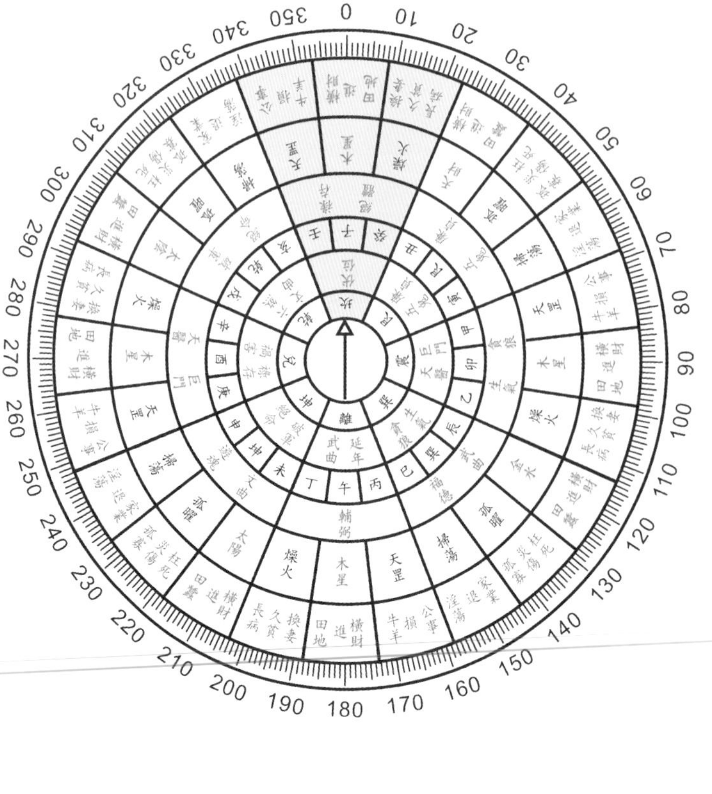

午山子向開乾門

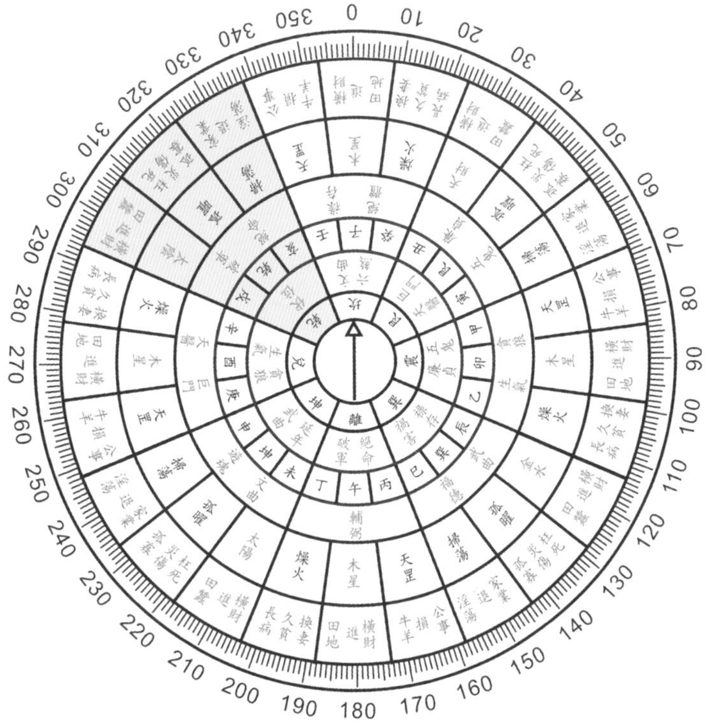

午山子向開艮門

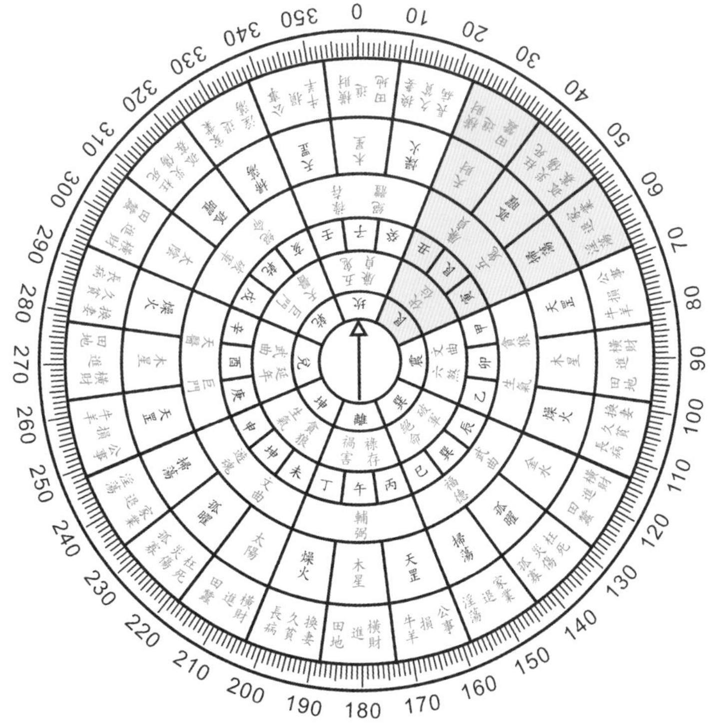

丁山癸向開坎門

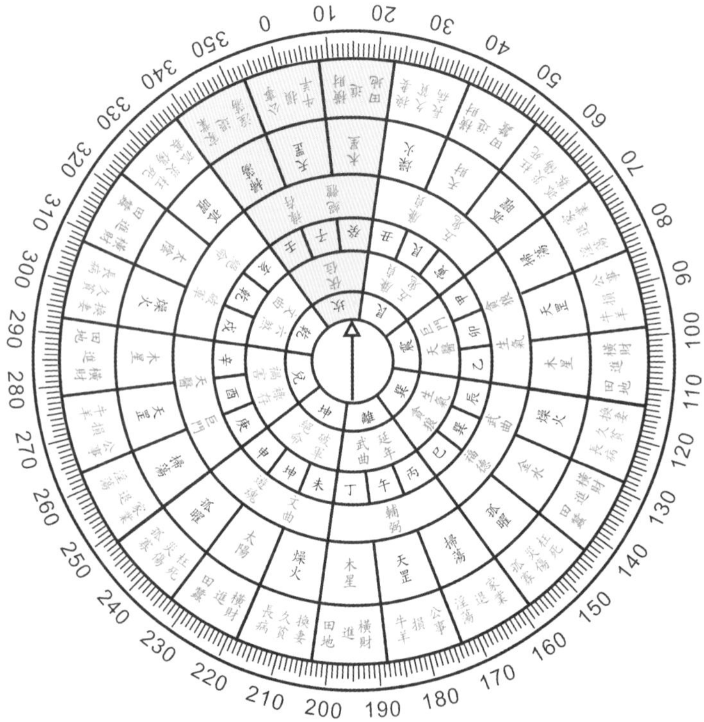

丁山癸向開乾門

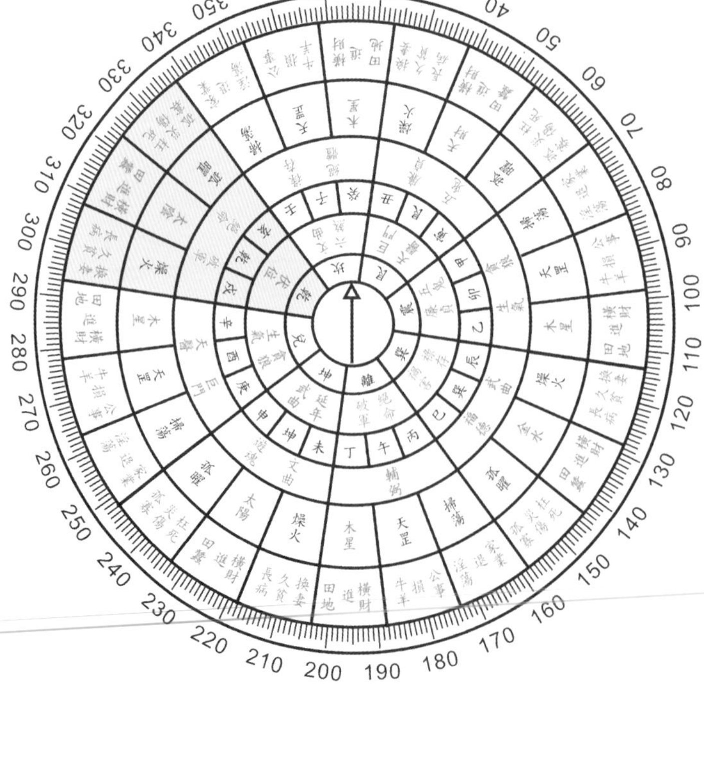

丁山癸向開艮門

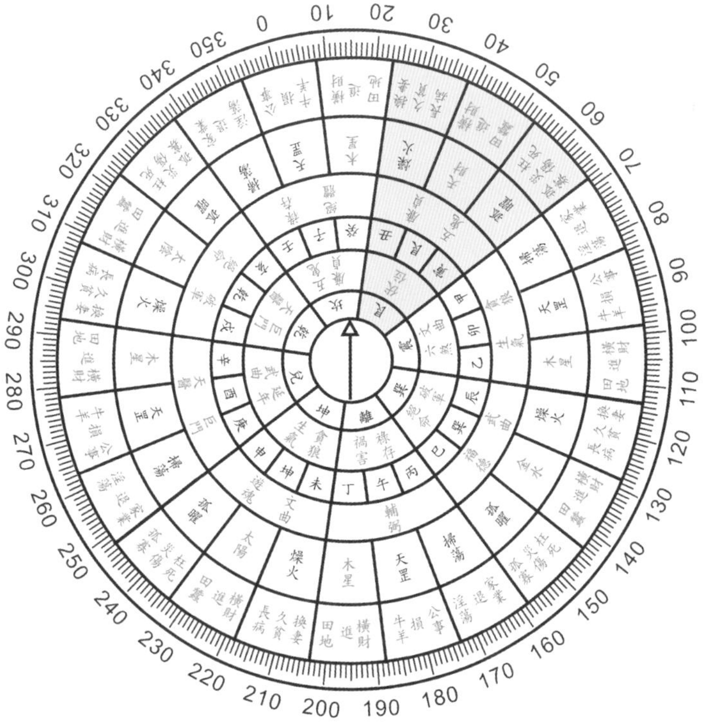

未山丑向開艮門

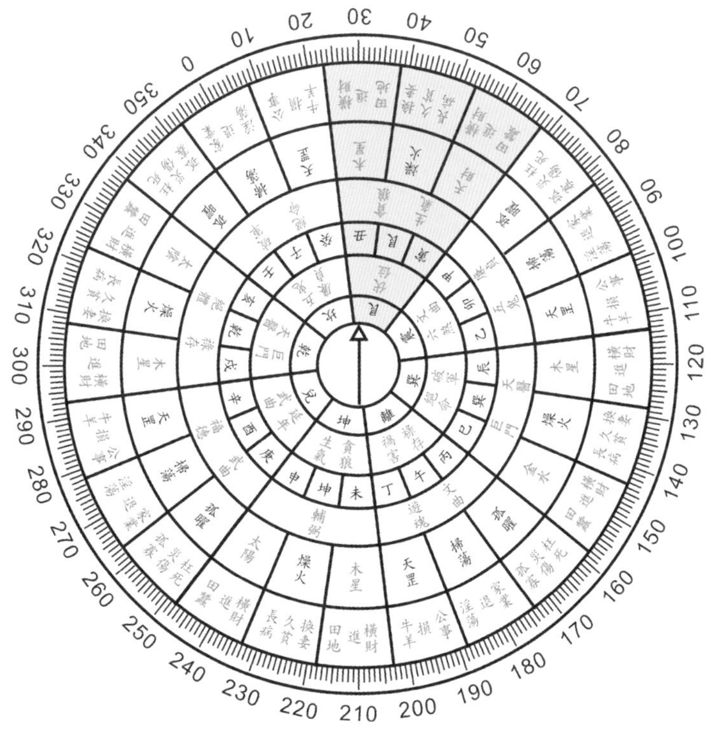

未山丑向開坎門

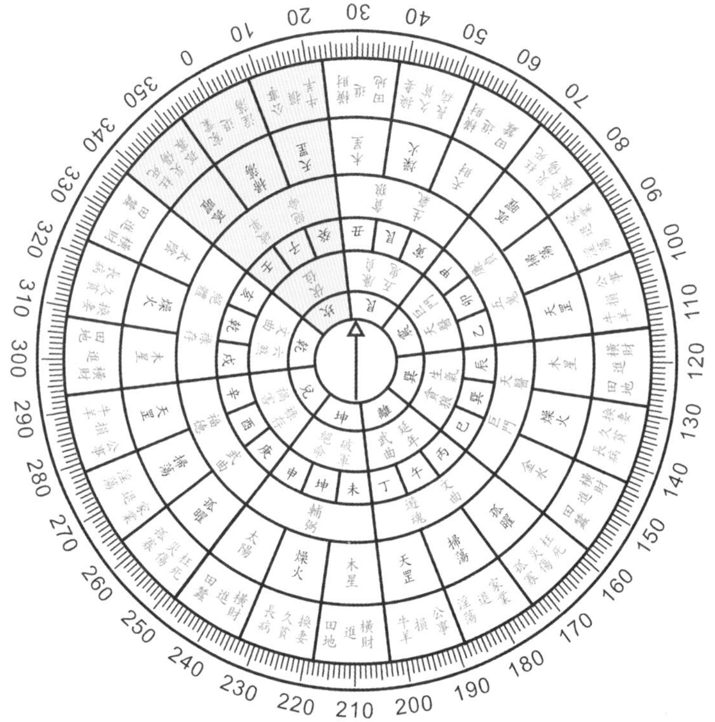

未山丑向開震門

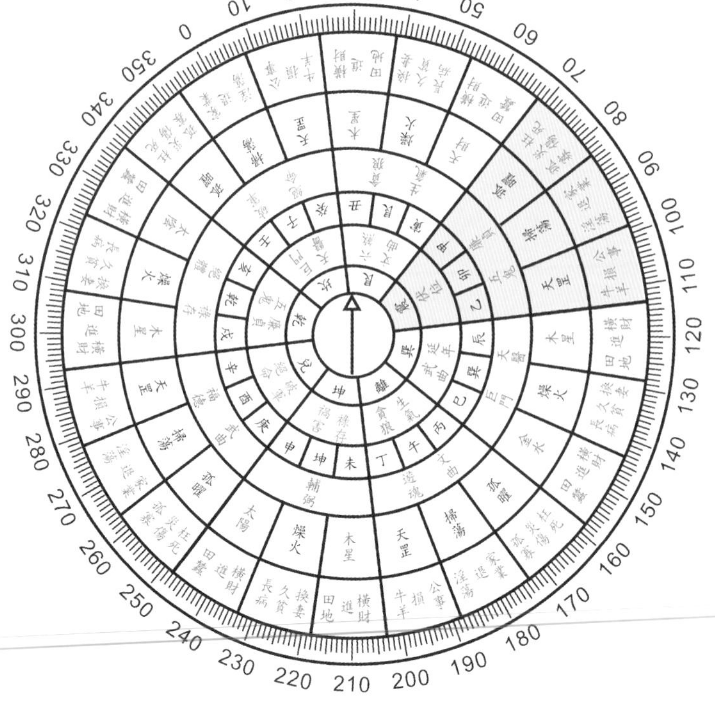

坤山艮向開艮門

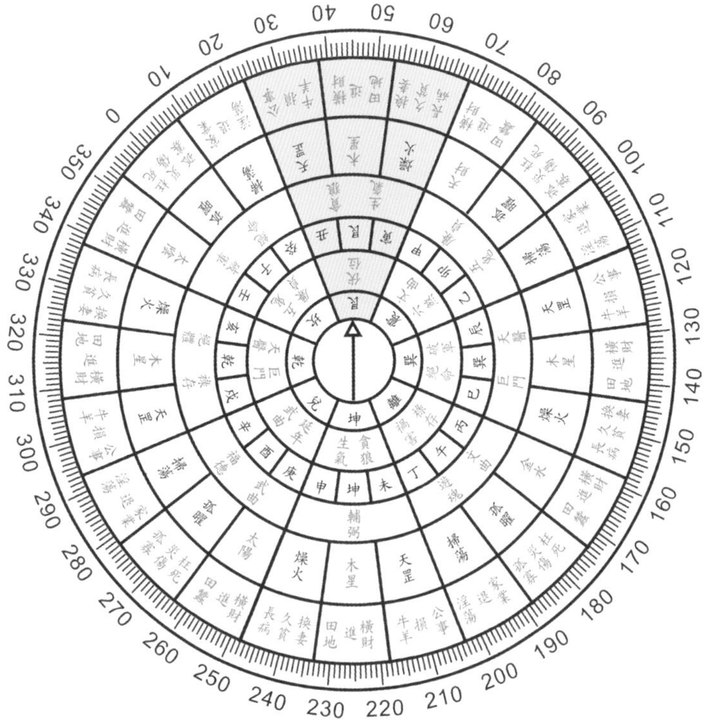

坤山艮向開坎門

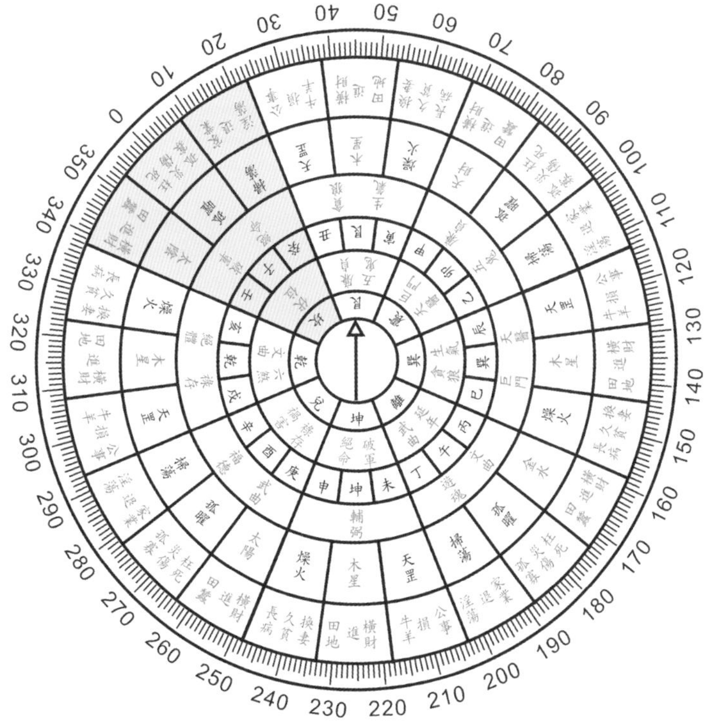

坤山艮向開震門

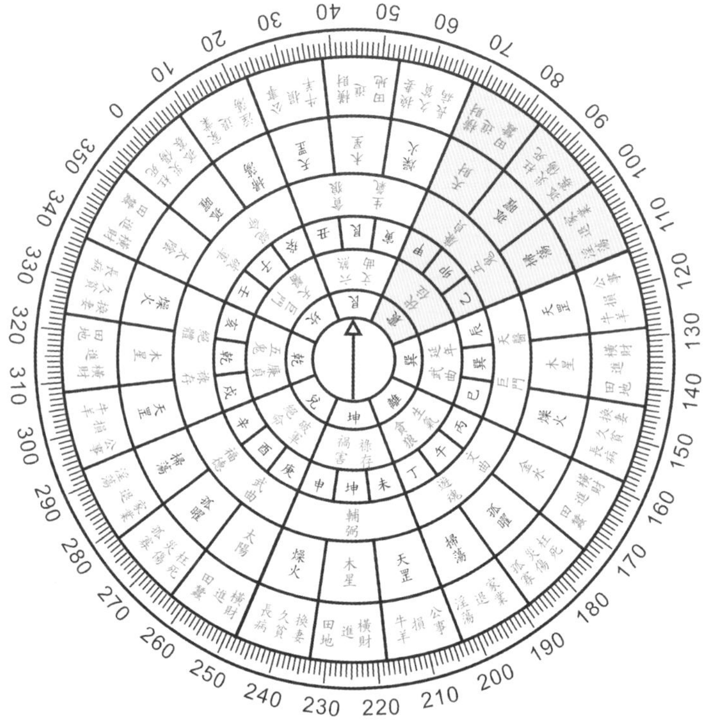

申山寅向開艮門

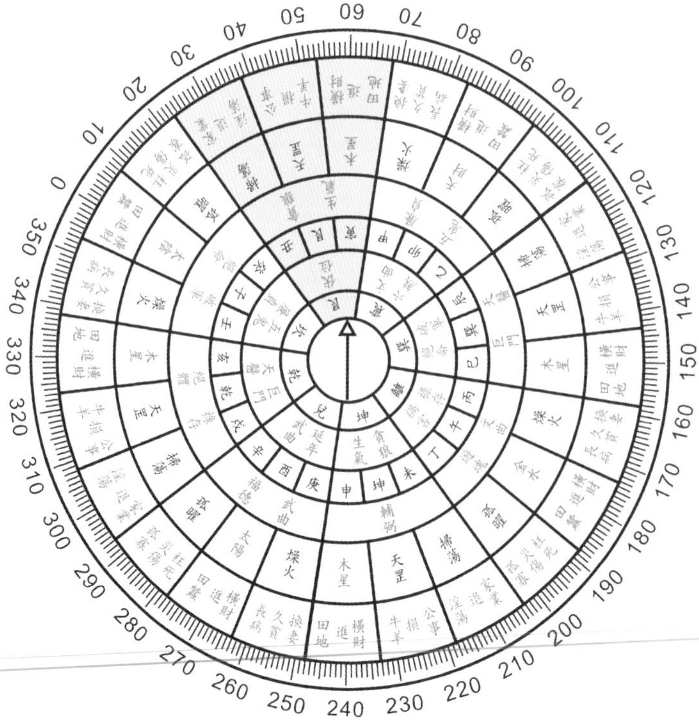

申山寅向開坎門

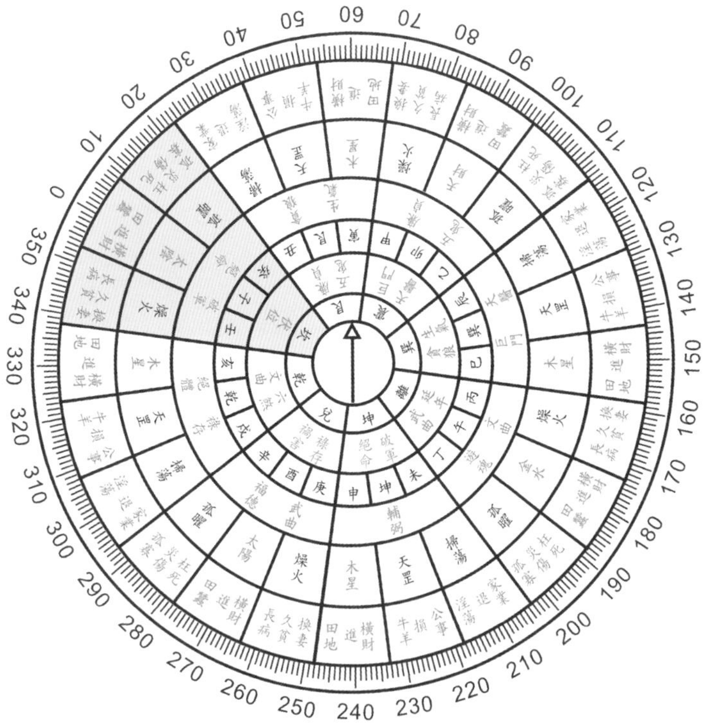

申山寅向開震門

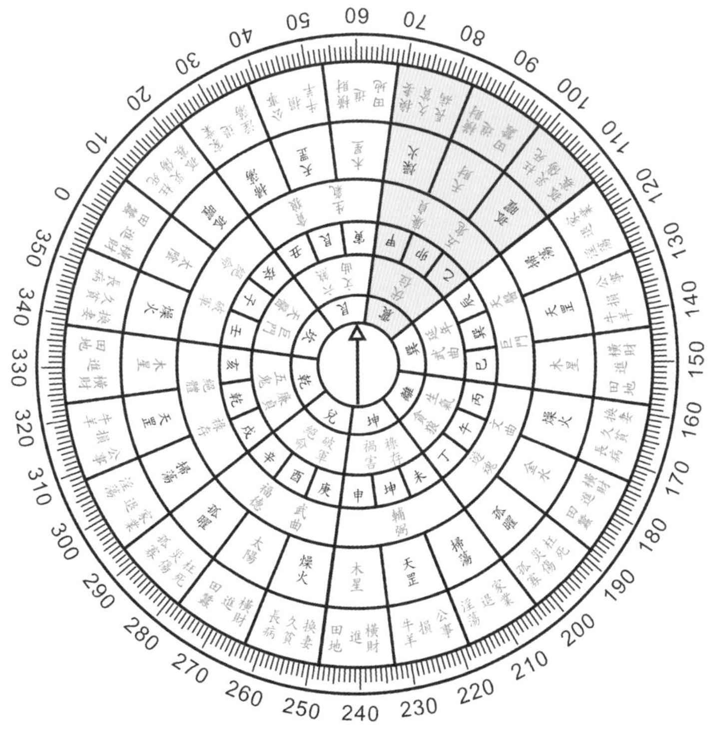

庚山甲向開震門

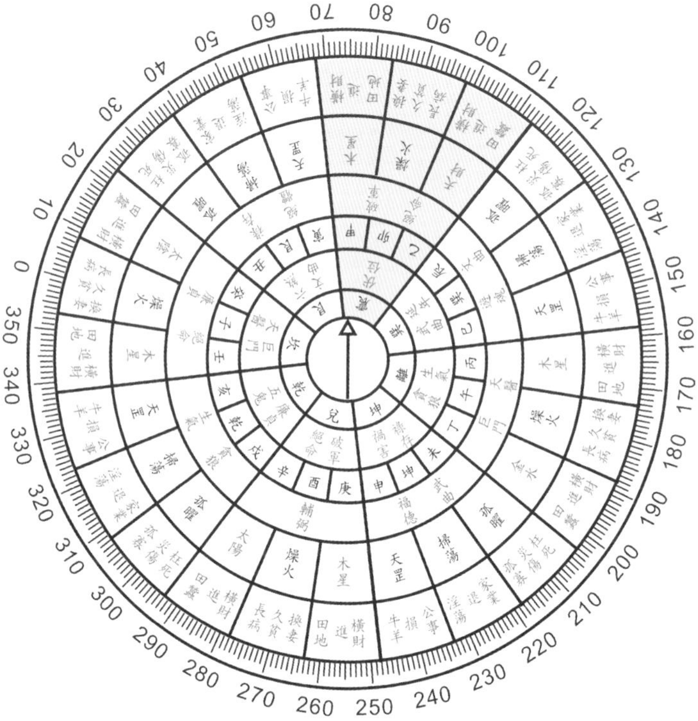

庚山甲向開艮門

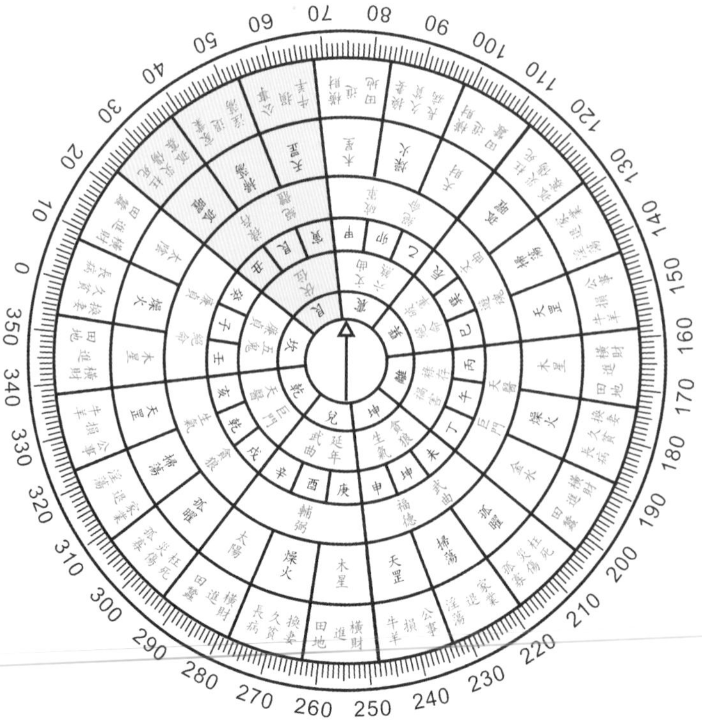

庚山甲向開巽門

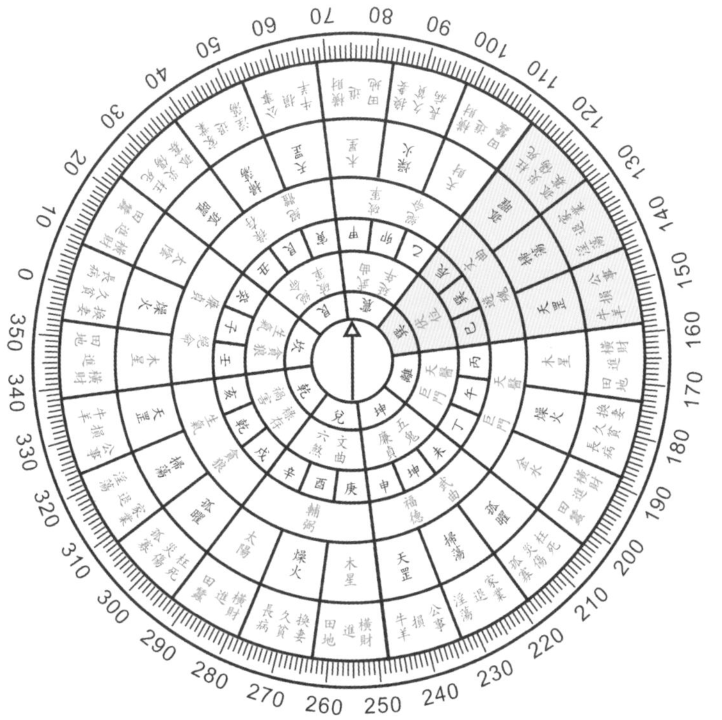

酉山卯向開震門

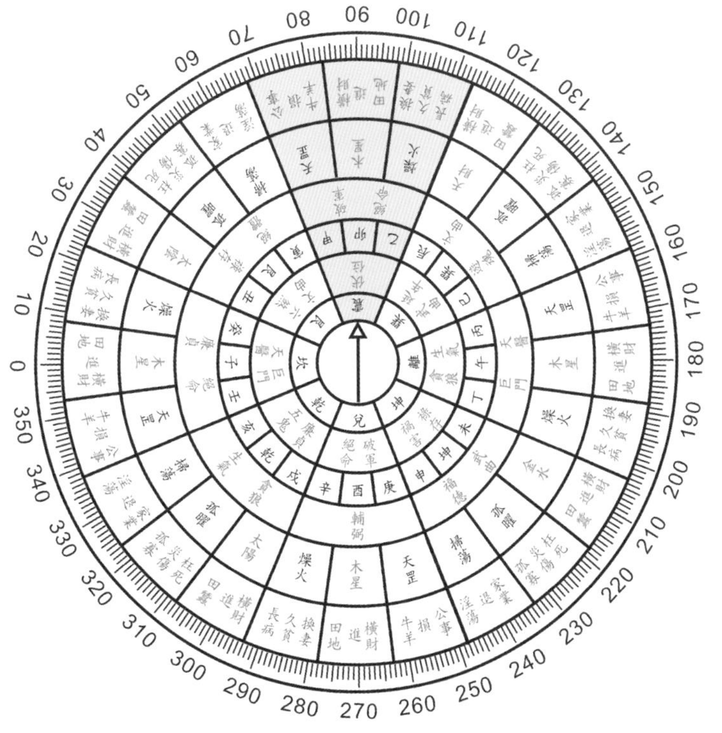

酉山卯向開艮門

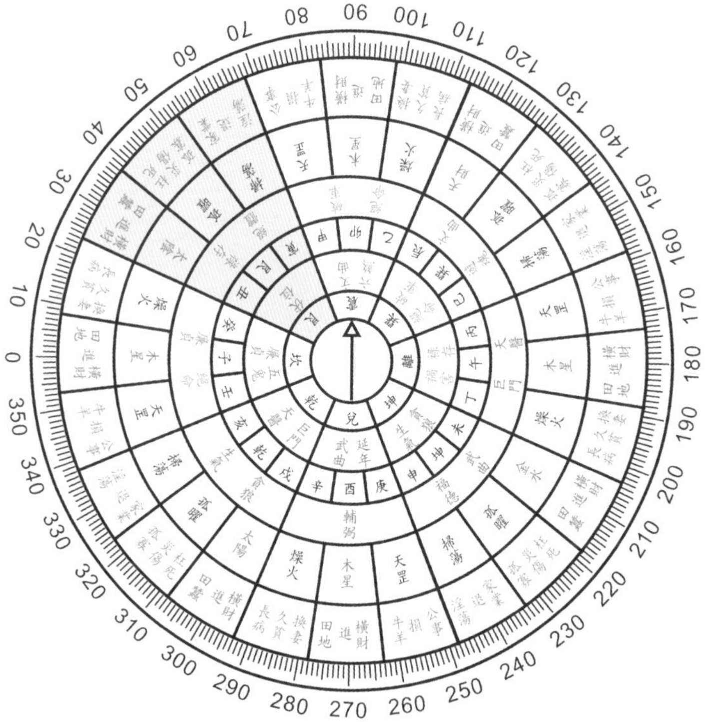

酉山卯向開巽門

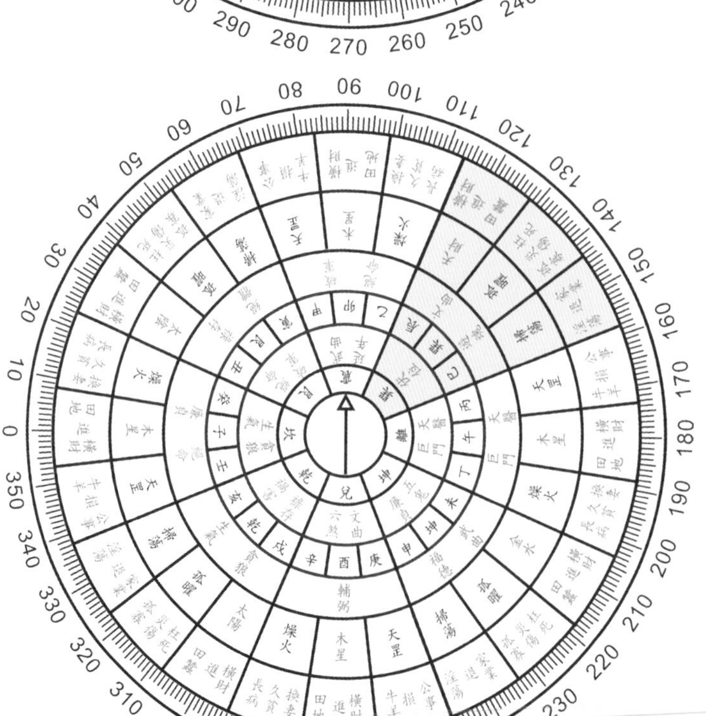

辛山乙向開震門

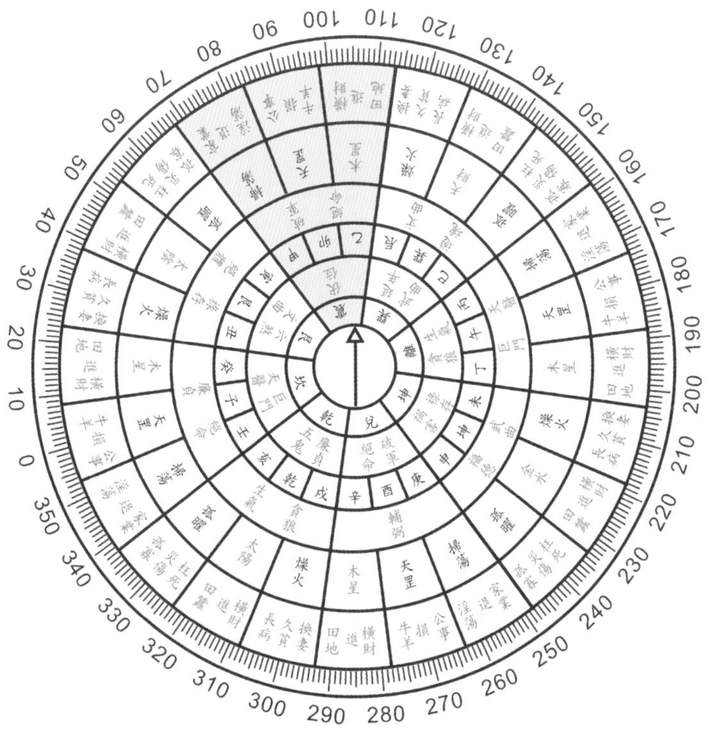

辛山乙向開艮門

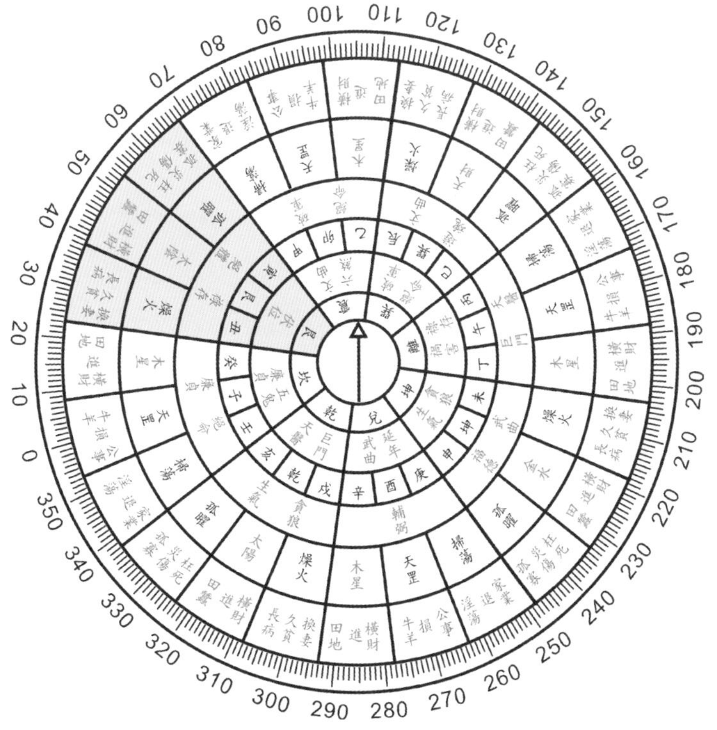

辛山乙向開巽門

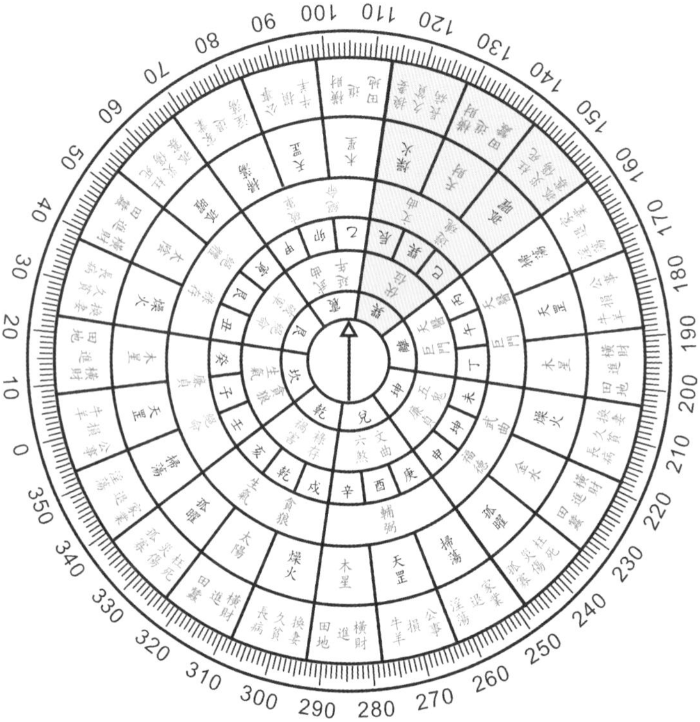

戌山辰向開巽門

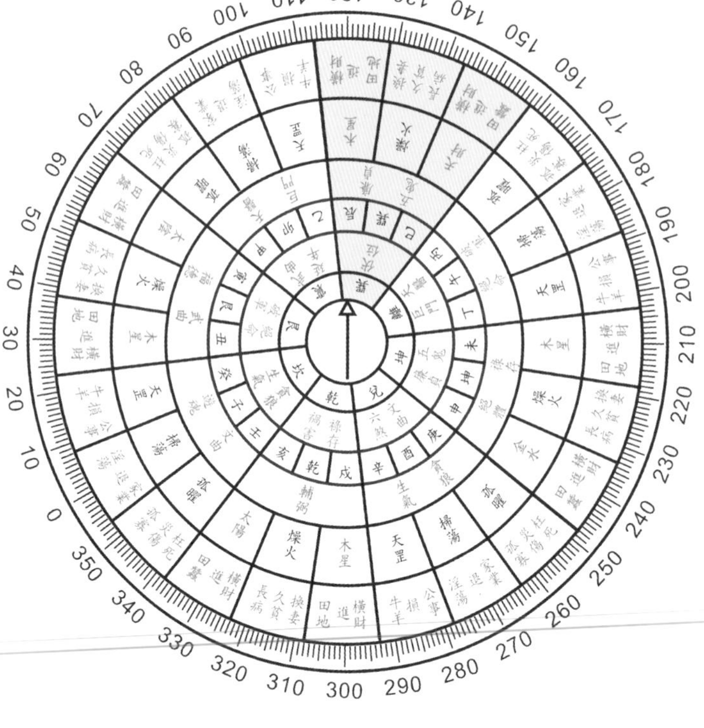

戌山辰向開震門

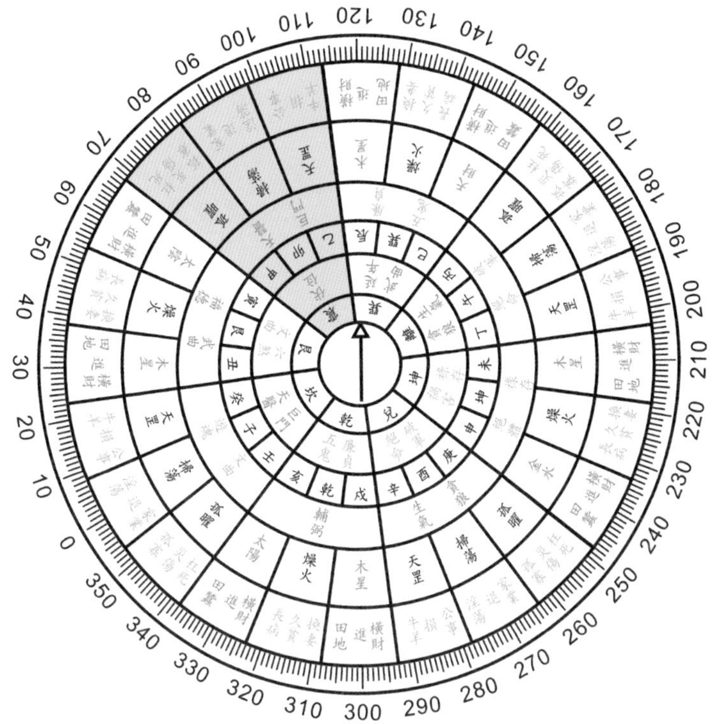

戌山辰向開離門

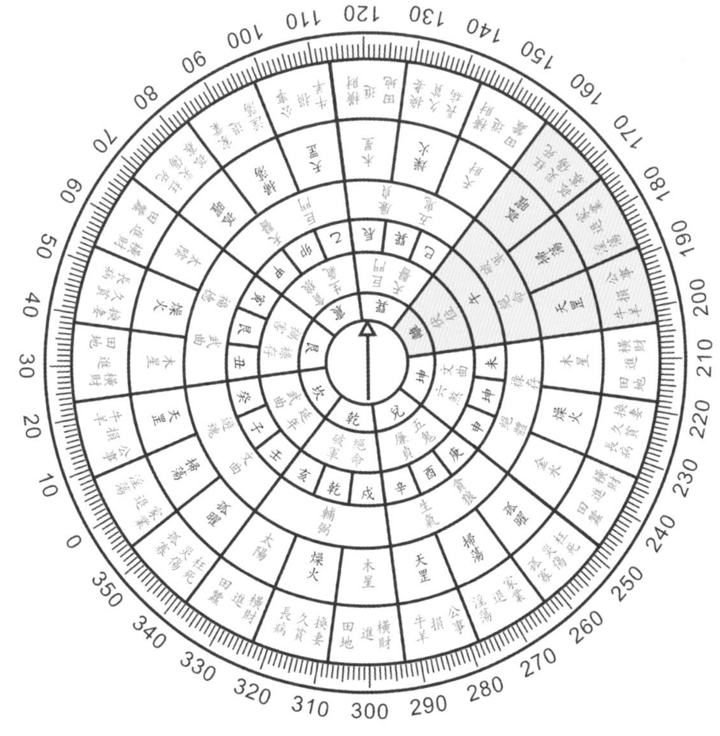

乾山巽向開巽門

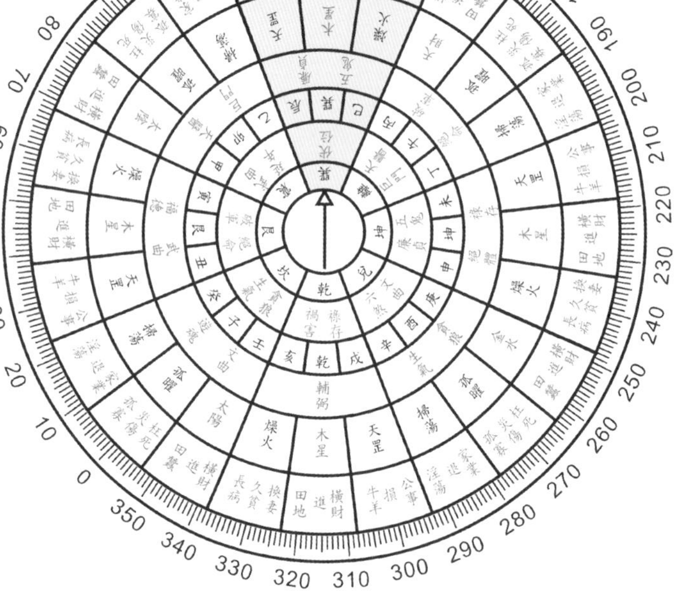

乾山巽向開震門

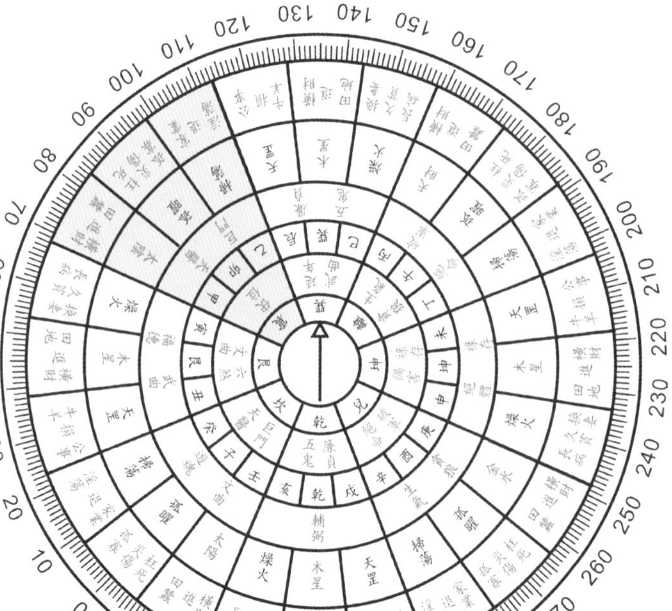

乾山巽向開離門

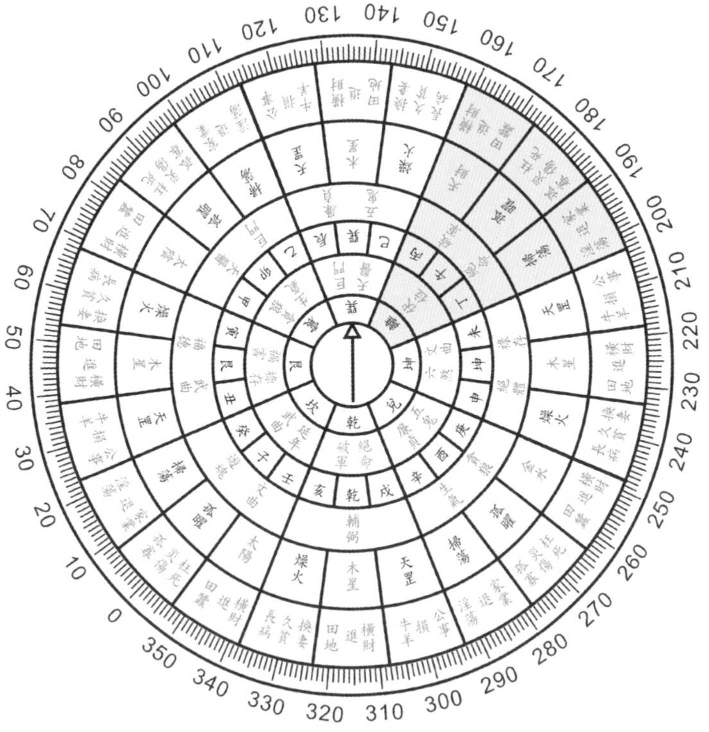

亥山巳向開巽門

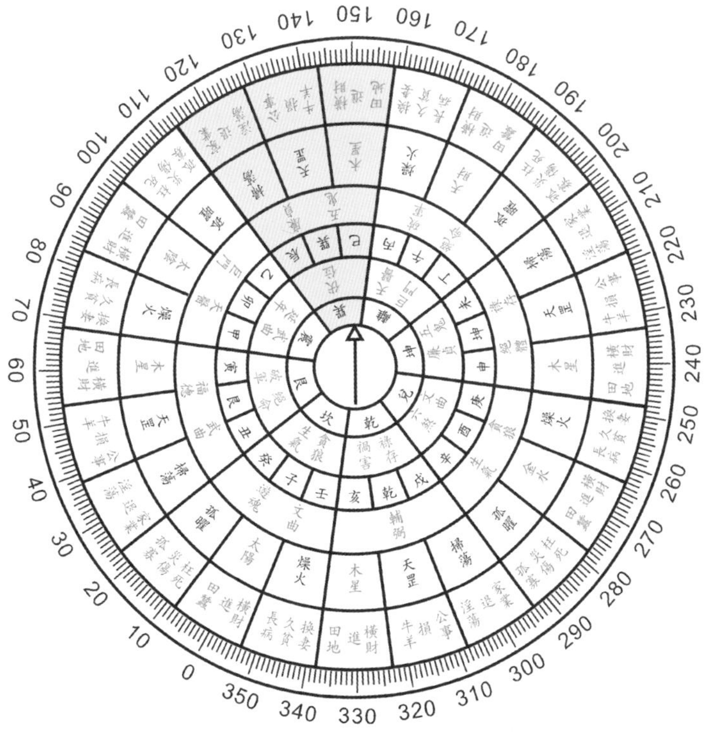

亥山巳向開震門

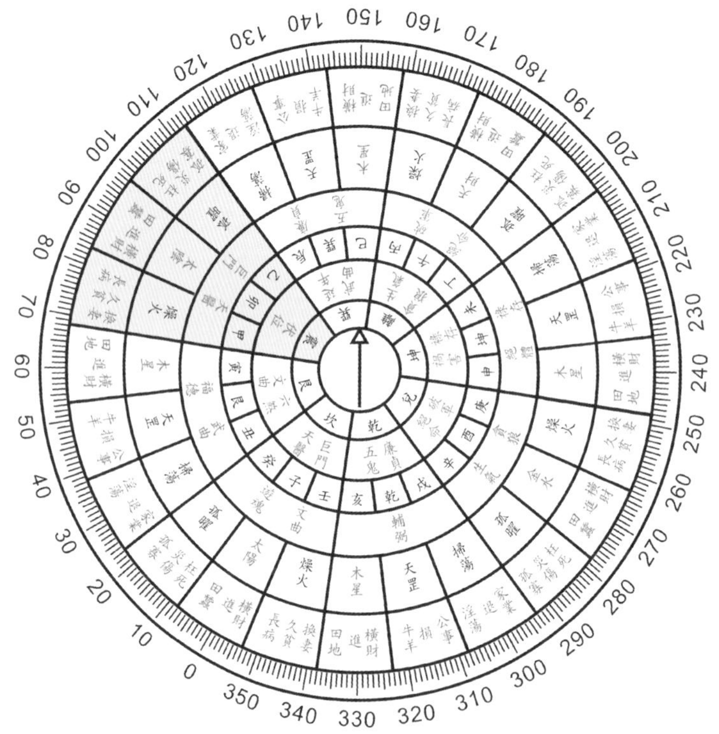

亥山巳向開離門

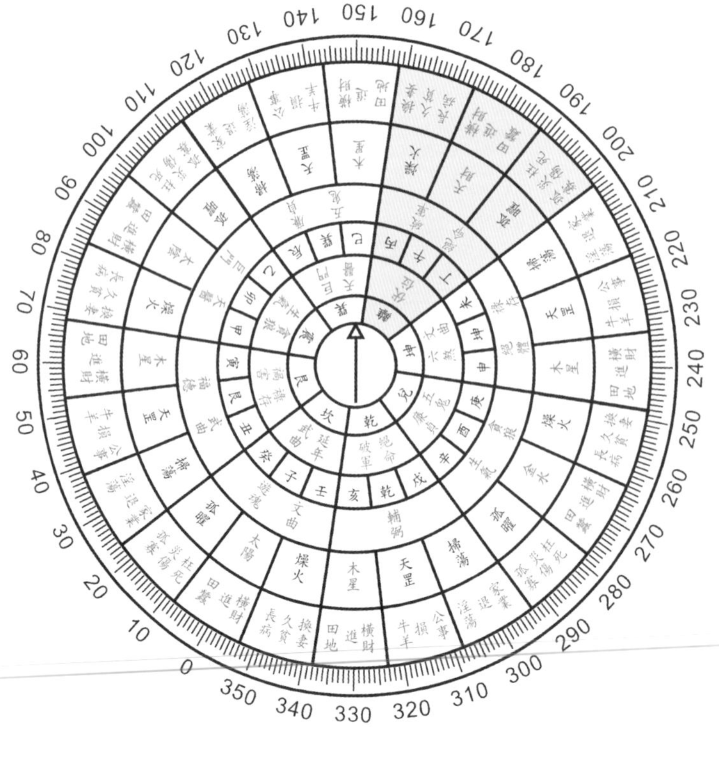

建築風水度量尺寸之吉凶

傳統建築的大木構架及門窗尺寸皆需採用吉利的尺寸，以祈希望能保佑闔家居住平安，並可添丁旺財。而一般的中國建築設計在取決吉利尺寸時，大多是依據兩類代代相傳的方法：

1、門公尺法。

2、尺白、寸白。

「魯班寸白薄」中，將「寸白」稱為「魯班尺法」，將「門公尺法」稱為「魯班周尺」。因為「魯班寸白薄」之中大多語焉不詳，出處欠缺明細，所以大多以建築師代代口傳心授的說法為準則。然而門公尺也稱做文公尺。兩者因為台語發音相近，但傳統建築師多數會寫成門公尺較多，因為這種尺法大多用在於建築物的門、窗尺寸之度量上。

吉凶尺寸的定法

中國建築設計常使用之尺法有三種：（1）魯班尺（2）門公尺（3）丁蘭尺

1、魯班尺

中國建築設計大木構架及門窗時，舉凡中脊高度、進深、面闊、大門尺寸、窗戶尺寸皆需符合吉利尺寸。這些吉利尺寸都是以魯班尺作為度量之標準。但是魯班尺並無實物可以考證，中國傳統建築師相傳，這是魯班公所創的尺（按史書記載，推測魯班公，即春秋戰國時之巧匠公輸般。）魯班尺的長度相當於今日台尺的九寸八分，約合 29.7 公分。現代一般的建築設計為方便起見，均以台尺代替魯班尺之度量為常態。

康熙年造魯班尺的正面刻字文字吉凶一覽表（吉、凶）

吉德	貴人星	權祿
仁義		忠信
進人		出官
安穩		俊雅
智慧		聰明
失財	天災星	散財
孝服		退人
瘟災		不孝
爭競		災病
膿血		長病
生離	天禍星	橫死
疾厄		官災
貧苦		瘟疾
盜賊		退財
麻衣		孤寡
爵祿	天財星	詩書
孝弟		主學
美味		清貴
迎財		財祿
官祿		天祿
財橫	官祿星	子孫
術藝		富貴
財招		進寶
進田		十善
滅財		文章
致爭	孤獨星	路卡
毆打		離散
招祟		酒食
死人		淫欲
走失		悖逆
自縊	天賊星	風疾
十惡		招瘟
爭鬥		囚獄
暗昧		瘟災
花色		官災
生善	宰相星	才人
禮樂		詩書
子孫		橫水
莊產		孝子
出官		貴人

背面　正面

康熙年造魯班尺

公制單位換算表				
	一台尺	一魯班尺	一門公尺	一丁蘭尺
公制	30. 3cm	29. 7cm	42. 76cm	38. 01cm

公制單位換算表

康熙年造魯班尺的背面刻字文字吉凶一覽表（吉、凶）

貪狼王進財	營永自然來	財木星	此物何處取	必得外人財
巨門多孝服	遊蕩走他鄉	病土星	疾病退田宅	淫亂招災殃
祿存人多狼	別離又不祥	離土星	夫妻不相遇	男女離家鄉
文曲星降臨	世代近君王	義水星	其家多富貴	輩輩有名揚
喜逢武曲星	其家有餘榮	官金星	五音田財進	世代顯美名
得遇廉貞星	官事退園林	劫火星	劫財身孤寡	橫禍不佳逢
建門逢破軍	家中出橫人	害火星	田宅多破敗	瘟病不離門
輔問是高傑	金錢積滿門	吉金星	五音田宅廣	百年永昌榮

2、門公尺

門公尺與丁蘭尺是古代建築設計決定吉凶尺寸的度量尺，材質通常為木製。一面為門公尺刻度，一面為丁蘭尺刻度。門公尺用來度量陽宅及按奉神明桌或屬於吉祥的建築擺飾之吉凶，諸如門、窗、神桌的尺寸。丁蘭尺用來度量陰宅的吉凶，諸如祖先神主牌、棺木的尺寸。

門公尺簡介

門公尺共有八寸，每寸合魯班尺一寸八分，全長合魯班尺一尺四寸四分。

門公尺≒1.44魯班尺≒1.4112台尺門公尺每一寸皆有一字與之對應，總共有八字「財」、「病」、「離」、「義」、「官」、「劫」、「害」、「本」。每字範圍內又細分為四個刻度，每刻度有一吉利或凶煞的詞句。基本上，「財」、「義」、

本				害				劫				官				義				離				病				財			
興旺	進寶	登科	財至	口舌	病臨	死絕	災至	財失	離鄉	退口	死別	富貴	進益	橫財	順科	大吉	貴子	益利	添丁	失脫	官鬼	劫財	長庚	孤寡	牢執	公事	退財	迎福	六合	寶庫	財德

約7. 05台寸

約14. 11台寸

「官」、「本」四字為吉；「病」、「離」、「劫」、「害」為凶。

2、丁蘭尺

丁蘭尺是用在陰宅及神主牌的尺寸度量上，總共十格（一格對應一字），每格又細分為四小格。每大格合魯班尺一寸貳分八（約3.8公分），全長十二寸八分，因為本書乃筆者陽宅風水之專書，所以在丁蘭尺的用法上，在此就扼要簡明的說明之。

「寸白」的基本應用原理

由天父、地母「寸白」口訣的文字組成來說，「寸白」具有八卦、數字、顏色等三種組成元素。

八卦元素代表房屋坐向，是由房屋坐山配合「納甲法」推衍出八卦的屬性。數目字及顏色俱是寸白基本型態中的項目。口訣的涵意與「尺白」的口訣涵意類似，主要作用即是點出某卦的「一寸」應自「寸白」基本型態的那一項起算，而後依各項的排列順序依次推衍出二寸、三寸、四寸…九寸等各自對應的項目，由各該項的吉凶，再來判定與該項對應寸數的吉凶，因而推算及應用上屬於較專業性質，所以本書謹作簡要的解說。

舉例說明：

西山卯向房屋寸白吉利數值推算例證

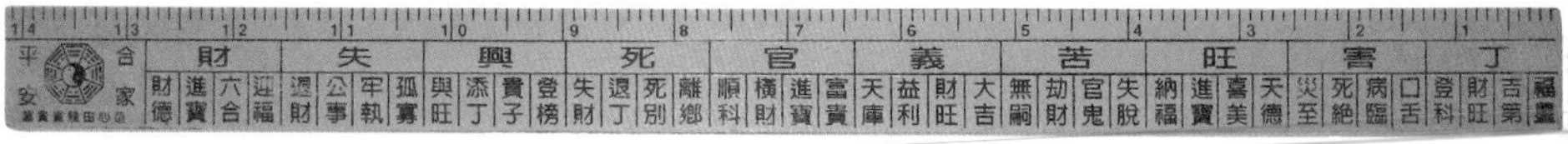

丁蘭尺

（1）房屋朝向正東，坐山為正西，通稱酉山卯向。

（2）依「納甲法」口訣，可知坐酉山的房屋屬兌卦。

（3）由天父「寸白」口訣，可知兌卦由九紫火起算一寸。

由地母「寸白」口訣，可知兌卦由四綠木起算一寸。

（4）再從寸白基本型態，順序找出吉利寸數。

酉山卯向房屋寸白吉利數值推算表（■為吉利數）

紫白九星／寸白型態	一白水	二黑土	三碧木	四綠木	五黃土	六白金	七赤金	八白土	九紫火	酉山卯向吉利寸數
天父寸	2	3	4	5	6	7	8	9	1起	1 2 7 9
地母寸	7	8	9	1起	2	3	4	5	6	3 5 6 7

由上例求出的吉利寸數，尚須與房屋朝向的五行的生剋制化相互配合，方能找出吉利的寸數。

「步」的度量解說

中國傳統建築決定吉凶尺寸的方法，已如前段文章所述。「尺白」、「寸白」及門公尺法所定出的吉利尺度以「尺」、「寸」為度量單位，多用於房屋各部構架的設計上。但是另有一種較大的度量單位稱為「步」，通常用來決定步廊及中庭的尺度。

「步」的度量單位除了用在步廊的寬度和中庭深闊以外，還會用在宅與門之距離的吉凶。但大多數的傳統建築師都沒有論得如此嚴謹。廖石成司傳曾提到大門與廳門間距離步數必須為奇數，不可為偶數。其中奇數步的一步、三步、五步、七步、十三步為吉，其餘之偶數為凶。本法是由屋簷滴水處起量至立門處，得單步為吉。風水亦論及宅屋之闊度、深度，需合「步」數的吉凶，其步數的吉凶論法如下：

建除12神步數與吉凶一覽表（●不可犯●需合）

建除十二神	步數	宅屋闊度	宅屋長度	門間距離	吉凶
建	13 1				平
除	14 2		●	●	吉
滿	15 3	●			凶
平	16 4	●			凶
定	17 5		●	●	吉
執	18 6		●	●	吉
破	19 7				凶
危	20 8				吉
成	21 9				吉
收	22 10	●			凶
開	23 11		●	●	吉
閉	23 12	●			凶

（附註：每步四尺五寸，閉、破為大凶，切不可用。）

古代的建築取決吉凶尺寸依用途可分為三類：（1）門公尺（2）「尺白」、「寸白」（3）步。其中「尺白」、「寸白」是最重要、最繁複的吉凶尺法。由天父、地母的「尺白」、「寸白」口訣配合「尺白」、「寸白」的基本型態可求出初步的吉利尺寸，此吉利尺寸尚須配合房屋朝向的五行屬性，然後還須配合五行之生剋制化及在佈置按配屋內之櫥櫃、神桌、門窗之時，尚亦須配合門公尺之法為準則，方可成為最終定論的吉利尺寸。

五行與方位及數字之關係

（1）、方位：

五行代表五個方位的說法，在漢朝董仲舒春秋繁露「五行之義」篇有記載：「……木居左、金居右、火居前、水居後、土居中央…是故木居東方而主春氣，火居南方而主夏氣，金居西方而主秋氣，水居北方而主冬氣。」一般建築設計上所採用的五行方位，又加入班固白虎通義記載的左青龍（木），右白虎（金），前朱雀（火），後玄武（水），中央後土（土）。

（2）、數字：

有關五行與數字關係的記載，不勝枚舉。在此舉出較具代表性的說法：

◎鄭康成：「天地之氣各有五，一曰水，天數也。二曰火，地數也。三曰木，天數也。四曰金，地數也。五曰土，天數也…」天數為奇，地數為偶。

◎楊子太玄：「一六為水、二七為火、三八為木、四九為金、五十為土。一與六共宗（居北方），二與七同道（居南方），三與八為朋（居東方），四與九為友（居西方），五與十共守（居中央）。」

從以上所述，即可見五行與數字的關係是有很深的淵源，在此筆者僅約略例舉為之說明，若要從易經的河圖與洛書的角度，來詳論五行與方位及數字來解說，則須另起篇章來專論。

陽宅精典案例及風水小故事

案例一：損男丁的住宅

鑑定建築物的風水吉凶，首先必須從其四面八方前、後、左、右的形勢來探其究竟，雖然形勢是以實體空間的環境做為依據。此為形勢的斷法，又稱為巒頭。

但形勢著重在有形的實體，必須環顧地理環境的四個面；理氣則著重八方的無形氣場，並結合天體運動、氣候變遷及地理等因素，可見形勢與理氣兩者間相輔相成。地形的態勢好壞之效應會因時間及因卦位、卦氣、卦運的變遷而產生不同的影響。故而兩者要相配合，不可偏廢。

本住宅形煞方面有以下要點：

本住宅坐辛向乙下卦是為坐風山漸卦（坐西向東）

青龍方的棺材煞。

後方的玄武方呈現一片空缺。

左邊青龍方有一屋如棺材樣而成的棺材煞。

來水方：右手邊的白虎方有斜流來水。

巒頭斷法

案例一中的住宅坐向，坐辛向乙，若是僅從巒頭的形煞上來看，有損丁的傾向，玄武後山空，寡婦哭老公，然而形煞應驗的程度有深有淺，故而必需更進一步再從理氣作研究，如形勢與理氣所得的判斷都吻合，則其所顯示的吉凶情況的應驗將更準確而不偏差。

青龍方低陷，如《土牛經》所述青龍凶砂斷：「青龍尖尖頭入水，長子他鄉水鬼入，青龍尖而直長出，去祖賣田莊。」

玄武方空缺，如《土牛經》所述：「玄武若當空，寡婦出家中，玄武生得低，葬後兒孫稀，玄武如槍咀，百禍重重起，玄武有深坑，消敗絕人丁，玄武坐山仰，活計漸水消。」

乾坤國寶（龍門八局）斷法

本宅來水方：白虎方離卦斜流來水。龍門八局為客位水流入，對主事者無益，而客位水對於女兒或外家是有利的。

本宅出水方：青龍方坎卦，再轉折出玄武。離方來水是為右水到左，出於坎方（後天位），龍門八局為客位水流

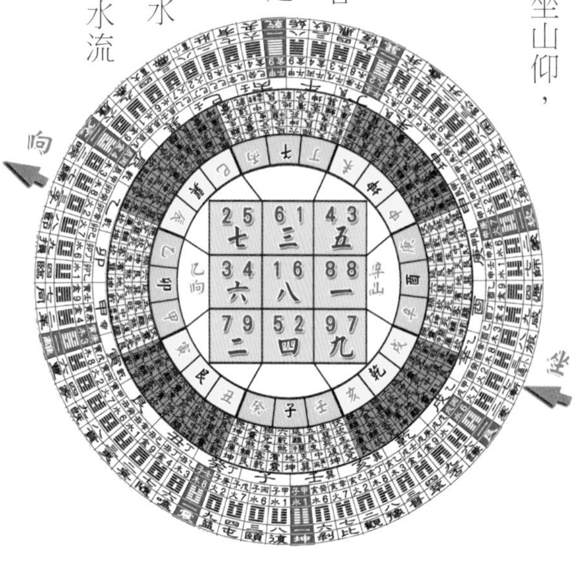

八運坐辛向乙。坐山 88，此為雙星到山之局。

破後天水，不利於財。

本宅青龍方：有棺材煞。

「相不獨論」是相學的基本概念，也是堪輿風水學的成規，所以需要配合多方面的觀察才不會失於武斷。

綜合玄空飛星、巒頭斷法、八宅明鏡、龍門八局、紫白九星、玄空大卦解說：

1、八運坐辛向乙。坐山88，此為雙星到山之局。

坐山，西方，即玄武方88，在八運時，玄空學的定義是在此方必需要有山，大利文才學業，大發田莊地產之富，而事實上本宅的現場這個方位是空缺的，因而可知，於人丁大為不利。於上述的玄武方空缺之斷驗讀者可以依此得知巒頭與理氣合論之要旨。

向上34，東方，是為震，為雷為木，巽風亦為木，木對木為比旺。玄機賦：「雙木成林，雷風相搏。」飛星賦：「同來震巽，昧事無常。」八宅明鏡為絕命位，紫白九星為沖關之位，如此會見有不明事理的人。並出人怪異，反覆無常。

右邊白虎為離方高起，是為白虎起高峰老婆打老公，龍門八局為客位水流入，紫白九星為沖關位，對主事者無益，而客位水對於女兒或外家是有利的。

北方，為住宅的青龍方，棺材煞在此，飛星52，飛星賦：「黑黃兮，釀疾堪傷。」玄空秘本：「二五交加必損主。」八宅明鏡為禍害，紫白為死氣位。

離方來水是為右水到左，出於坎方（後天位），龍門八局為客位水流破後天水，不利於財。而辛山乙向，開中門，八宅為絕命，九星為沖關之位。

此方形勢與理氣，皆表現出凶象：形勢棺材煞損人丁，與理氣二五交加必損主，是非多、健康不利，鬼魅多，出寡婦。

由此三個方位論之，此屋宅皆屬於凶宅的條件，目前的現像是家中成年的男子都往生了，寡婦只好也帶著小孩離開。

2、本宅玄空大卦坐風山漸，向雷澤歸妹

風山漸，先天卦氣二，後天卦運七，漸卦，下艮是止，上巽是順，有漸進之意。白虎未方來水，巽為風卦，先天卦氣二，後天卦運一。青龍丑方出水，震為雷卦，後天卦運一。

然而女子出嫁時也要經過許多禮節，也是漸進之意。卦中六二至九五各爻都得正，象徵出嫁女子的品德純正，當然吉祥，不過也要長久堅持此品德才會有利。

但在過程中難免會有困境，只要手段正當合法，最後仍是可以成功，安全而無災難。由於此卦不在當運中，前進發展是企業既定目標，但必須循序漸進，不可勉強冒進，一步一步的前進，一切都要用漸進的手段，不可激進，才會順利。

案例二：住不下人的山間住宅

本住宅是為戌山辰向起星住宅，位於山區，屬於七運之造作，現在人員已經搬出了。

本宅向首87，此為財星到向，中宮76為丁星入囚，依玄空飛星，此宅為旺財損丁之局。丁弱之家切不可用。87會於向首，向上有水，合於《玄空秘旨》所云：「胃入斗牛，積千箱之玉帛。」是故住於此宅有旺財之象。住宅的右方來路，從坤卦位轉離卦，再到堂前，坤方19，利於財。離方32，為門牛煞，如此變成有鬥爭取財或因財而起是非之象。

住宅左後方犯形煞，又坎方飛星21，一白為腎，故有家中成員腎臟不利。水口方出巽，是於龍門八局之正竅位，而宅之左右，離卦來路、艮卦來水，是為先天、後天皆有來水，故而此局最

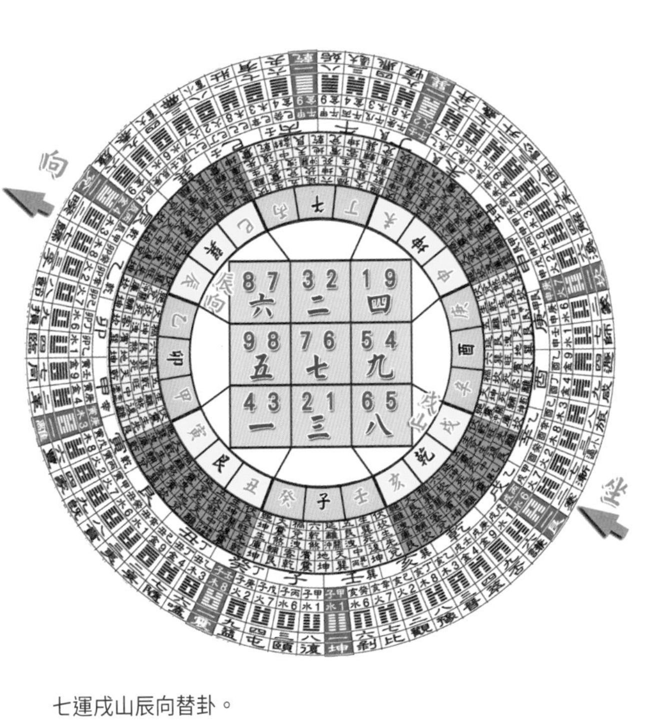

七運戌山辰向替卦。

合龍門八局宅法。而巽卦在八宅論之為禍害，是有小疵，但是陽宅佈局，不可能面面俱到。

住宅的左後方為兌卦，西方，飛星54，巽木剋五黃土。五為廉貞五黃。五行屬土。「碧綠風魔，他處廉貞莫見。」因木剋土，激發戾性災病。博奕好飲，田園荒蕪。人口不安、犯病。故而在此運久住容易造成身體不利，或腫瘤或腎病。財運則尚吉。

出外者，則不受災病。由於案山近，在家則有堂迫而有志難伸之象，故而出外作生意者，多主財源廣進。此為吉凶混雜，而吉多於凶之格局。

本住宅之前院。

本宅右前方來路。

本住宅之後方。

本宅之前方案山。

案例三：奇形山巒及特異建築體現陰陽天地之道

一、海南海航國際廣場與海口新海航大廈——如男女生殖器，形成陽陰對稱和諧之象引起熱議

海航國際廣場地處海口金融商貿核心區域，位於城市樞紐濱海大道與世貿東路交匯處，是海航地產傾力打造的海口市地標級城市綜合體項目。海航國際廣場以其絕對的高度優勢（主體建築高達二四九．七米，地下三層，地上五十四層）成為海口市商務制高，海口市地標性商務巨擘，卻因海南第一高樓酷似生殖器的外觀，引發市民熱議紛紛。

新海航大廈是中國唯一五星航空的海南航空集團總部辦公樓，成為海口市一個嶄新的地標式建築。其總建築面積約一三．七三萬平方米，地上三十一層、地下三層，建築高度為一三八．四五米。

從建築外觀上看，新海航大廈形成背部挺拔，正面向上逐漸收縮的優美形體，整體形態好像張開的雙臂，歡迎著到來的每一位海航員工和各界朋友們。同時又像張滿的風帆，象徵著海航將揚起風帆向更輝煌的明天啟航。眾所周知海航老總陳鋒先生篤信儒釋之道，他把佛家的思想與儒家的思想相結合，即思想意識上遵循佛道，而在具體的管理實踐中遵循儒學，他白天入世，夜晚出世的修

海航國際廣場形似男性生殖器。

海航國際廣場全景。

行態度，經常打坐，這是他的信仰人生哲學及對企業和生活管理的態勢，他在海口打造的新海航大廈，也運用了佛家思想打造了風水佛塔。新海航大廈正面的頂端有個圓球好似佛頭一般，象徵智慧圓滿，如同俯視天下蒼生，縱觀整個宇宙世界，能讓整個海航實業一帆風順，眾生平安和諧。

酷似男女生殖器的海航國際廣場會不會犯桃花？

桃花，爲中國文化中用來形容男女愛情糾葛或異性緣的情形。而桃花可分爲好的桃花：代表能夠得到良好的異性感情的互動、或壞的桃花或稱桃花劫、桃花煞。指因感情出現糾紛或災劫、是非、破財、災難等象。

《淮南子》：「日出扶桑，入於咸池。」故五行沐浴之地，名咸池。是取日入之義，萬物暗昧之時。寅午戌沐浴在卯、巳酉丑沐浴在午、申子辰沐浴在酉、亥卯未沐浴在子，從長生算起第二位是為沐浴之宮是也。沐浴一名敗神，一名桃花煞，其神為奸邪淫鄙，如生旺則美儀容，耽於酒色，疏財好歡，破散家業，唯務貪淫；如死絕則落魄不檢，言行狡詐，遊蕩賭博，忘恩失信，私濫姦淫，靡

新海航大廈背部挺拔像張滿的風帆。

新海航大廈如同佛祖坐禪的型態，也酷似女性生殖器。

新海航大廈。

所不爲。

海航國際廣場遠眺其樓獨高如金雞獨立之勢，此建物形似男性生殖器，但外型屬貪狼木星，一白星五行屬水，主事業、考試、升官、桃花、財運，若此大樓是在您家宅的四正方位，也就是正北、正南、正東、正西之位，也就是五行沐浴之地，這樣代表易遭桃花及小人，錢財也會因桃花之事而導致身敗名裂，但這並不代表每個家庭皆會犯桃花，這也要是您出生的八字紫微命盤，原命已犯有桃花沐浴或是您家的風水巒頭上有桃花水來犯，以及流年運程走到桃花沐浴刑煞來會照才會有桃花事件發生，況且桃花事件又分成好壞兩種，如此就不用為此而擔心。

兩棟經典大廈對其企業會不會有影響？是好是壞？

海航國際廣場大樓外觀形似男性陽具，陽物之狀態有亢奮及疲軟，不可能二十四小時都保持一柱擎天之勢，所以犯此桃花煞者，運勢容易產生忽冷忽熱，時好時壞，忽好忽壞的現象。海南的新海航大廈像一座坐佛，也形似女性的生殖器，若是配上海南酷似男性生殖器的海航國際廣場大樓，可以說是象徵天地交泰，陰陽和諧，陰陽相應呈祥。但恐怕爾後對海南的龐大企業體產生好壞差距很大的現象，不得不謹慎，但以海航的老總的虔誠宗教信仰和對企業經營所涵養的儒釋之道的管理模式，應可安然無恙而繼續鴻圖大展。

遠眺海航國際廣場。

生殖器的崇拜－人類對生殖需求產生從敬畏到信仰

原始人類的生殖崇拜是一種遍及世界各地的歷史現象。原始人生活在極其艱苦的環境中，不僅經常受到猛獸的攻擊、惡劣氣候的侵襲和疾病的折磨，而且所需食物也極其缺乏，死亡率相當高。人類學家對原始人的頭骨分析證明，北京人猿人的壽命多數在十四至二十歲，尼安德特人平均壽命不超過二十歲，山頂洞人的成人沒有超過二十歲。當時人類只能以增加出生率來求得人類自身的再生產。但原始人並不懂得生殖的科學道理，於是便對生殖產生了尊崇和敬仰，這就是所謂的生殖崇拜。生殖崇拜的方式，通常是用生殖器的形態及其象徵物來表現的。

生殖器崇拜是人類共同思維方式及普遍巫術行為

學者的考證表明生殖崇拜，不但是中國，而且是全球遠古人類的一種共同的思維方式和普遍的巫術行為。以魚象例，我國上古人類即以魚象徵女陰，後又進一步發展為象徵女性、配偶，而印度河文明彩陶上的比目魚魚紋，俄國高加索一帶發現的魚形石頭造像，歐洲婦孺皆知的美人魚神話等，都是暗的表現和遺存。

原始社會後期，原始人逐漸發現男性在生育中的作用，並認為胎兒主要是由父親的種子孕育而成，母親只不過為種子提供了土壤，於是，男子轉而被看成是創造生命的主宰，對男性的生殖崇拜就取代了女性的生殖崇拜。又由於父權制的確立和長期存在，使得男性生殖崇拜較之女性生殖崇拜更具有豐富的內容和更廣泛的影響。

二、丹霞山陽元石及陰元石——酷似男女生殖器陰陽對立和諧之象

丹霞山陽元石為天下第一奇石

「陽元石」取其陽剛之陽，元氣之元，意即陽剛之氣也，號稱天下第一奇石，有人稱之為「祖石」、「神柱」、「祖根」等等……。該石屬於典型的石柱類型，由於長期地質風化，從石牆中分離出來，據聯合國權威專家估算，陽元石已經有三十萬年的歷史。

陽元石隔錦江與丹霞山相望，是一挺拔、高峻、酷肖男性生殖器的天然山石柱，陽元石坐落在世界地質公園之中，其高二十八公尺，是普通男性勃起時長度的一七五倍，直徑七公尺，是普通男性勃起時的二〇四倍，陽元石與成人男性的生殖器幾乎一模一樣，酷似成人男性勃起時的陰莖，尤其是龜頭、陰毛及成人男性勃起時的血管，栩栩如生，是世界同類山石中最高大的一景，堪稱世界一絕。

陽元石附近還有一個拜陽台，是參拜觀賞陽元石的絕佳之處，許多當地人在此朝拜陽元石稱之「尋根問祖」，據說人們拜過陽元石之後求兒得兒，求女得女。聽導遊說陽元石山下的斷石村，全村男丁旺盛，全村生男孩的比例佔75%以上，生雙胞胎的佔10%以上，因而又名「多仔村」。

丹霞山中的陽元石。

此外令人稱奇的是，同在丹霞山，還有一個陰元石，與女性外生殖器酷似，陽元石與陰元石同處丹霞山，這正是大自然神奇之處，經過國家地質學專家鑒定，二者均為大自然的天地造化鬼斧神工之作。

丹霞山陰元石千呼萬喚方登場

比起陽元山來，陰元石的傳奇就要紀實多了。緣起二十世紀九〇年代之初，丹霞山陽元石遊覽區正式開放，陽元石以其絕妙的神韻征服了世人的目光，所以人們希望好事成雙，天地之理該當天地和諧，陰陽相生，遂於一九八五年八月十八日由官方為丹霞山陽元石與當時揚名天下的江西龍虎山仙女岩舉行了隆重的婚禮大典，將兩地陰陽山共結為秦晉之好，甚至還有了「江西婆娘廣東郎」之說，此事馬上在社會上傳為美談，但是九〇年代末，廣東丹霞山上又發現了酷似女陰的陰元石，結果丹霞山的「陰元石」與「陽元石」此後一起相伴，被稱為「丹霞雙絕」，而江西龍虎山的「仙女岩」則與遙遙相對的龍虎山「金槍峰」陰陽相伴，天地成雙。

然而流傳的故事中尚有一趣說：「雄健好色的陽元石嫌和江西的婆娘兩地分居，於是置明媒正娶的仙女岩而不顧，又娶了剛剛出山的本土少女陰元石為伴。無奈之中，仙女岩只得再嫁給瀘溪河畔原本看著不上眼的金槍峰為侶。」不論結果如何，仙女岩、陽元石雖然未達到成雙之美，但龍虎山和丹霞山卻成了永遠的友好名山。

丹霞山中的拜陽台。

江西龍虎山的仙女岩，又稱羞女岩、生命之門、大地之母、仙女獻花。

江西龍虎山的金槍峰頂天立地、威猛挺拔。

丹霞山中的陰元石

丹霞山新發現的陰元石，酷似女性生殖器，無論造型、比例、顏色都十分般配相稱，以致廣東省某位領導到這裡參觀時，甚至質疑景區管理人員這陰元石是不是人工打磨出來的。陰元石高一〇．三公尺，寬四．八公尺，相當於將女性生殖器放大了一百倍，甚至有人認為陰元石很像性高潮後的陰門，還處在興奮的半張半翕之狀態。

三、內蒙古人根峰和母門洞——譬為不孕者的求子之峰

在內蒙古巴彥淖爾市磴口縣沙金蘇木哈騰套海附近，位於陰山山脈阿拉善盟與巴彥淖爾市交界處，有一巨大石柱巍然聳立，直指蒼天，這根石柱呈紅褐色，高二十八米，直徑二十多米，要十人才可合圍，形狀酷似男性生殖器，當地人稱之為「人根峰」，在離人根峰三十公里的地方，還有一處褐紅色沖天岩洞，酷似女性生殖器，被人們稱之為「母門洞」。

上古大神造人傳香火

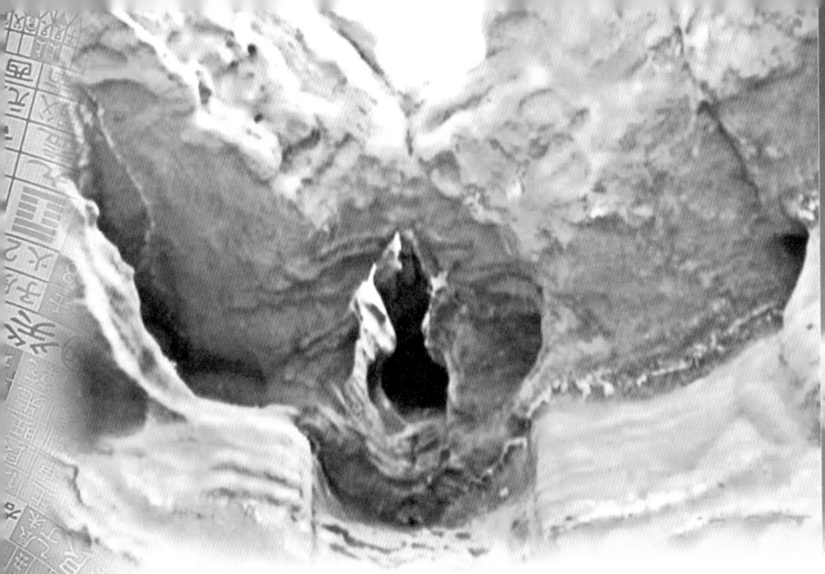

內蒙古母門洞。

內蒙古人根峰。

民間流傳著許多傳說，相傳伏羲和女媧在此處造人後，便把他們的生殖器留了下來；還說穆桂英在這裏拴過馬後，生下了楊文廣……大約在一百年前，有少數民族在此地構築廟宇，名曰「紅塔寺」，從此寺內香火不衰。凡此種種神秘的色彩，使四周八方百姓，特別是那些不育的男女不遠千里來此跪拜，虔誠祈求上蒼賜子。

母門洞的洞壁也讓人感到大自然的神奇，更讓人驚奇的是洞內最底部的岩縫間，有一個滴水處常年滴水不斷，用容量五百毫升的水瓶只需十多分鐘即可滴滿。據當地人說除了一些不孕的夫妻來到這裏求水飲用，以祈求上蒼賜子之外，還有許多遊客也將這裏的水接回去飲用祈福。

四、台灣台南玉井天筆山龍具石——山水陰陽交合傳說紛紜

天筆山（龍具山）位於台灣台南縣玉井鄉，即斗六仔山南麓，主峰高聳突出，遠望形似男性陽具，當地村民都稱之為「藍鳥

天筆山。

山」。相傳在很久以前，天筆山比現在高一些，每年夏季下午時分，斜陽照射天筆山主峰，山影投入山下的曾文溪潭水中，造成山水陰陽交合，每逢此刻，當地男女就會瘋狂般的互擁，甚至婦女會發情強拉男人求歡，這種天理難容的怪異現象，激怒了天庭，有一年，天雷打斷了山頭，共斷成三截，長度大小分別為九尺九、六尺六與三尺三，據說各截奇石皆被有緣人所收藏。

五、阿里山鄒族文化部落——鎮山之寶如男性生殖器之狀

鄒族文化部落中有一「鎮山之寶」，鎮山之寶是在園區半山腰豎立了一支高度近二公尺，重量達到一噸以上的大石柱，石柱可讓成年人環抱，但是大石柱的造型外觀卻類似「男性生殖器」的形狀，甚為奇特異特殊，後來經過鄒族解說人員解釋，方知此陽具巨柱具有保護他們免於身陷崩塌災

玉井分局西南側「一柱擎天」大石。

害危險的象徵意義，所以稱為園區的鎮山之寶。

女神 DANCAHAI 與巨型陽具的傳說故事

在阿里山的來吉鄒族部落，有一「鎮山之寶」，就是擺放在部落內的大型木雕陽具，此木雕直指山頭，部落內的鄒族長老說，這個木雕隱藏著一個鄒族部落的古老傳說，話說鄒族部落在阿里山區時常遭受風雨災害及土石流山崩的侵襲危害之苦，部落居民蒙受著極大的困擾，而族人對於這些災難的源頭相傳都是來自於山中的一位女神 DANCAHAI，祂掌管山林叢野，喜歡帶著掃把打掃部落周圍的山林環境，但是總是因為神力過大，時常把一座山掃到山崩毀壞，部落遭殃。

於是鄒族人聚集起來開會討論，要如何才能制止女神掃地這件事，正當大夥討論不出辦法的時刻，正巧會議地點豎立著一根枯木，部分族人為了發洩情緒，抽出配刀砍向枯木以為發洩情緒，族人就這樣在無意間把枯木砍成了

阿里山鄒族來吉部落的木雕鎮山之寶。

YUYUPAS 優遊吧斯鄒族文化部落的石雕鎮山之寶。

陽具的形狀，隔日，女神照例打掃山林時，祂從遠處看到此一陽具枯木，就因為羞怯而離開了，說也奇怪，自此之後山林的土石流災情確實減少了許多，於是族人就此領悟了女神羞於見到陽物的經驗，往後只要有山崩山難的現象，族人就會豎立起「鎮山之寶」來鎮壓女神，而這個傳說也就代代相傳至今。

一陰一陽者為天地之道也

中國的傳統陰陽學術中，有所謂「孤陰不生，獨陽不長」及「無陽則陰無以生，無陰則陽無以化」的觀念。老子《道德經》中說：「道生一，一生二，二生三，三生萬物。萬物負陰而抱陽，沖氣以為和」。陰陽的特性如下：兩者互相對立：萬物皆有其互相對立的特性。宋張載云：「太虛無形，氣之本體，其聚其散，變化之形爾。」因此更證而得知萬物皆陰育而陽生也。

物有太極，太極有陰陽，故而物物有陰陽，宇宙星際以氣為陽，以星球為陰。星球又以面光為陽，背光為陰，天以日為陽，月為陰，地以山為陰，水為陽，以氣為陽，水為陰，而氣又以天光之氣為陽，地靈之氣為陰。人以男人為陽，但陽中有陰，男人之陰為陰莖，但充氣以為和。女人為陰，陰中有陽，負陰抱陽，故以生門為陽，但此陽皆被陰所包。植物以樹木為陰，花草為陽，而孤陽不生，孤陰不育，因此宇宙萬物及風水地理皆須陰陽交媾始能結穴，也因此葬人之骨骸或生基吉祥物始能孕育出地靈人傑之象也。

陰陽學說源自中國古代人民的自然觀，古時的人民從生活中，觀察到各種對立的自然現象，它是一種相對的而非絕對的概念，如天地、日月、晝夜、寒暑、男女、上下、長短、高矮、胖瘦等，並歸納出「陰陽」的概念，故《黃帝內經》中的《素問・陰陽應象大論》認為：「陰陽者，天地之道也」。

案例四：上海延安高架路——驅龍打樁的九龍柱傳奇

上海延安路及成都路五層立交中心柱上佈滿了龍紋浮雕，這個九龍柱正位於申字正中間的點上，因為上海的高架路柱大多以混凝土本色呈現，為何九龍柱卻與眾不同，獨以銀底金紋之龍紋來呈現？所以這根九龍柱的神秘傳說，迅速成為了上海人茶餘飯後所津津樂道的逸聞軼事及趣談，僅管政府單位曾多次出面闢謠解釋，但是延安路高架龍柱的風水傳說卻方興未艾而深植人心，成為上海最特殊的風水之謎。

玄妙的九龍柱傳說

九龍柱傳說在上海多年來已經傳得沸沸揚揚，版本

上海延安路及成都路五層立交中心柱。

眾多，經過筆者整理歸納後大致上的說法是，延安高架自開工以來進度快速，當工程進行到東西高架路與南北高架路交會聯接的關鍵介面時，作為高架路主柱的基礎垂直地樁怎麼也打不下去，工程嚴重受阻，建築工程單位元嘗試了很多方法，都無濟於事，就在大家一籌莫展的時候，有人提出會不會是風水龍脈方面的問題？是否要請精通風水玄學方面的專家來會勘呢？後來傳言相關單位私下請到了上海玉佛寺的一位高僧大德來到現場處理，之後不久工程又開始復工，不但立柱成功，還在柱子周圍包覆銀底金龍的圖案，至此風水龍脈之說不脛而走。

樁打龍背形同在太歲頭上動土

據說玉佛寺的真禪法師來看現場風水，觀察了四周的地形環境後，一語不發，反讓相關單位的人員疑惑不解，當現場人員再三請益之下，老師父道出：「此地乃是龍脈之所在，現在你們的腳下是中華龍脈所在之地，而黃浦江正處長江龍靈之尾，此樁正好打在了龍背之上，你們在這裏打鐵樁，形同在太歲頭上動土，若要將樁柱順利打下，必需用龍柱替代龍靈，並且要舉辦一場祭祀的法事，連續誦經七日，

上海延安路及成都路五層立交中心柱，位於申字正中間的點上。

方能請動神明靈物讓出打樁之地，建造完成後必須在七天之內將柱子周圍包覆銀底金龍的圖案安置妥當，方可事成。」

後來，據說施工單位按照師父的建議處理以後，打樁機果然輕易的就將雕龍鐵柱打入江底岩層，在打入岩層的同時，據說還流出了紅色的岩漿。甚至還有傳言說玉佛寺住持於第七日夜圓寂，也有人附會這可能是洩露天機的緣故，如此的傳說更添加了九龍柱的神秘色彩。

官方闢謠依然止不住風水的傳說

雖然上海政府官方並沒有承認曾經請師父念經祭祀，但是這個故事在上海本地流傳甚廣，曾有該工程某技術負責人張耿耿在報上闢謠說，全無此事，而設計師趙志榮闡述他在設計立柱裝飾雕塑時，其靈感是來自他認為延安高架橋就像是上海的一條巨龍，川流不息的車流如同日月星辰一般日夜不停地運轉。老百姓的傳言，有著聯想的成分，或者出於獵奇的心理，沒有事實根據的。

綜觀各方的說法，筆者以為延安高架橋的九龍柱事件，可能是缺少了傳統民俗中每逢開工動土之際，皆會舉行開工動土奠基之拜拜儀式，所以當玉佛寺的真禪法師在現場舉辦了祭祀的法事後，工程就順利的繼續進行。

上海延安路高架之九龍柱。

民俗上開工動土皆會有祭拜之儀式

傳統民俗每逢居家、店面、寺廟、公共工程要開工動土之際，皆會有開工動土奠基之拜拜儀式，筆者在此提供一些民俗或習俗上有關動土的觀念及作法，原則上開工動土儀式，通常都會由風水地理師先立定中心的地理方位，用羅盤來格定方位，也就是定分金的方位，分金主要是確定坐山坐向及中心點的線位，然後儀式中會設立奠基儀式的木棍。

當舉行祭祀拜拜的儀式時，由風水地理師帶領業主來參加祭祀的儀式，儀式中會象徵式的在要開工動土的中心點上，豎立一個開工大吉或奠基大吉的立牌，通常還會在兩旁按放鋤頭，當鋤頭一下地時，謂之動土，此時地理師會燒金紙並口唸：「金鋤一掘瑞滿山崗，鬼怪凶魔遠避他方，金鋤再舉啟開龍脈，祈求福德正神真靈下降祥鎮本地，並請龍神護衛人安康、財益順、貴人明顯金鋤再起，再祈求請得祖師安鎮禳土。」

動土儀式之前地理師還要恭請天地眾神明，當地的福德正神（土地公），區域境內之城隍爺，值年太歲星君，主家或業主所供奉之神明以及在這塊動土工地四周的寺廟及居家中所供奉之神明，通通都邀請過來，再請姜子牙來鎮宅制煞，護佑開工興旺，百無禁忌。

祭祀時需要虔心準備三牲酒禮、五方仙果、糖果、餅乾以及金銀財寶，點起清香、淨末，恭請

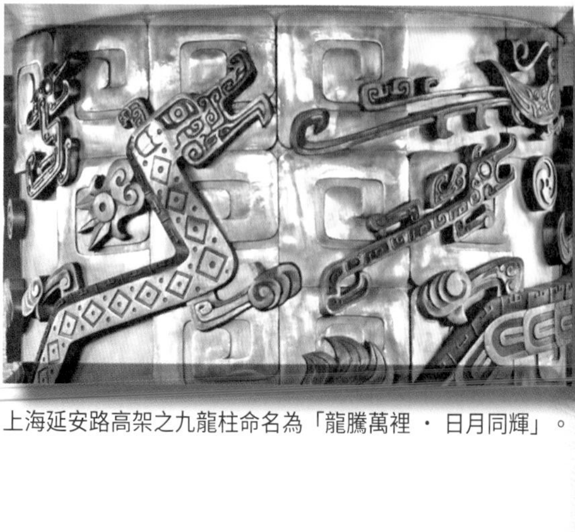

上海延安路高架之九龍柱命名為「龍騰萬裡 · 日月同輝」。

傳香童子、奏事童郎，來替主事者要在此吉龍穴之地脈上進行修造動工特來傳奏，為本龍穴在此良時吉日，修造動工可以得到天寧地和山川鍾靈，龍脈有應、八卦相生、龍真穴正、水秀砂明、天星賜福、地脈有蔭，地龍有鎮，得到乾坤運轉之功，請龍神來行雲或雨師之神來佈雨，並來扶持修造動工工程可一切順利圓滿。另外完工之後也要舉辦謝土儀式，來感謝地基主與眾神明的保佑。

此外，陽宅與陰宅的動土儀式是不同的，如果是真正的龍脈寶地，當業主要為陰宅祖墳開立風水及破土之時，還需舉辦買賣龍地的儀式，因為買賣龍地必定要先跟這塊土地在陽間的地主購買土地，但是無形的境域也須舉辦購買土地的儀式，這樣才不會產生諸如土石流或被雨水侵蝕等等的意外之災。

確定分金及動土儀式。

筆者為中國海南三亞陵水觀音文化園區主持動土奠基法會。

案例五：上海中日風水大戰—門神雙鐧大戰日本武士雙刀

上海環球金融中心是位於上海浦東新區陸家嘴金融貿易區世紀大道的一棟摩天大樓，曾為中國大陸第一高樓（不包括台港澳排名），世界第七高樓，其樓高四九二公尺，地上一〇一層，超過毗鄰的金茂大廈八十八層建築，高度四二〇．五公尺，成為「上海第一高樓」。二〇一四年被上海中心大廈超越，上海中心大廈地上建築一一八層，高六三二公尺，目前正式成為「上海第一高樓」。

由於上海灘的三大摩天大樓上海中心、上海環球金融中心和金茂大廈，因其外形特殊，引起了民眾許許多多的議論，有些民眾幽默的形容這三棟大樓分別形如打蛋器、開瓶器和注射器，而被賦予了「三大神器」的綽號。

上海灘的三大摩天大樓上海中心、上海環球金融中心和金茂大廈。

珍珠寶塔不敵劍鋒，光華錚亮暗淡無光

上海環球金融中心大樓的原始的設計在頂端設有一個巨型的環狀圓形風洞開口，KPF公司總裁威廉．帕德森說，金融中心的設計靈感是來自於中國傳統文化中對於「天地」的理解，正是天圓地方的意思，此外，金融中心五十公尺直徑的圓洞設計正好與附近的東方明珠廣播電視塔遙遙相望而相互呼應，而且金融中心的空心圓洞與東方明珠廣播電視塔的實心球體，正好形成一虛一實，融合成一太極之象。

原設計金融中心與東方明珠一虛一實融合成一太極之象。

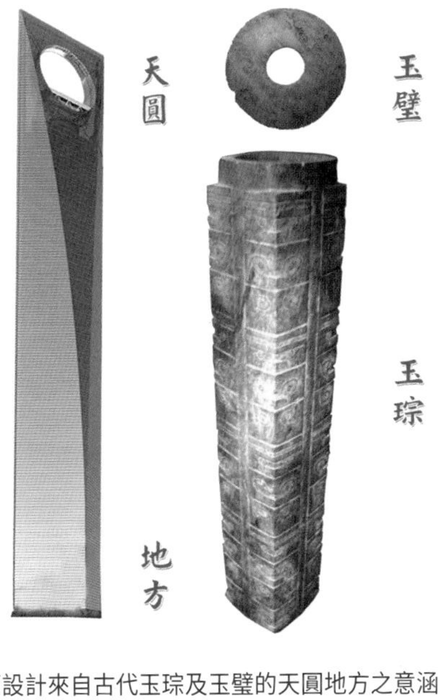

原設計來自古代玉琮及玉璧的天圓地方之意涵。

但是這樣的設計引來了一波負面的聲浪，許多上海及中國民眾認為原設計方案看上去就像是倒插的日本軍刀架著一面日本國旗，就連附近的上海地標東方明珠的氣勢也被利刃所壓仰，謂之：「寶珠不敵劍鋒，暗淡無光。」而上海環球金融中心就就可獨佔鰲頭、技壓群雄！二〇〇五年十月十八日宣佈的最新設計方案，將圓形的風洞改為現今之倒梯形。

中日風水大鬥法風起雲湧

上海環球金融中心發生了這些事件之後，民間就充斥著各式各樣的風水傳說，其內容主要是認為上海環球金融中心大樓位於陸家嘴的咽喉所在，像兩把鋒利的鋼刀「一劍封喉」，或是嚴厲的指稱軍刀直插上海腹地，又如「旱日魚肚白」，此說認為上海的地理位置猶如魚腹而兩把尖刀直插在魚腹這個最脆弱的部位之上，結果讓上海的這條魚不是因魚肚破裂而亡，就是無力游回大海而被太陽曬死，所以上海環球金融中心不但破壞了上海的風水格局，其中還隱藏著日本人的風水陰謀，諸如此類的傳言甚囂塵上。

上有雲梯強攻下有雙刀砍殺

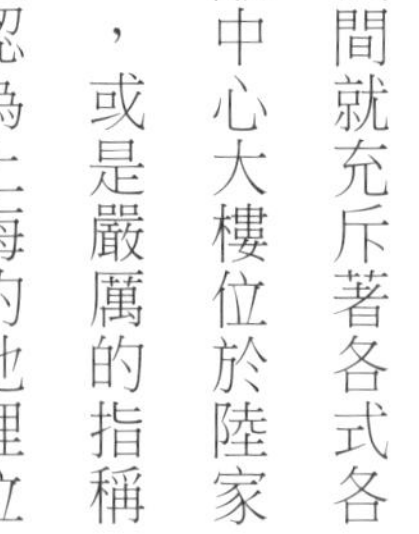

太陽照射梯形風洞時形如日本太陽旗。

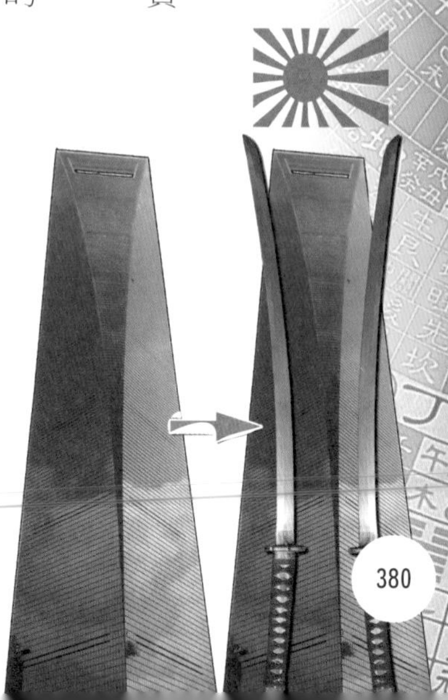

上海環球金融中心形如腰佩雙刀，太陽照射梯形風洞時又形如日本太陽旗。

上海環球金融中心經過了一番風洞造型變更後，坊間的陰謀傳言依然未曾停歇，還是有許多民眾認為圓形風洞改為倒梯形，不過是日本風水家移花接木的障眼法而已。理由是上海環球金融中心的倒梯形風洞猶如攻城利器的雲梯，類比下來環球金融中心高度比金茂大廈高了七一・五公尺，這個由上而下所搭下的雲梯就會形成倒梯形的形狀，就算金茂大廈是座再固若金湯的城塔也擋不住，上有雲梯的攻擊，下有雙軍刀的衝殺，再加上民眾搭乘電梯上上下下的情形，就像攻城塔裡面的士兵來往不斷的補充軍力，如此刀劍相向及攻城掠地的攻勢，會造成金茂大廈還有附近其他的高樓屋宅逐漸走下坡運勢，而環球金融中心則奠定了日益昌盛的不敗根基。

面對剪刀煞易遭血光之災及意外頻傳

就風水的角度，上海環球金融中心位在兩條大路的交叉路口，這是犯了「剪刀煞」。風水古書《相宅經》有云：「有路行來似鐵叉，父南子北不寧家，更言一拙誠堪拙，典賣田園難免他。」可見剪刀煞的殺傷力十分強大。

因為剪刀煞的威力強大，所以又有傳言認為上海環球金融

上海環球金融中心的倒梯形風洞猶如攻城利器的雲梯。

上海環球金融中心的雙刀從下直接劈砍正對犯剪刀煞之方位。

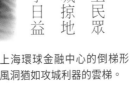

中心的雙刀從下直接劈砍正對犯剪刀煞之方位，是因為日本風水家採用硬碰硬的手法來抵擋來犯的剪刀煞，針對這個傳言筆者認為以雙刃巨刀正面揮劈剪刀口其正面煞氣反而加重，刀刃劈砍方向的屋宅反而會遭受刀煞之災，容易遭致血光意外頻傳。

超大的天斬煞如刀劈貫入凶險異常

上海環球金融中心與金茂大廈並肩而立，形成了上海最大的「天斬煞」，通常是指屋宅前方面對著兩棟大廈之間的一條狹窄空隙，風會從縫隙中貫吹而入，在形態上稱為天斬煞，因為形狀彷彿用一把刀從上而下將建築物斬成兩凹半，故此稱為「天斬煞」。犯了天斬煞的屋宅除了要留意家人的身體健康外，更要留意財運方面，因為這煞氣又代表令家人的財帛損耗。

上海中心能夠化洩環球中心的風水格局

上海中心從外觀上來看，上海中心像兩條盤旋上升的巨龍，建築形象可說是融匯了中國塔型風格與西方幾何建築技術

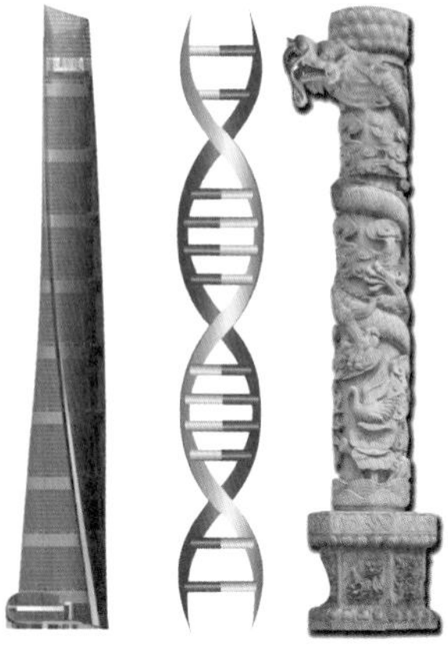

上海中心的螺旋造型可以類比爲基因的螺旋圖案以及兩條盤旋上升的巨龍。

上海環球金融中心與金茂大廈並肩而立，形成了上海最大的天斬煞。

位處於上海環球金融中心與金茂大廈這二座巨樓空隙所正對之屋宅，會造成很大的傷害。

的多功能型摩天大樓，根據美國GENSLER建築設計事務所指出，上海中心的螺旋造型是一個圖標，可以類比爲基因的螺旋圖案，象徵著中國人民迎向未來，如同一個連接天與地的關鍵交會點。

常有人說既然上海是「東方明珠」，按照中國人的傳統文化來看，應當建一座風水寶塔來鎮山鎮水、鎮邪化煞、點綴河山、顯示教化，所以陸家嘴金融貿易區就有了第一座塔形高樓金茂大廈，但是好景不常環球金融中心雙軍刀的強大煞氣破壞了風水寶塔的作用，而上海中心塔形巨龍的出現反而壓制住了環球金融中心的氣勢，形成了新的上海風水大戰。

上海中心能化煞為權形如火煉金成材

就風水地理來說上海中心的落成是利多於弊，以易經六十四卦來看，上海中心在二〇〇八年開始動工建造，該年是戊子年納音為霹靂火，先天卦氣為七火，而二〇一四年大樓竣工，該年是甲午年納音為砂中金，先天卦氣為九金，正如沙中金被霹靂火煉成材，正是剋入為用之象，也更顯出精磨細雕的莊嚴漂亮之象，以五行來看上海中心是屬水型的旋轉結構造型，環球金融中心之外形屬於金形，可取意金生水之相生，以水來洩金之勢，大有化煞為權，化權為用的態勢，形如水火既濟將

金茂大廈形如一座塔形高樓。

日本軍刀繳械解除武裝，再者上海中心若看做是巨龍及水型結構，大有水生青龍木之勢，而上海中心之形又似刀鞘的造型，可請君入甕讓軍刀入鞘，像太極拳一樣的四兩撥千斤，這也是兵不血刃把軍刀的煞氣化於無形的方法。

門神雙鐧鎮守長江門戶大破雙刀之鋒芒

上海中心及金茂大廈並立之時其外形酷似兩根「鐧」，鐧沒有鋒刃，像是怒斥責罰的法器，非取人性命及殘人肢體的兇器。中國古代將此兵器賜與秉持正義、大公無私之人，因為這樣的賢人才能領悟用鐧法的最高境界，所以鐧是兵器中的君子。傳說中唐代的戰將秦瓊善使雙鐧，遂有「馬踏黃河兩岸，鐧打三州六府，威震山東半邊天。」之描寫，所以使鐧之人必將成為公正和威望的化身。

上海中心的設立同時也會帶動金茂大廈形成雙鐧守江口之格局，就如同門神秦瓊來把守長江門戶，正義凜然、威風八方，金茂大廈與上海中心遙相呼應又如同兩座風水寶塔緊守長江門戶，不但能鎮江檔煞，還能興旺文風，旺財旺運，更不會再受環球金融中心煞氣的影響，反而更加興旺了上海陸家嘴的金融貿易區，真可謂是一舉數得，自此也為上海中日風水大戰的傳說畫下了祥和的新一頁傳奇。

鐗沒有鋒刃是兵器中的君子。

鐗沒有鋒刃是兵器中的君子。

案例六：前後轉向的住宅——由衰運轉為旺運

古代之房宅是要後有山，前有水，這樣才會興旺，而且更會有貴人扶持。俗語謂「左青龍、右白虎、前朱雀、後玄武」，就是最佳風水屋應擁有的景觀。這是一般人的風水概念。

屋後為「玄武」，又稱「靠山」。屋後要有山，在市區就算沒有山，也要屋後有樓宇做為靠山，在鄉鎮市郊，必須要有草木茂盛高大的山。若山太瘦太禿多巖巉山，則屬凶山不利以此為靠山。若宅舍居住在有靠山的地方其家易得貴人扶助，有利工作事業發展。

本住宅原是午山子向，雖符合左青龍右白虎後玄武的風水條件，但是進住之後諸般不順，財運更是每況愈下，敗財連連，為何如此？

從上述的飛星圖，改向前的午山子向，與改造成功之後的子山午向，以玄空飛星與巒頭的搭配來作研究。

改向之前

午山子向，南方屬離卦位88，為雙星會坐之局，根據玄空理論，

原坐山：午山子向住宅其後有靠山。

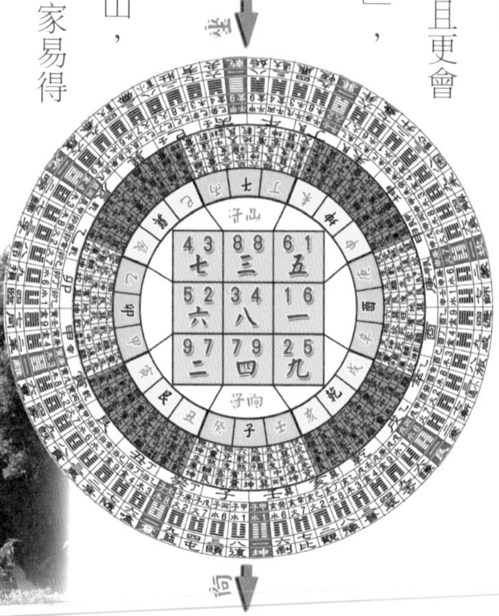

原坐向：八運午山子向下卦。

坐山的地方要有山、有水方可旺財、旺丁。而在現場離方有高山，又有一條小路通過來，也稱得上合局。再者，向上北方飛星79，為生氣方，有小水過堂最為理想。

此玄空盤向上挨星79火氣甚旺，故忌水太大，以田水、小溝圳、小池塘為佳。再看現場圖片，坎卦朱雀方似乎寬廣，地勢過寬大而如水往前流，故而財不聚，賺錢困難。

飛星7之星性為兌卦，9之星性為離卦，皆屬陰星，飛星賦：「赤、紫兮，致災有數。」「紫黃毒藥，臨宮兌口莫嘗。」從理氣與巒頭相參，星性失元，容易因疾病纏身，小病不斷。皆屬陰星，又主女子掌家，男子財運與事業不順利。主權旁落之兆。

改向之後

坐山改為向上，也就是在離方開大門，由此方出入，並將原來坎方大門封閉，於是玄空飛星盤就跟著轉換成為八運子山午向。

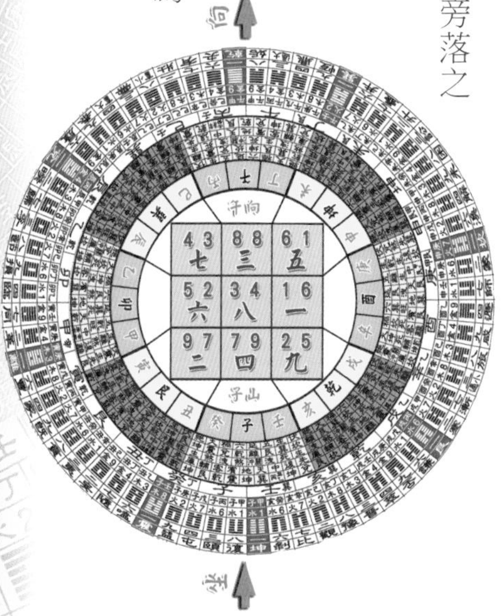

轉向改造之後的坐向：八運子山午向下卦。

改向前：午山子向，住宅朱雀方之前景。

八運子山午向下卦的解釋

八白令星88會合向上，為雙星會向之局，有三叉水、開闊，及來龍、有山有水在向上，均主財丁兩旺，大發之格局。

改為子山午向之後，原來住宅玄武方就變成朱雀方，向上南方離卦位飛星88，雙星到向，並在來路造作牌樓，引牌樓在丁方，飛星16，將丁未方16之氣引至離卦88，引氣。使得大門納氣由牌樓入口處16，轉折引導至住宅大門前，形成168。

龍門八局子山午向，未方為後天水，而本宅外明堂坤申方亦屬於後天水，層層引進，由外至牌樓，再引氣至大門，主旺財之局。八宅法而言，改造後開正門，延年吉門，坤方太遠八宅不論。

過去求財若渴，望穿秋水，除了房面轉向之填輔造作以為換象之外，並採用天星奇門及易經六十四卦玄空大卦、先天卦氣、後天卦運，尋找合主人家之出生年月日時之卦氣以為坐山立向之準則，如此方能吸收到好的開門納氣為旺之象，並以此來配合擇日和九天玄女一二〇甲子擇日法配合主事者之八字和紫微命盤，選擇動工及入宅吉課，改造之後，財運就如同

改為子山午向之後，原來住宅玄武方就變成朱雀方，並在來路造作牌樓引氣。

改為子山午向之後，原來住宅玄武方就變成朱雀方。

涓涓細水，不絕如縷，生活品質漸次改善。

未改向原坐山為午山子向。來水由震卦東方，為先天卦，出水在西北方乾卦，水局如人之血脈，主宰著部分主事者一生之健康和氣運，是為水出流破後天，故此形局利丁不利財。

以玄空大卦六十四卦法來尋找合屋主之先天卦氣後天卦運，為坐山立向之準則，以為開門納氣為旺之依據，以達速發之局，而龍門八局又稱乾坤國寶，其內容係由先天八卦、後天八卦、易經、河圖洛書等演變而來。且以先天八卦為體，主「氣」；後天八卦為用，主「運」，並以收到先後天水、出正竅位水口為重。

改為子山午向之後，原來住宅玄武方就變成朱雀方，未方為後天水，而本宅外明堂坤申方亦屬於後天水，層層引進。後天位水：管財富，此位來水進錢財，去水則破財。本局後天卦之方有水朝堂，乃應宅主人之錢財旺。

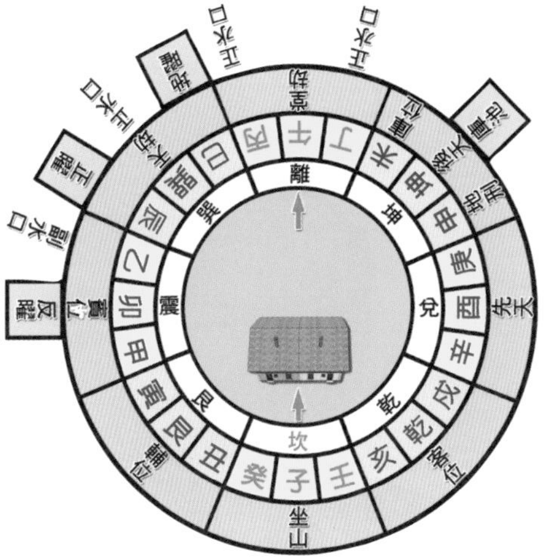

坎正局圖。

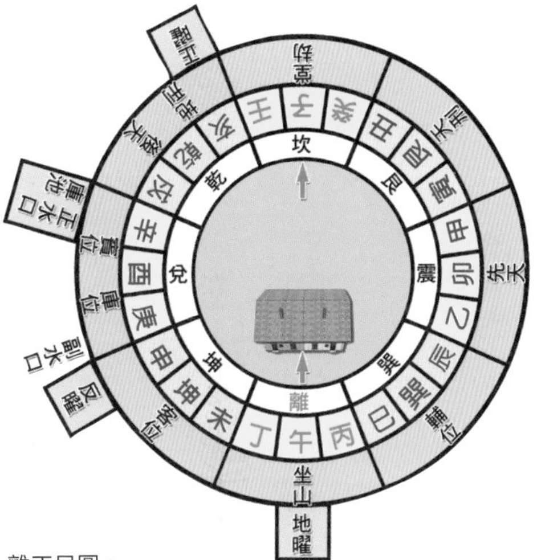

離正局圖。

案例七：華人首富李嘉誠之祖墳風水——山明水秀孕育出富豪風水

李嘉誠白手起家縱橫商場，一生傳奇的事蹟使他贏得了超人的美譽，他的姓名也成為了成功的代名詞，事業體系形成了一個逾萬億資產的跨國企業帝國，李嘉誠的經商、做人、用人之道更為人們所津津樂道，他稱霸華人首富榜近二十年之久，堪稱華人最傑出的企業家之一。

李嘉誠白手起家縱橫商場成為華人首富

李嘉誠一九四〇年因家鄉遭受日軍的侵佔，李父為了躲避戰亂遂帶著家人由潮州遷居香港，李嘉誠在香港僅僅念了兩年書，父親就因病逝世，家庭突然陷入困境，為了幫助家計十三歲的李嘉誠毅然結束學業挑起了全家的經濟重擔，至此年少的李嘉誠開始了學徒、工人、塑膠廠推銷員的生活，由於李嘉誠的工作態度積極進取、精明幹練，不到二十歲便升職為塑膠廠的總經理。

一九五〇年李嘉誠二十二歲展露出旺盛的企圖心，他抓準時機用了七千美元的資本創辦了「長江塑膠廠」，李嘉誠之所以取名「長江」是要砥礪自己不辭涓流，廣采博納，終將匯合成為如長江一樣

李嘉誠堪稱華人最傑出的企業家之一。

潮州一向享有南國邦郡、海濱鄒魯、國家園林城市等美譽。

的大江大河，此外他還要不停的吸收新知，觀察瞬息萬變的世界政經形勢，要求步伐要跑在社會大眾之前。所以李嘉誠歷經了艱辛的創業路程後在二十九歲時，就有「塑膠花大王」之稱。

一九七二年李嘉誠創建了「長江實業有限公司」，其股票在香港證券交易所、遠東交易所、金銀證券交易所正式掛牌上市，接著馬不停蹄的相繼在倫敦、加拿大皆有股票掛牌上市。一九七四年五月李嘉誠與加拿大帝國商業銀行聯組「恰東財務有限公司」。一九八六年長實集團名列香港十大財團首富，李嘉誠在五十八歲首次登上香港首富的榮譽。一九九〇年到一九九一年間長實集團迅速成爲國際重要的跨國多元化企業集團，六十歲被國際性《財富》雜誌評為華人首富。

李嘉誠經過近六十年的奮鬥，擁有驚人的事業及財富，他對於財富的看法，他說：「當你有機

長江塑膠廠。
（圖片來源：中大博研 http://weixin.119tw.com/thread-386971-1-1.html）

香港中環長江集團中心。（由 Baycrest - 自己的作品，創用CC 姓名標示-相同方式分享2.5，https://commons.wikimedia.org/w/index.php?curid=4696181）

會賺到錢時就要會用錢，這樣賺錢才有意義。」所以李嘉誠一生都堅守「不義而富且貴，於我如浮雲」的經商原則。

深度探訪李嘉誠的祖墳風水

李嘉誠榮登華人首富之榜首，除了自身的努力不懈，還要加上祖上及個人積德行善，例如李嘉誠基金會，有系統地資助香港及世界各地的慈善服務，推動社會建立「奉獻文化」本質的力量，基

李宅歷代公媽墓。

李嘉誠母墳。

潮州市人民政府在二〇一一年將李氏祖墓列為潮州市文物保護單位。

李嘉誠的曾祖父李鵬萬、祖父李曉帆、清祖及李母等幾個祖墳都集葬於一個穴山裏。

筆者與弟子鄭宗海（左）。

一九九四甲戌年李氏祖墓重修立碑。

金會主要捐款予教育、醫療、文化及其他公益事業。李嘉誠希望透過教育強化人力資源和文化資源，透過醫療項目建立一個關懷的社會。此外，好風水蔭育出人才輩出、財貨富饒，正是地靈而人傑，山明水秀，因此在風水上能出大富大貴之地，是有其條件存在，現今從李氏的風水角度來論述李嘉誠發富的地理條件。

李嘉誠的曾祖父李鵬萬、祖父李曉帆、清祖及李母等幾個祖墳都集葬於同一處，位於潮州市北韓江邊的一座山頭，一九九四甲戌年李氏祖墓重修，潮州市人民政府在二〇一一年將李氏祖墓列為潮州市文物保護單位。

太祖山蓮花山脈雄奇壯觀

李氏祖墳太祖山為蓮花山脈最高峰之銅鼓嶂。蓮花山脈是廣東省東南方有名的三大山脈之一，位於豐順縣砂田鎮的銅鼓嶂（亦稱銅鼓峰），海拔高度一五五九．五米，為粵東第一高峰，蓮花山脈尖耀而狹長，李氏祖墳的太祖山就是出自這條雄奇壯觀的蓮花山脈，而蓮花之生命力及韌性都很強，如水位高漲之時蓮花會跟著上漲，水位低下時蓮花也會跟著低下，無水時蓮花的根莖就是蓮藕，這也應驗了李嘉誠的生命力的韌性和做事耐力及毅力。

而龍有起止，有行度起處，必要聚勢，如層雲疊勢合成蓮形，形如蓮花瓣向上托起，橫亙綿延，聚而不分不散，地書云：「千尺為勢，百尺為形，勢為遠景，形

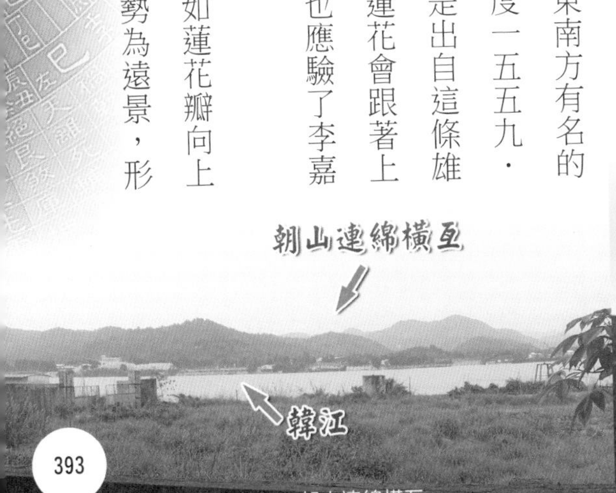

李氏祖墳瀕臨韓江，朝山連綿橫亙。

李氏祖墳的太祖山蓮花山脈雄奇壯觀。

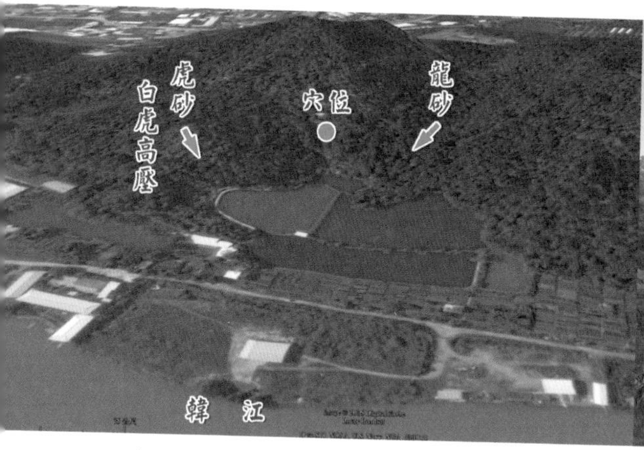

李氏祖墳的龍虎砂環抱得力且彎曲護衛有情。
（本圖引用 Google 地球的圖形）

李氏祖墳的主山峻拔勁聳有力，穴位可稱為土角流金腰裡落。

是近觀，勢位於外，形在內，大地無形看氣概，小地無勢看精神，至於大形大勢或以近應，或以遠應，故尋龍立穴以認形勢為先。」

銅鼓嶂蜿蜒曲折至西南方而轉變，背靠七目嶂，展肩開面轉身向東南方連綿重障，頓跌起伏，脫煞剝換，節節中出，蜿蜒曲變，開帳行走，一路向東行，經歷一次頓跌起伏後再起為釋迦崠，此為李氏祖墳的少祖山。少祖山下有二脈分出。支脈東向直奔韓江是為護從。主脈群山簇擁，綿延至東南向，一路起伏頓疊，層層剝換脫煞，發嫩緩延而行，最後融結成穴，這便是李氏祖墳的來龍；另一支山脈往東南經尖洞、飛鵝山東南行，約十五公里後，折東北，至嶺後村南，山脈開張矖翼然後鑽沉於田洋，為龍脈後峙。

土角流金腰裡落，龍虎環抱護衛有情

李氏祖墳的主山峻拔勁聳有力，穴位可稱為土角流金腰裡落（是金星中落），穴坐於中停下方的小兜處，但是穴位沒有點到脈心（中停處），曾祖父坐墳立坤山辛未分金，天水訟卦第四爻，周天 227.5 度，李氏祖墳龍虎砂環抱得力且彎曲護衛有情，下關虎砂雖然彎環似弓卻因白虎高壓之風水，容易導致逼虎傷人之象，風水最怕白虎昂頭，白虎抬

出口不見甲方的出水，符合天門開地戶閉的地理條件。

前庭內場小明堂短窄又傾洩直下。

頭則會傷人，因此白虎方不可高起，主有官非與或易有兄弟夭折之象。

伸手摸著案，財富千萬貫

李氏祖墳坐坤山雖主厚重，但前庭內場小明堂短窄又傾洩直下，主兄弟無情或無助力之現象，為先小人而後君子，先苦後甘之象，而卻缺兄友和睦之情，要經過二到三代的艱苦努力而後正逢蓄池朝來，就能轉運為苦盡甘來，加上近岸對朝，俗諺有云：「伸手摸著案，財富千萬貫。」又曰：「一要富，岸山手摸到。」至此運勢將會走入佳境。

天門開地戶閉財丁兩旺

李氏祖墳的內明堂內有雙池，雙池之間以甲方為相互貫連通道，大局幹龍水韓江從左方壬子來水，按乾坤國寶論是先天來水，為先天水過堂，前艮方其來水當面流來面對墳穴朝逆而來匯注入韓江，即所謂：「逆砂一尺可致富朝水一杓可救貧。」楊筠松祖師云：「大水洋洋對面朝，列土更分茅。」而李氏祖墳只見甲方兩水池相互連貫之處，卻不見出水，正是天門開地戶閉之絕佳旺財的地理條件。

以中國的山脈分佈，水勢大多由北方或西方流向東方，如黃河、長江等大河流，而傳統的三合院很多都是坐北朝南，假設穴場的水由西而

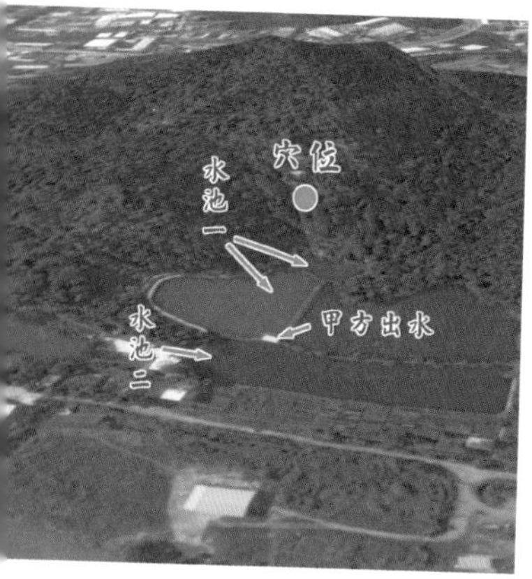

穴前明堂中正之處有水聚天心之象，右於甲方出水。

李氏祖墳的內明堂內有雙池，之間以甲方出口為通道。

水聚者就是有水深而融聚於面前而靜，主財。

來，流向東，則西方即為天門方，宜開不宜閉，東方即為地戶方，宜閉不宜開，東方為青龍天門方，西方為白虎地戶方，所以堪輿家常說：「天門宜開，地戶宜閉。」即是此理之延伸，又說：「最怕白虎昂頭，白虎抬頭則會傷人。」所以右方白虎不宜太高，左方青龍高昂為地戶閉，則主生氣聚，再合於理氣運作，才可以使得主家財丁兩旺。

水聚天心瀦融而靜

李氏祖墳之水局也是聚面水之局，正如訣云：「水聚天心，孰不知其富貴。」而水性本為動態的，而水氣聚著則主靜，靜則悠深融瀦，是為無來無去如水聚懷中，若再靜深如釜，光耀若鏡，則為易發更速之局，是水法中之上格，甲方有羅星鎖水，內池聚財，故地書云：「龍得水之送，而不見來源與去流，億萬資財不足誇，貴人朝堂代代傳。」而李氏祖墳前方明堂龍虎砂對稱有力，堂前水勢融聚，水聚天心，端圓方正斯為美，前後修長蓄氣專，實為山水聚會的極佳明堂。

從穴場往朝堂看去，左右兩邊龍虎砂中懷抱著倉板池塘，內明堂前水聚天心，堂下是經過兩重的養菱角的水池，是兩個瀦水局，內一池經甲方口到第二池續出丑方口過大馬路再注入韓江中。水主財、主桃花、主智慧，此處池水不竄急是屬於靜水，正如蓮花出水，如孤月沈江，李嘉祖墳以此水為護衛，水既瀦融，不會溢出，不會乾涸，靜而不流，不見其來與去，是為風藏氣聚，水靜而守衛者也。代表李家的財富是慢慢靜靜不動聲色的累積出來的。

水口乃為吉地結穴之門戶，故說：「入山問水口，登穴看明堂。」水勢之吉以聚氣為貴，瀦水局者，水得儲聚之謂，乃諸水融聚於住宅及墳前之明堂，有深潭、池沼或湖泊。楊筠松云：「水朝不若水聚集。」梁氏云：「湖有千年不涸之水，家有千年不散之財。」

龍虎兜攬護衛，朝山恍如元寶

風水學認為穴場是龍水交會，真氣顯露之所，「穴不虛立，必有所倚」，以龍證穴，以砂證穴，以水證穴，因形擬穴，全其天工，不假人為施做，渾然天造地設，依其環護，務全其自然之勢，乃至如畫工丹青妙手，須是幾處濃，幾處淡，彼此掩映，方成佳景。

曾祖父坐坤山訟卦，依此論天水訟卦之先天卦氣為9金，乾納甲，甲方出水，甲為乾，為天，正合乾山乾向乾水流，以納甲而言乾為甲，坐合向主人丁，向合水主財富，但是訟卦為是非卦，歷代恐有是非爭訟之事纏身。

從案桌處向朝看去，正對朝山，其山恍如元寶山，山巒層層疊疊，巍峨峻拔，特達尊貴，起伏頓跌，重障疊翠的來朝，每逢夕陽西下，陽光斜射之時，金碧輝煌，是為祥瑞而聚萬財之象徵。李氏祖墳朝山山勢雄偉，由賴布衣消砂法，以目前的二十八星宿來看，前方的元寶山星宿屬木，為旺神，是為吉砂。而艮山後有逆水轉來朝，於艮寅方注入韓江，而艮為山，為鬼，取之五鬼運財加上元寶山來朝招，如同萬貫財富奔流而來。

潮州這座祖墳只是李嘉誠的祖墳之一，筆者不知其家尚有其他祖墳安葬於他處否？若僅僅按照此處祖墳以風水的角度來判斷，能否讓李嘉誠發蹟成為全亞洲華人首富，尚有些不殆之處，應該還有其他祖墳和李嘉誠本人先天出生命格八字及其本人和先人所累積之積德行善所得到的福德，都會影響一個人的富貴福德，但是人的運途及人的命運先天已有定數，後天如要轉運實非易事，只有陰陽宅或生基之大法及用山川龍脈靈氣助人福祿、轉移災厄之秘法，方可彌補先天之命運之所不足，而達於三才和順通暢，三才者為天時、地利、人和，天時為先天八字及吉利造事之吉時，地利為地靈龍脈寶地，人和是本身道德、人際關係、學識及後天之努力。

地靈龍氣生基大法能造命改運扭轉乾坤

艮山後逆水轉來朝於艮寅方注入韓江。

前方的元寶山星宿屬木，為旺神，是為吉砂。

案山如元寶山，山巒層層疊疊是為祥瑞而聚萬財之象徵。

生基之術由來已久，秦漢以來迨至宋朝、元朝、明清及民國初年，歷朝皆有堪輿家替主事者祈福、添壽、進祿、旺財或消災解厄而修築的生基。陳英略所著《鬼谷子無字天書》記載二千多年前的劉邦建國大功臣張良（字子房）尋覓洞天福地修鍊仙術，在徐州子房山得一「雲中仙坐形」的貴格地理，遂自建一壽墳予真龍寶地之穴處，並在壽墳堂前修鍊打坐，果真修成正道。自此以後，即有用以祈福，並倡行旺運發財、治病、添福壽、添丁、添貴等為修築生基的主要目的。在民國初年有國民政府主席林森將軍之自造生基而發達之傳說，而臺灣香港地區也流行修築大規模的生基，可經常見到有名人、富商、高官之修造生基壽墳在媒體上報導，例如郭台銘、李嘉誠、王永慶、何鴻燊、龔如心、霍英東等名人富商都是媒體的焦點。再者葬祖先的骨骸所影響的是全家族的運程，而作生基則只是影響個人的運程，若是心術不正者，想要利用造作生基來獲取不義之財或從事非法及不道德之利益，都無法獲得生基的助力。

得到地靈龍氣，也就是得地利，才能對命運有所改變，而達到真實不虛，書云：「山不亂聚，聚則形止；若居山谷，最要藏風，如在平洋，先須得水，水不亂彎，彎則氣全；尋穴之法，得水為上，藏風次之。」郭璞《葬經》所云：「葬者乘生氣也。氣乘風則散，界水則止。古人聚之使不散，行之使之有止，故謂之風水。」所以尋找真正的龍穴，以地氣接引天，使天、地、人三者合一，而得無窮無盡的磁場，藉陰陽天地之靈氣，充實本身先天真氣，用龍脈之靈氣吸為己用，方為風水之妙法，而其中生基風水之奧妙還待諸君細思玩味。

案例八：展雲天星地靈造命改運生基園區——蓬萊仙境龍穴寶地

太祖山七星山巍峨峻拔、特達尊貴

展雲蓬萊陵園座落於金山區五湖里南勢湖，本龍穴發自台北四大正龍脈之一的右護龍，本脈發於台北坪林鄉，於坪林束氣過峽後，連起峰巒，分枝劈脈，或起或伏，蜿蜒曲變，之玄屈曲，開帳穿心，復起星辰，形成大尖山群與五指山群，經轉折剝換脫煞，頓跌起伏沖起大台北主山七星山。太祖山七星山巍峨峻拔，特達尊貴，一路起伏頓跌，踴躍奔騰，重障疊翠，枝腳撐拏，分枝劈脈，行度過峽束氣脫煞化嫩，經擎天崗到磺嘴山北山一脈相隨，層層護衛，開面展肩鋪席，正行至秀峰坪如龍飛之勢，雄赳赳氣昂昂之態，一路帶到庚仔坪，然後清郁之佳氣分明在此內駐，開枝散脈，落脈結咽，束氣入首，直來橫受，此乃橫龍入首而結穴也，其穴後有樂，正如楊公所言：「大地皆從腰裡落，迴轉餘枝作城廓。」廖氏云：「橫龍穴後必有鬼樂星。」

蓬萊陵園生氣蓬勃，深得藏風聚氣之妙

蓬萊陵園其龍身活動，一起一伏頓跌有力，有纏護之山、迎

展雲蓬萊陵園太祖山七星山巍峨峻拔，一路帶到庚仔坪，龍身活動，一起一伏頓跌有力。

送有情，脫卸乾淨、嬌嫩，沒有煞氣，到頭星辰合體而相應，左彎右抱，藏風聚氣，朝山秀麗有情，明堂平正寬廣，水口交結關鎖，落脈陰陽交媾團聚，分受分明，羅城周密，四方纏護無缺，八風不動，是富貴的大地呼？展雲蓬萊陵園在萬山群中，帳山高大寬闊，前朝金山大海，以風水而言：「面水為富，靠山為貴。」展雲蓬萊陵園有如一張太師椅，生氣蓬勃，貴氣萬千，深得藏風聚氣之妙。

展雲天星地靈造命改運生基園區是不可多得之風水寶地

筆者受展雲事業敦聘為風水命理首席總顧問，帶領玉玄門命理風水團隊，為展雲天星地靈造命改運生基園區堪輿規劃，以期造福大眾，求得福報圓滿。

筆者帶領入門弟子張瑞麟、李曜宏、李隆裕、郭德言，為生基園區堪輿規劃。

筆者（右）與展雲朱鋙副總經理（中）及蔡崑龍協理（左）研討園區規劃。

所謂山不亂轉，聚則形止；若居山谷，最要藏風，如在平洋，先須得水，水不亂彎，彎則氣全；尋穴之法，得水為上，藏風次之。郭璞《葬經》所云：「葬者

展雲蓬萊陵園在萬山群中，帳山高大寬闊，前朝金山大海。

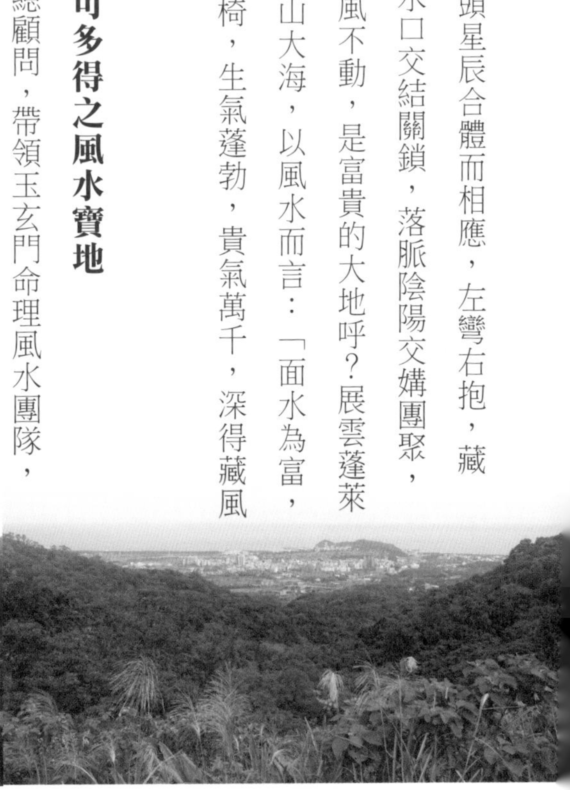
蓬萊陵園，左彎右抱，明堂平正，水口交結關鎖，羅城周密，能藏風聚氣。

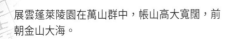

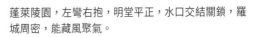

乘生氣也。氣乘風則散，界水則止。古人聚之使不散，行之使之有止，故謂之風水。」穴左近前之山為龍，穴右近前之山為虎，統稱為龍虎。范越鳳云：「龍強從龍，虎強從虎，皆龍虎之大法也。」龍虎是衛穴之山，展雲天星地靈造命改運生基園區之父母山焿子坪及南勢湖山，左右龍虎砂環抱得力且彎曲兜攔護衛有情，端正而成，八風不動，山巒旋迴合抱而藏風聚氣，堂局之美，令人安祥娛目而心曠神怡，本龍穴其龍身活動，一起一伏，閃東趨西，頓跌有力，有纏護之山、迎送有情而不脫節，脫卸乾淨而祥寧，嬌嫩延緩，展秀而來，沒有煞氣，到頭星辰合體而相應，左彎右抱，能藏風聚氣，朝山秀麗有情，明堂平正、水口交結關鎖，落脈陰陽分受分明，交媾團聚，四維八國羅城周密，有重重之山纏護有情而無缺，山環水抱，生氣十足，纏護之山不遠不近、不即不離、彬彬有禮而順從，有如僕人侍侯主人不敢遠離於貴人之側，亦不敢近逼於貴人之身，於堪輿學而言甚易達到發貴、旺財、添壽、迎福之兆。

朝山有情朝拱又獻秀是真龍倖穴

朝山者明堂之前，案砂之後，所能見到的所有山頭、山體的統稱，訣云：「近而小者稱案山，高大而遠者稱朝山。」本龍穴之前面朝山有情，迢迢姍

朝山有情如蝙蝠展翅之形，象徵五福臨門、天官賜福、帶福來朝。

本龍穴左右龍虎砂環抱得力且彎曲兜攔護衛有情。

姍遠來，特來獻秀呈詳，拜伏朝拱，形勢端正，如賓主相對，眷戀有情，如蝙蝠展翅之形來朝本主穴，象徵五福臨門、天官賜福、帶福來朝，《撼龍經》云：「真龍倖穴難尋，唯有朝山識倖心。朝若高時高處下，朝若低時低處針。」

伸手摸著案準發財富千萬貫

所謂案山亦即穴前面的朱雀方與穴位相對而立之小山或山脊，或是距離穴位最近的山，亦稱為賓山，本龍穴之案山豐滿而闊度，高應齊眉，案山伸手可及，經云：「伸手摸著案，準發財富千萬貫。」又見外朝秀麗，重重疊疊，來朝拱托，金山財神廟亦來朝，如財神親臨，來扶持進財興旺，是為富貴之象。朝山證穴之法，必以近案有情為主。遠朝之山雖秀麗，更須登對合法，方是全美，其外朝遠應之峰，雖不甚登對，亦不為礙。故不可貪外朝遠秀而失去坐下穴場氣脈，更不可貪向忘坐。古云：「坐下若無真氣脈，面前空有萬重山。」蔡氏云：「秀峰當面，固是佳美。必不得已，當以近案為據，不可取外陽而棄近案也。」天下有不見朝山之美地，但罕見沒有案山的佳穴，大抵天造地設之龍真穴的，必是近案有情。

明堂可容千軍萬馬有如貴人居高臨下

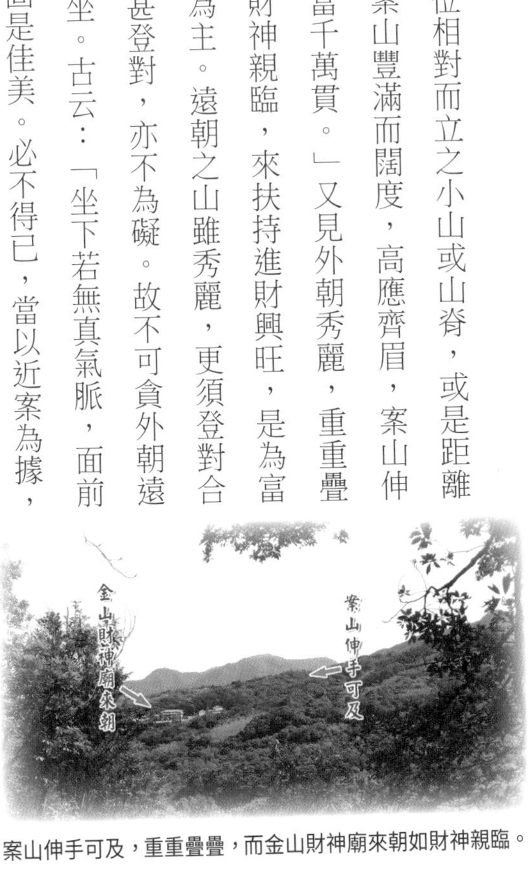

案山伸手可及，重重疊疊，而金山財神廟來朝如財神親臨。

明堂，即穴前自然形成的緩坡或平地。楊公云：「立穴欲得明堂正。」又云：「真氣聚處看明堂。」龍虎內為小明堂，案山內為中明堂，案山外朝山內為大明堂。本寶地明堂端正、平緩、不偏斜，則明堂內必真氣融融；若倒側、傾瀉，則真氣不聚。《明堂經》云：「斜巧正拙難可，優劣有情於我，是為真穴。」是皆明堂證穴之說也。本龍穴之小明堂端正、平緩、不偏斜，龍虎砂層層交抱緊鎖，交鎖環衛緊湊，明堂陽氣融融，正朝層層環抱如步天梯，是為步步高升之佳象，準發富貴無疑也。小明堂在圓暈下如觸手可及最為吉，中明堂是龍虎裡，立穴要使相交會，而真氣融結交衛有情護侍莊觀，正如可容千軍萬馬，大明堂在案山內，立穴要向融聚處方為真。

大水洋朝金光閃閃，有如聚千家之財納萬家之寶

本龍穴外明堂面向大海顯的寬敞氣勢宏大，所謂「明堂可容千軍萬馬」即指此，楊筠松：「大水洋洋對面朝，列土更分茅。」《青烏》云：「大水洋朝，無上之貴。」外明堂面向大海，如龍逢大海，躍入龍門，加上山環水抱，山水相互輝映有如晨霧輕罩，海面呈現出如似蓬萊仙境的畫面，每逢傍晚夕陽斜照，山水之間反映著一片柔和的光亮，陽光撒在海面上波光粼粼，

外明堂面向大海，如龍逢大海，躍入龍門。

正朝層層環抱如步天梯，是為步步高升之佳象。

顯顯印印，金光閃耀，銀光閃爍，就像金銀財寶滿廳堂，可謂聚千家之寶，納萬家之財，坐擁金山何愁沒錢也，再者，當海水漲退潮之間，盡吸風水龍氣，正如進可攻退可守，攻守自如的大地之勢，水應細認其形態方可定其吉凶，若水直、急、衝、射、湍急有聲則反而為凶，本龍穴之大海來朝因為距離穴場尚遠，聽不見浪潮澎湃的水聲，而水流又是屈曲悠揚深緩而合法也，此為天造地設自然形成地理靈動力之奧妙，也應了山不在高，有仙則名，水不在深，有龍則靈，山明水秀，地靈人傑，洞天福地，神人居之則萬應萬靈，真是福人居福地，福地居福人，天佑有德、有福而居之也，實亦為不多見的好地理。

千船萬帆生機蓬勃如萬商雲集，貴人齊聚一堂之象

本龍穴堂前有金山灣及磺港漁港，平常可見千船萬帆川流不息，大船滿載著千家寶，萬里財入港來，門庭若市，財源廣進，富貴綿長，漁港旁尚有獅頭山羅星捍戶，是為金獅守水口，祥獅獻瑞且金獅之頭向內兜，有如臣服於堂前，主富貴之象，這是山水之吉會也，代表朝護有情，正是青囊奧語中所說：「八國城門鎖正氣」，象徵八方周密無間，收氣方興旺，實乃富貴之

前朝右前方海中小島浮出水面，形如龜形及印寶而呈龜相之印。

本龍穴堂前有獅頭山羅星捍戶，是為金獅守水口。

地。前朝面向金山大海，右前方海中小島浮出水面形如龜形，有如印寶而呈龜相之印，加上四周常有船隻入港，而龜有歸來之意，形如滿載金銀財寶歸來廟堂，龜是極有靈性的動物，龜主長壽能通天地之靈氣，遠眺龜頭山彷彿一顆大印於案前得掌貴氣，主貴氣萬千，深得藏風聚氣之妙，正是龜獅羅星守水口，滿載金銀財寶入庫，只入不出之佳照。

陰陽兩水負陰抱陽，陰陽合璧吉慶祥瑞

本龍穴可見有兩個出海口，其一為磺溪由左側出海，其二為員潭溪由右側出海，磺溪乃硫磺之水為濁為陰，員潭溪之水為清為陽，形成陰陽兩水，陰陽合璧，生氣蓬勃，乃吉祥之象，《道德經》：「萬物負陰而抱陽，沖氣以為和。」宋張載云：「太虛無形，氣之本體，其聚其散，變化之形爾。」因此更證而得知萬物皆陰育而陽生也，故而龍脈寶穴之穴情以陽為生，以陰為死。龍脈寶穴以陰來陽受始能結穴。故而萬物生氣行乎地中，發而生萬物，結合陰陽五行，要避死氣、乘生氣、鍾旺氣，生氣也就在龍脈的行止間。而孤陽不生，孤陰不育，因此宇宙萬物及風水地理皆須陰陽交媾始能結穴，也因此葬人之骨骸或生基吉祥物始能孕育出地靈人傑之象也。

金龍泉湧祿儲泉乃天造地設不假人工施為之養龍真應水

本龍穴可見有兩個出海口，形成陰陽兩水，陰陽合壁，生氣蓬勃，乃吉祥之象，

水之所趨，龍之所止，故真穴必眾水會聚而朝堂。《葬經》云：「得水為上。」楊公云：「未看山先看水。」又云：「凡有真龍與正穴，必有潮源水合聚。」橫過之水宜橫抱穴前，對朝之水宜九曲八彎而來。真穴必然諸水聚會，或繞抱，或潮入，有此水勢，穴必在焉。」正是後有靠前有照，左肩右膀有水來繞，而水為財，財乃養命之泉源，水勢之玄曲折不見出水口也不知從何而來，常年不枯竭是為難得的養龍真應水，水為龍脈之血脈精，筋脈之通流，而龍得水之送，但卻不見其去，故地書云：「龍得水之送，而不見來源與去流，淳靜而甘醇，是為真應龍泉水，主億萬資財不足誇，貴人朝堂代代傳。」

風水之法得水為上，若來水、山脈的層數越多，經由山脈層層關鎖，則龍脈的力量就越大，立穴於山谷，然山谷多狹窄，最難得的是要有好明堂，而水口乃為吉地結穴之門戶，故說：「入山尋水口，登穴看明堂。」水勢之吉以聚氣為貴，本龍穴第三區之內明堂見八字葫蘆形之水池而成水聚天心之祿儲養龍真應庫池水，可稱之為「金龍泉湧祿儲養龍真應水」。是真應水穴，也是聚水局者，水得儲聚之謂，乃諸水融聚於住宅前之明堂，有深潭、池沼或湖泊。楊筠松云：「水朝不若水聚集。」《雪心賦》云：「水聚天心，孰不知其富貴。」吳氏云：「一潭深水注穴前，不見來源與去源，億萬資財無足資，貴入朝堂代有傳。」梁氏云：「湖有千年不涸之水，家有千年不散之財。」

金龍泉湧祿儲泉永不枯竭之象，更成水聚天心，此乃天造地設不假人工施為之養龍真應水。

祿儲養龍真應水得之是為大福壽之地

訣云：「龍氣旺盛迸裂不禁者是也。」何謂真應水，泉注穴前以應真龍之結作者是也，因為來龍旺盛既結穴後，秀氣而不盡，生水為泉，以應我真穴。不拘論水之大小，但只要清秀，其水味甘美，在春夏天不溢漫，秋冬之時不會乾竭，瀦而不流，靜而無聲，可濯可掬，澄之愈清，混之難濁，皆為美泉，亦名曰靈泉，若有此等之水，必有大貴之地，高山有此水者，葬後定發大族，平洋有此水者，或作墳地或作宅地或作生基，俱主大發，凡見有此水者，宜於此處細心求索，不可大意忽視。

本地之金龍泉湧祿儲養龍真應水澄清而深且為活水終年不乾涸，加上龍虎兩砂貼身緊抱則是錦上加吉，風水更佳。因水本動，其妙在於靜中，聚則靜矣，靜則悠深。本龍穴融瀦，無來無去，為水法

金龍泉湧祿儲養龍真應水澄清而深且為活水終年不乾涸，加上龍虎兩砂貼身緊抱則是錦上加吉，風水更佳。

本龍穴融瀦，無來無去是為養龍真應水，為水法中之上格。

中之上格。水為財，湖泊池沼之水，四季不涸，即是上格。

此金龍泉湧祿儲養龍真應水形如葫蘆，得此如得懸壺濟世，可護佑人長壽健康，更是財水儲聚，是為得天獨厚之真應龍泉聖水自龍脈泉湧而出，真是大富大貴的大地，身歷其境讓人心曠神怡有如人間仙境，實乃天造地設之大吉地。

禿龍洞前禽孟獲，龍泉井水解啞泉

劉基《堪輿漫興》論水之善惡云：「清漣甘美味非常，此謂喜泉龍脈長。春不盈兮秋不涸，於此最好覓佳藏。」水面鏡象映射，水體形象，更可豐富空間意象，亦為風水家所重。如風水所謂：「左水為美，要詳四喜，一喜環彎，二喜歸聚，三喜明淨，四喜平和。」水本動，妙在靜，靜者何？瀦則靜，平則靜。」論水質，其色碧，其味甘，其氣香，主上貴。

不同地域的水分中含有不同的微量元素及化學物質，有些可以致病，有些可以治病。《三國演義》中描寫蜀國士兵深入荒蠻之地，誤飲毒泉（啞泉），傷亡慘重，可能與這種毒泉有關。此為孔明士兵誤飲毒泉，孟優以龍池乳汁解治的傳說。

據傳當初諸葛亮（孔明）得孟獲之兄孟優，以龍山峰龍山岩洞天福地之龍山乳汁配上當地草藥解其啞泉之毒，據說孟優獻給孔明的龍山泉乳汁之寶地，即為唐代南詔古國第一代開國君王細奴羅之耕作發源地，是為當今雲南省巍山縣（當地名為龍瀧殿）境之巍寶山入山的第二座宮廟文昌宮，內中有如明鏡的龍池，而此龍池之乳汁卻與相隔不到二公尺旁邊的龍井之水，竟不在一個平面上，這可以說是活靈活現的「水不在深，有龍則靈。」

若讀者能到這裡喝上一杯龍池清香茶，潤潤喉，提提神，姑且不論是否能增長智慧，或者幫助學生的考試運及當官的升遷運，或是去病除邪，消陰去魔，但總該是一種難得無上美好的享受，此地筆者曾多次前往讚賞，若讀者有此雅興筆者可為嚮導，一以助興，二以讚賞此南詔國之發源的龍脈寶地。風水學理論主張考察水的來龍去脈，辨析水質，掌握水的流量，優化水環境，這個原則是值得深入研究和推廣。

水聚三叉吉砂環抱為聚財風水之吉地

《地理人子須知．水法總論》云：「夫水者，龍之血脈也。葬書以水為外氣，良有旨哉。宋朝西山蔡文節云：『兩水之中必有山。故水會，即龍盡。水交，則龍止。水飛走，即生氣散；水融注，則內氣聚。此自然之理也。』；《青囊序》云：「楊

雲南省巍山縣巍寶山文昌宮之龍泉井水。

公養老看雌雄，天下諸書對不同，先看金龍動不動，次察血脈認來龍。龍分兩片陰陽取，水對三叉細認蹤，江南龍來江北望，江西龍去望江東。」

天上星辰似織羅，水交三叉要相過，因山一片是靜，即實一片也。水一片是動，即空一片也。山龍不易認，水口一望即知，故認三叉水口亦可印證山龍。形成三叉的所在位置即為風水所說的城門，《青囊序》：「水對三叉細認蹤。」本龍穴前左下方有三叉水是結穴徵象，本龍穴之三叉水為，丁方來水及丑方來水，而二水合出於甲方，繞過迴旋之山峰。水聚三叉在這高山流水，鬱木蒼蒼，山峰旋迴合抱而藏風聚氣，堂局左右龍虎端正，四畔齊整，水聚三叉由青龍方出水，水繞砂抱，乍看之下不見外局出水之處，出水口隱藏不現，是為天門開地戶閉，羅城周密的最佳聚財風水寶地之徵象。

以乾坤國寶水法來看，本龍穴來龍坤山轉向乾，以坐山是坐乾山向巽山，易經六十四卦是為坐地山謙向天澤履或坐天地否向地天泰。其丁方來水是為收先天離卦之水，丑方來水是為收後天艮卦

本龍穴之三叉水為丁方來水及丑方來水，而二水合出於甲方，繞過迴旋之山峰。

水，兩來水會集之後水出甲方，繞過迴旋之山峰，合乾坤國寶中天水法。是為財丁貴全備之水法，主發富貴，財丁茂盛之局，若格局大則大發，格局小則小發，總之，大地生成，龍水必稱，小地聚氣，全憑水神，天機妙訣，未可洩漏。

後靠其形如仰天如來，佛光普照賜福壽

穴後所枕托之山以應穴場之為靠，為穴場之屏障即是樂山，夫樂山者，在穴後應靠之山為樂山。大凡沒骨凹腦、側腦、板鞍，天財，橫龍等，結穴必要樂山為枕靠，樂山在左穴在左，樂山在右穴在右，樂山居中穴在中，或成星體，如屏帳、華蓋、三臺、玉枕、簾幙、貴人、覆鍾、頓鼓等形為貴。切忌高雄聳峙，凌狎嵯峨可畏之狀，當避立穴。訣云：「左高龍氣須歸右，右高穴尋左邊、莫把樂山同一概論，押山凶禍實難當。」廖氏云：「橫龍結穴必要鬼，樂山宜後枕。」吳公云：「擔凹攀鞍要樂山，切須貼背應穴場。」故樂山為枕穴之砂，不可不審。然樂有三格，曰特樂、曰借樂、曰虛樂。

本龍穴後靠屬特樂，是大屯山群發向金山而來的竹子山，形成形態似仰天如來的佛祖佛相，唯妙唯肖，正如佛光普照，祥雲天降，能護持本寶地吉穴，所有人入宿皆能得到佛光普照，元辰光采，富貴雙全，丁財兩旺，可添福祿，增壽延年。展雲天星地靈造命改運生基園區地理位於龍穴處，群山層層繞抱，吉氣郁郁，是一處難得的富貴福壽大地。

風水佳地應該是落脈有情，流水有意，如此才能情投意合、家庭和睦而且能發富貴，展雲天星地靈造命改運生基園區，在日暮時刻霞霧凝聚而起，於飄渺間，氣象萬千，感受到真龍藏穴，餘氣未盡，彷彿神居仙境。

本龍穴後靠形似仰天如來的佛祖，唯妙唯肖，正如佛光普照，祥雲天降。

本龍穴後靠特樂，是大屯山群發向金山而來的竹子山。

跋

風水大師薪火交棒代代傳承

《周易》包羅萬象，可稱為風水堪輿之本源，大者不外乎天地人三才而已，通天文者，可以知四時代謝，水旱災祥，以養生；明地理者，可以知九運往來，趨吉避凶，以安生立命，能為貞吉之君子，勿為悔吝之小人，以與天地參。

山水形態與中國五行相互對應，五行是宇宙萬物的基本元素，金木水火土相生相剋。可以改變人體的磁波能量場，使其達到平衡，是故風水與命運是緊密相連的。

八字、紫微斗數、七政四餘的命盤結構可以測出命運的走向，實際上它也可由陰陽二宅來自我調節佈局來排解，心中的壓力，高明的風水師能從家族的風水推論出其後裔子孫之命中格局和富貴、貧賤、壽夭，同時也可藉由一個人的出生年、月、日時之命盤格局來推算出其祖上風水的形勢特點，與磁場相融、相合的地方，去接受心的洗禮。

地理風水也會影響風土人情，什麼樣的山水，就會孕育出什麼樣的人物，所謂地靈人傑，即是

穿著唐裝的國際學者討論筆者所研發的羅盤精奧。

此意。劉伯溫《堪輿漫興》：「尋龍山水要兼論，山旺人丁，水旺財。」山龍形勢孕育人物的雅俗智愚，水龍格局孕育地方經濟財貨，因此一個家族成員的出生年、月、日時之命格也與山川地理存在著同步資訊的訊息往來相呼應。

《葬書》認為：「五氣行乎地中，發而生乎萬物。……人受體於父母，本骸得氣，遺體受蔭。經曰『氣感而應，鬼福及人。』是以銅山西崩，靈鐘東應；木華于春，栗芽於室。」這段話說明瞭「氣」會感應地予人禍福，《易經》同樣說道：「同聲相應，同氣相求。」又說：「方以類聚，物以群分，吉凶生矣。在天成象，在地成形，變化見矣。

閬中山水圍繞譽為中國風水第一城

以中國保存最為完好的四大古城之一「閬中」為例，閬中地處四川東北部，位於嘉陵江中游，秦巴山南麓。閬中山圍四面，水繞三方，其山、水、城融為一體，其城市選址非常符合風水學中龍、

二〇一二年十一月四日張清淵大師與武漢凱迪副總裁帶領考察團在羑里城參觀，由安陽市旅遊局局長張建國、縣旅遊局局長呂保國等領導陪同。

六、水、砂的意象，閬中古城四周山水圍繞，是天然造就的風水寶地，向來有「閬苑仙境」之美譽。

閬中以特有的風水文化和科舉文化被世人譽為「中國風水第一城，科舉聖殿狀元鄉。」

古城閬中城內有唐宋元明清各代的古建築二百多處，數千件國家等級文物收藏，唐代畫聖吳道子三百里嘉陵江山圖，稱閬中為“嘉陵第一江山”。

古城閬中完整保留了中國古代建築的風水理念，其建築佈局遵循唐代天文風水理論來築城佈局，被世人譽為風水古城。閬中建築如棋盤式的格局，市中心建有中天樓，以應風水中的「天心十道」之理，城內街巷都以中天樓為核心，以十字大街為主幹，層層開展佈局。此外閬中建築風格融會南北建築於一體，形成許多「半珠式」、「品」字型、「多」字型（寓意三多為多子，多福，多壽。）等截然不同的建築群體，這是中國古代建城選址「天人合一」的典範。唐代詩人杜甫也曾留下「閬州城南天下稀」的千古名言。

三國猛將萬夫莫敵，張飛漢桓侯祠

閬中不但是風水名城，還是三國文化的名城，因為蜀國大將張飛死後就葬在閬中，鄉人慕其忠勇，於墓前建闕立廟，名為漢桓侯祠，俗稱張飛廟。漢桓侯祠位於閬中市古城區西街，自建闕立廟以來，歷經多次興廢，歷時一千七百餘年，現存的張飛廟為一組明、清多重四合院式的古建築。

四川閬中天宮院袁天罡及李淳風塑像。

蜀國大將張飛死後就葬在閬中。

張飛，字翼德，是三國蜀國的猛將，也是蜀國的五虎上將之一，當劉備平定益州之後，派令張飛領軍駐守閬中，奉為巴西太守長達七年之久，張飛為鞏固蜀漢疆土，堅守閬中抵禦外侮，威震邊疆，章武元年，張飛為部將范彊、張達所弒，死後葬於閬中，所以閬中的張飛廟應該是所有張飛廟中最有價值的一座。

漢唐時期，閬中就是中國古代天文研究中心，西漢著名天文學家落下閎創制了《太初曆》和世界第一台渾天儀。東漢末年的周群、周舒、周巨，祖孫三代天文學家也是閬中人；東漢的道教創始人天師張道陵也曾在閬中「雲臺山」、「文成山」的元台觀測天象。唐代的袁天罡、李淳風，二位天文風水學家在閬中觀測天象，後來同葬於閬中的天宮院，留下了許許多多的風水傳奇事跡。因此也常常引來世界各國研究風水堪輿之人齊聚一堂，共同切磋研究考古風水之都中聖賢所遺留下來的珍寶。

中國術數之學認為命運在一定程度上是可以改變的。傳統風水學的立論基點就是幫助善心及需要的人來改變命運，古往今來，許多聰明有智慧的人深入的研究風水，在風水學上的創見各有成就，進而留下了一些傳奇性的故事。

四川省閬中古城山圍四面，水繞三方，山水城融為一體。

中國五大預言師及八大經典預言

中國古代的奇人異士輩出，他們曾寫下許多對後世影響深遠的經典預言，中國著名的五大預言師及經典預言如：姜子牙著《乾坤萬年歌》、諸葛亮著《馬前課》、李淳風著《藏頭詩》、李淳風與袁天罡共著《推背圖》、邵雍著《皇極經世》及《梅花詩》、劉伯溫著《燒餅歌》、黃蘗禪師著《黃蘗詩》，以下筆者挑選出中國著名的五大預言師及八大經典預言，與大家共同分享。

姜太公是我國古代著名的政治家及軍事家，曾為周朝立國創不朽的功勛。

一、乾坤萬年歌（周朝）

《乾坤萬年歌》凡七七〇字，是三大預言奇書中最早出現的，流傳時間長達三千年之久，有一說是姜子牙所著，也有一說是周代的呂望所著，但是作者真正是何許人已經難以考察。萬年乾坤歌全文有一百零八句詩歌，它從宇宙起源開始，構架出萬年之久的歷史行進。姜子牙通過拆字、解字，預設了歷代王朝的動亂興替、年份及帝王姓氏，一一神奇應驗。

二、馬前課（三國）

相傳由諸葛亮夜觀星象，知悉自己大限將至，所以把所知天機寫成書簡，並名為《馬前課》傳於後世。《馬前課》全文共十四課，每課四句，每句四字，一課講一個朝代。前十課從當時蜀漢開始，一直到中華民國的誕生，第十一課以後講的應該是中華民國以後的事，像第十三課講到「賢不遺野，天下一家，無名無德，光耀中華」，這顯然是個世界大同的承平盛世，這樣的大圓滿結局在好幾個預言中同時提到了，但到底未來社會是甚麼樣子，對我們而言還是個謎。

孔明出師行陣皆用奇門遁甲取勝，自隆中出扶蜀漢室時，佐劉備三分之業，而其神機妙算莫不本於奇門遁甲。

三、黃蘗禪師詩（唐朝）

全詩共十四首，以七言為體裁，此詩由唐代高僧黃蘗禪師所寫，但他的預言不是從唐朝開始，而是從明朝說起，他本來的預言是不是這樣的呢？還是他的預言沒有全部流傳下來，而只是流傳下來一部份？不管如何，我們今天看到的他的預言對明朝滅亡、清朝各代、八年抗戰、國共內戰、國民黨退守臺灣等事件都進行了準確的預測。

四、推背圖（唐朝）

據載此書由唐代天文官李淳風與袁天罡所共著，圖文共載六十象，在最後一象以兩人推背而行為題，書中的預言年代計由唐代至天地盡時，而書中疑有提到武則天的興亡，唐代的興亡，中國的國運，也有疑是世界時局的預言。根據元代《宋史・藝文志卷》已有推背圖的記載。而在日本的《大漢和辭典》中，亦有推背圖的記載。

五、藏頭詩（唐朝）

由唐代天文官李淳風所撰成，內容記載了唐太宗與李淳風的一席話，而這一席話說中就預言了唐朝至現代的大事，話說於唐代貞觀七年五月十九日，唐太宗與李淳風談天時，話題方打開，唐太宗便問其江山會被誰所喪，之後，由唐朝開始，說至近代。

六、梅花詩（宋朝）

梅花詩是詩為體裁，據說由宋朝的邵康節所著，全文共詩十首，估計預言的時間由宋朝至現代，如第一首詩云：「不信黃金是禍胎」，就指宋朝被金人所亡，而其他九首詩中就有對中元、明、清的描述，如元太祖忽必烈、明太祖出身寒微、李自成亡明朝，清兵入關。

七、皇極經世書（宋朝）

《皇極經世》是由宋朝邵夫子所著，其人號〔雍〕、字〔堯夫〕、範陽人。邵庸畢生研究周易而自創的經天緯地之預測學。根據河洛數理，周易陰陽，天地物理，人類進化的推衍，創立了元、會、運、世一套有規律的預測方法。129600年為一元，為人類的一個發展週期，在大算數裏僅一天而已。計一元十二會，一會三十運，一運十二世，一世三十年，總計十二萬九千六百年，以自西元前二二一七年甲子至西元八五八三年癸亥為午會值運時間，而西元前二二一七年，乃夏禹受命後之第一甲子，中國之所以有華夏之稱與夏曆之義，當與此有因緣了，堯夫自庚堯甲子西元前三〇〇〇年巳會小畜卦時推起，至宋熙寧午會之需卦止，歷年史跡之離合治亂情形，皆列表演敍，以證明天時人事與易數之配合，以及大中至正的道德觀念與陰陽消長的原則。元會運世各有卦象表示，每年亦有卦象表示其天文、地理、人事發展變化。只要洞其玄機，用其生化之理，天地萬物之生命運程，皆了然於心，人類歷史、朝代興亡、世界分合、自然變化皆未卜先知矣。其理至簡至深，歷代學者多汗顏。

八、燒餅歌（明朝）

此書據載為劉伯溫所著，燒餅歌由來是有一天明太祖在內殿食燒餅，忽傳劉伯溫進見，明太祖便用碗子把餅蓋起來，才召見劉伯溫，並且叫劉伯溫猜猜碗中是何物，怎知劉伯溫說：「半似日兮半似月，曾被金龍〔皇帝〕咬一缺」，皇上深感驚訝，於是好奇的要劉伯溫預言天下未來之事，但劉伯溫卻以洩漏天機恐犯天條為由而惋拒，可是明太祖還是再三的遊說，並賜封劉伯溫無罪之身且為萬年不死與皇帝同壽，於是劉伯溫才說出了流芳百世的燒餅歌。

劉伯溫是先知先覺的預言家，精通奇門遁甲之術。

神鬼預言家袁天罡及李淳風能破天機斷生死

袁天罡（又名袁天綱），他是唐朝著名的天文學家、星象學家、預測家、風水相術大師，著有《六壬課》、《五行相書》、《推背圖》（和李淳風共著）、《袁天罡稱骨歌》等。《舊唐書》記載了他給武則天算命的事情，武則天還在繈褓的時候，袁天罡為她看相，保姆抱出穿著男孩衣裳打扮的武則天，袁天罡驚歎道：「可惜是個男孩，若是女子，當為天下之主！」

袁天罡在唐初極富盛名，深為唐太宗所賞識。有一次唐太宗李世民召見袁天罡，問他：「古有君平（漢朝嚴君平乃術數大師），今朕得卿，何如？」袁天罡回說：「君平生不逢時，臣自然勝過他。」後來唐太宗讓袁天罡為朝中重臣張行成、馬周等人看相，所預測之事奇準無比。

《新唐書》記載袁天罡對自己的壽元也有一段傳奇，當時中國公高士廉看袁天罡看相預測神準，曾問袁天罡：「您最終能當到什麼官職呢？」袁天罡謙遜謝說：「我自知相命，到夏天四月，氣數盡也。」袁天罡果不其然在夏季四月逝世於火山令之職位上。

李淳風也是唐朝政治人物、天文學家和數學家，唐高宗時，李淳風以劉焯的《皇極曆》為據，編成《麟德曆》。李淳風還編撰有《推

筆者在閬中參與祭拜風水祖師袁天罡、李淳風之儀式。

背圖》、《典章文物志》、《秘閣錄》、《乙巳占》、《藏頭詩》、《推背圖》（和袁天罡共著）等書。《舊唐書》、《新唐書》皆記載李淳風曾研製「三重環」渾天儀，堪稱一代風水宗師。

李淳風預言很準，他曾預言當科狀元為「火犬二人之傑」，放榜後果然是狄仁傑高中，原來狄字可拆為犭和火字。有一次李淳風與袁天罡跟唐太宗一同出遊，太宗看見河邊有兩隻馬，一隻赤毛一隻黑毛，太宗要他們兩人推算這兩隻馬誰將先入河中。袁天罡先占得離卦，離為火，便言赤毛馬毛色如火會先入水中。李淳風則言，鑽木生火時應先見黑煙後才會見火，便說是黑毛的馬先入河。結果李淳風猜對了，但他卻謙稱要不是袁天罡，他就不能推算出煙和火的奧妙關係了。

在民間傳說中，李淳風與袁天罡的傳奇故事眾多，流傳最廣泛的傳說就是唐太宗李世民曾讓李淳風與袁天罡兩人為他尋找陵園龍穴。先是李淳風跑了九九八十一天，選中九嵕山之風水龍穴，並插下銀針作記，當唐太宗讓人驗證二人所

唐代風水大師李淳風之墓。

唐代風水大師袁天罡之墓。

相之龍穴之時，卻發現袁天罡也相中了九峻山之風水龍穴，因為袁天罡做記的銅錢方眼上正插著李淳風的銀針，真是英雄所見略同。

袁天罡貞觀時奉太宗之命步測王氣，由長安尋至閬中。唐高宗時袁天罡再來閬中築觀星台以觀天象，後來就在此定居，死後安葬於今閬中市天宮鄉觀稼山。李淳風在袁天罡過世後選擇了與天宮院一山之隔的龍洞溝仙鶴會（今淳風村）定居下來，繼續觀星象及作學術研究和寫作，留下了豐富的遺跡。兩大風水宗師皆選擇在閬中歸隱、終老，墓地相互守望，而袁天罡及李淳風身後修建的天宮院正是紀念兩人之傳奇的歷史見證。

楊救貧寅葬卯發，賴布衣玄機妙算

唐朝楊筠松為唐僖宗時的國師，於黃巢破京城時，毅然斷髮入崑崙山步龍，以地理術行於世，留下了朝葬夕發或寅葬卯發之類的神奇傳說，被尊稱為「救貧仙人」，更被後世研究地理風水者尊為「風水祖師」。楊筠松曾傳授曾文辿、范越鳳、厲伯紹、劉森、邵庭監、葉七等弟子，各有地理著作傳世，其中曾文辿作《陰陽問答》、《尋龍記》等著作，他有一位傳人賴文俊，盡得地理風水學之真傳，留下了非常傳奇性的「賴布衣故事」。

賴布衣父名賴澄山，是地理祖師楊救貧先生的三大弟子劉森（劉江東）受傳的得意弟子，賴澄山本無心將風水衣缽傳授給兒子，於賴布衣十一歲喪祖時，想找好穴葬父以蔭子孫，賴澄山到粵北樂平無意中發現「斑鳩落田陽」之活龍脈寶地，此龍脈寶地於葬後三年，可蔭發出一宰相或一太傅及一斗芝麻的數萬狀元，但此地同時犯出地殺師之煞，因此凡經手點葬此龍脈寶地的風水師，必定在三年內發生不幸。

賴布衣十七歲鄉試中了舉人，賴澄山暗喜，預期今年下葬「斑鳩落田陽」穴，正好於三年後可發應秋闈之期，於是擇吉遷葬，遷葬時以奇門遁甲之無上心法而知必有三應象，「其一是人騎馬，馬騎人。其二是人擔傘，傘擔人。其三是人咬狗，狗咬人。」說也奇怪這三種吉兆都很神秘的一一應驗，但在遷葬之時，一僕人因內急跑到後山撒尿，賴澄山來不及制止，剎那間全山震動而飛沙走石，最後雖能在良辰吉時順利下葬，但賴澄山卻是大失所望敗興而歸，此後賴澄山要賴布衣開始積極鑽研堪輿之學。

原來要下葬斑鳩落田陽之龍脈寶穴，需斑鳩靜默，但卻因僕人撒尿驚醒了斑鳩，其尿穢更驚飛了地靈之氣，使賴澄山一切佈局功虧一簣，如此就不能出宰相及太傅，只能出一大師，因此賴澄山才要賴布衣開始精研堪輿風水地理之學。

後來皇帝為選取國師之才，下旨封賴布衣為國師，召其上京面聖，正應驗賴澄山所說之出大師之預言。

歷代風水大師薪火相傳

賴布衣之後，又有丁珏、濮都監、廖禹（金精山人）、孫世南、賴白鬚、李鴉鶻、鍾可朝、宋朝唐九僊、胡矮僊、劉七碗、劉景清、劉應寶、劉元正、劉景明、劉見道、劉雲山（劉七碗傳王祿，王祿傳、劉二郎、劉子僊、吳景鸞、宋花師、劉勾力等人。），二十傳而至孫伯剛，之後難考傳承，流派支系幾乎有一百二十家之眾。

因緣際會傳承聖賢真傳精髓，立志繼絕學造福世人

一九八九年兩岸開放探親，筆者到大陸展開尋根之旅，在機緣巧合之下於長春市結識了一位悠遊人間的修道風塵異人（對方不許透露其真實姓名），咱倆人一見如故，相談甚歡，言談間異人便傳授了筆者許多奇門遁甲與三元天星法之不傳秘訣，實屬獲益良多。

數年後筆者應邀至重慶參與學術交流與訪友，於近郊之老君洞再得見異人，又得蒙傳承道家之祕法及五術之秘學，下山後筆者結識重慶大學藍允恭教授，兩人切磋琢磨，實有相見恨晚之慨，藍教授對於易理象數之學甚為深入契理，而筆者於五術實證之學頗有所得，兩人截長補短，相得益彰，並而我倆還共同立著《中華象數預測集錦》上下二冊及《中國文史哲通鑑》一書，爾後筆者再到昆

江西興國縣三僚村的楊公祠祖師像，楊筠松（中）曾文辿（左）廖禹（右）。

明訪友，途中無意間又得雲南滇西普光明老先生之遺世《地理正宗》祕傳手抄本九冊，此等機緣堪稱奇緣，也讓筆者有幸的、有緣的、有福的使風水堪輿奇門之學更上一層樓，實乃萬中之大幸，謹此叩謝，合十感恩。

《地理正宗》書冊中有譚寬所撰之〈地理源派真傳〉，文中載明：「大唐國師漢比救貧仙人楊公筠松字長茂秘傳，元末地師譚寬字仲簡秘傳，明國師括蒼誠意伯劉基字伯溫註述。地理源派，楊公筠松傳曾文迪、劉江東、胡矮仙、李子華四人；曾文迪傳廖禹；劉江東傳譚文謨；譚文謨十八世孫傳譚寬；譚寬傳劉伯溫。譚寬示劉基云此傳家真寶一粒栗也，先有總索為撼龍經等名，我祖譚文謨方期秘傳與子孫，我豈敢洩泄於外人而獲罪於先人，但我今年艾子幼，恐失其真傳，今傳與表侄婿劉基，我祖陰靈諒不我責，劉基汝其寶之為辛。」

筆者年輕時曾拜得名師多人，胡、李、陳、王、林、鄧、吳、徐、邱等九位老前輩不計師徒名義口傳心授，及同行好友二十餘人相互切磋研究風水命理之學，內容包含陰陽宅風水、姓名學、面相學、擇日學、七政天星、奇門遁甲、紫微斗數、八字學、梅花心易、易經六十四卦、星相學、道法學、符籙學等各家五術絕學及各方雜學等。如此玄妙之因緣際會讓筆者得以深探五術奧義之殿堂，以及傳承了歷代祖師先賢先聖的真傳精髓，讓筆者持續不斷的努力為往聖繼絕學，為此筆者在台灣五術界陸續成立與擔任多項職務，並

《地理正宗》祕傳手抄本九冊。

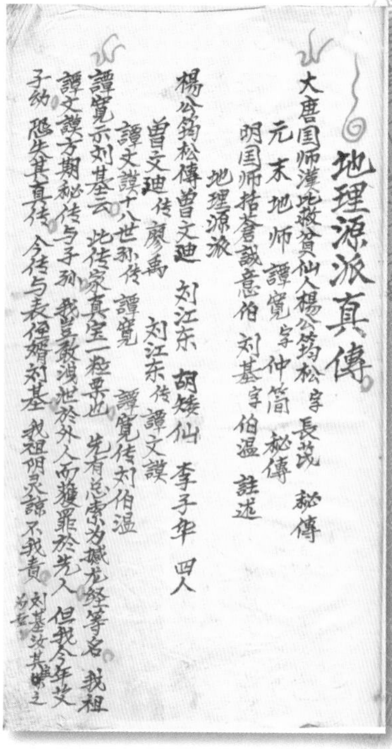
地理源派真傳
大唐国师漢比救貧仙人楊公筠松字長茂 秘傳
元末地师譚寬字仲簡 秘傳
明国师括蒼誠意伯 刘基字伯温 註述
地理源派
楊公筠松傳曾文迪 刘江东 胡矮仙 李子华 四人
曾文迪传廖禹 刘江东传譚文謨
譚文謨十八世孙传譚寬 譚寬传刘伯温
譚寬示刘基云 此传家真宝一粒栗也 先有总索为撼龙经等名 我祖
譚文謨方期秘传与子孙 我岂敢泄世於外人而獲罪於先人 但我今年艾
子幼 恐失其真传 今传与表侄婿刘基 我祖阴灵諒不我责
刘基汝其與之

《地理正宗》之〈地理源派真傳〉手抄稿。

於台灣各大平面與電子媒體擔任主講老師及撰寫專欄，也出版了許多專業的五術命理書籍，其目的正是希望，能夠讓民眾重新認識祖先留下的傳統優良文化，打破命理五術玄學為封建迷信之陳腐觀念，將這門學問以嶄新的面貌呈現出來，以期能夠濟世助人，並以實際的行動來實踐印證風水文化之成效。

例如中國海南文昌市為了促進文化觀光，特別籌組規劃「宋氏祖居」文化園的總體規劃方案，不但邀請了享譽國際的美國貝氏建築事務所參與規劃，同時還禮聘筆者擔任風水顧問共商大計。

宋氏家族與蔣家、孔家、陳家並列為民初四大家族，宋氏家族的發跡始自於宋耀如先生，但最為人津津樂道的則是他的子女中—宋子文：擔任過行政院長；宋藹齡：嫁給擔任財政部長的孔祥熙；宋慶齡：嫁給孫中山；宋美齡：嫁給蔣介石。可以說宋氏家族在中國現代史上佔有極為重要的地位，而此地即為宋耀如先生的故居與宋氏姐妹們童年時的住所。

筆者在宋慶齡陳列館前堪輿風水。

宋氏祖居在筆者的尋龍勘查下，即知是為最佳的風水寶地「金牛戲水」龍穴，正巧與海南文昌市府廣場前的「前程似錦」大型金牛地標不謀而合，堪稱奇跡。也因此龍穴而造就了民初宋氏人才輩出，權傾天下的宋氏傳奇。

文昌市府廣場前的「前程似錦」金牛地標。

筆者與美國貝氏建築事務所的建築師研討規劃園區方案。

風水是中國傳統文化的特產和寵兒，有歷代的經驗法則為準繩傳承數千年。近年來，風水經由國內外專家學者的再認識與評價，發現它具有許多未被認識的科學內涵，是非常值得發掘與研究的寶藏。美國、加拿大、法國、瑞典、澳洲、日本、韓國、新加坡等國學者相繼對風水展開專題研究，國內也出現了風水研究熱，電視媒體報導、學術交流、相關論文發表、人才培養，與實際應用日趨活躍，尤其是深入民間，經過數千年潛移默化的影響著尋常百姓的人生決策與生活起居，成為大眾人生的決策指南，並常以此為祈求趨吉避凶與平安健康和事業發展的依據。

誠如上述之浪潮，筆者在二〇一四年十月受邀參加了中國．閬中〈第二屆天宮易學風水文化國際論壇暨天文與易學研討會〉發表專題論文，這是一場頗具專業權威性的風水世界性聯盟研討會，由大陸官方目前唯一認可的國際易學組織主辦，與會有十六個國家地區的易學風水文化專家學者雲集閬中，共同研討風水文化的傳承與發展。

羑里城景區負責人韓文清為張清淵先生頒發聘請證書。

筆者與希臘及瑞典國際來訪學者合影。

研討會現場許多國際學者皆穿著唐裝，並以風水命理為職業來宣揚陽宅風水學術。

國家圖書館出版品預行編目資料

陽宅內煞，一點就通／張清淵著.
－－第一版－－臺北市：知青頻道出版；
紅螞蟻圖書發行，2017.1
面 ； 公分－－(Easy Quick；154)
ISBN 978-986-5699-83-3（平裝）

1.相宅 2.改運法

294.1 105025345

Easy Quick 154
陽宅內煞，一點就通
作 者／張清淵
發 行 人／賴秀珍
總 編 輯／何南輝
編 輯／張瑞蘭、張家瑜、郭德言
美術構成／沙海潛行
封面設計／引子設計
出 版／知青頻道出版有限公司
發 行／紅螞蟻圖書有限公司
地 址／台北市內湖區舊宗路二段121巷19號（紅螞蟻資訊大樓）
網 站／www.e-redant.com
郵撥帳號／1604621-1 紅螞蟻圖書有限公司
電 話／(02)2795-3656（代表號）
傳 真／(02)2795-4100
登 記 證／局版北市業字第796號
法律顧問／許晏賓律師
印 刷 廠／卡樂彩色製版印刷有限公司
出版日期／2017年 1 月 第一版第一刷

定價 450 元 港幣 150 元

ISBN 978-986-5699-83-3 Printed in Taiwan